Nigella ekspresowo

Wcześniej nakładem Wydawnictwa Filo
ukazały się książki Nigelli Lawson:

NIGELLA GRYZIE

LATO W KUCHNI PRZEZ OKRĄGŁY ROK

NIGELLA EKSPRESOWO

SMACZNIE I SZYBKO • SMACZNIE I SZYBKO • SMACZNIE I SZYBKO

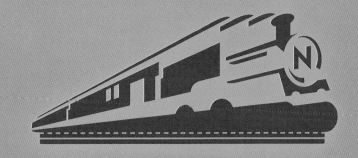

NIGELLA LAWSON

Tłumaczenie: Katarzyna Skarżyńska
Zdjęcia: Lis Parsons

Wydawnictwo Filo

Tekst: © Nigella Lawson 2007
Zdjęcia: © Lis Parsons 2007
Ilustracje: Colin Frewin/ West One Arts, Here Design

This book is sold subject to the condition that it shall not, by way of trade or otherwise, be lent, resold, hired out, or otherwise circulated without the publisher's prior consent in any form of binding or cover other than that in which it is published and without a similar condition, including this condition, being imposed on the subsequent purchaser

First published in Great Britain in 2007 by
Chatto & Windus, Random House,

© For the Polish edition by Wydawnictwo Filo 2008
Tytuł oryginału: Nigella Express
Przekład z języka angielskiego: Katarzyna Skarżyńska
Wydawca: Katarzyna Drewnowska
Redakcja merytoryczna: Grzegorz Zieliński
Redakcja: Joanna Figlewska
Korekta: Urszula Okrzeja
Skład: Milena Leśniak

Wydawnictwo Filo
ul. Jeżewskiego 3/39
02-796 Warszawa
e-mail: filo@filo.com.pl

Dystrybucja: Firma Księgarska
Jacek Olesiejuk, ul. Poznańska 91
05-850 Ożarów Mazowiecki
www.olesiejuk.pl/ www.oramus.pl

ISBN: 978 83 924359 3 8

Druk i oprawa: Białostockie Zakłady Graficzne SA

Informacje o książkach Wydawnictwa Filo znajdziesz na stronie internetowej:
www.filo.com.pl

Wydawnictwo Filo dołożyło wszelkich starań, aby zapewnić najwyższą jakość i rzetelność niniejszej publikacji, jednakże nikomu nie udziela żadnej rękojmi ani gwarancji związanych z treściami zamieszczonymi w niniejszej książce. Wydawnictwo Filo nie jest w żadnym wypadku odpowiedzialne za jakąkolwiek szkodę będącą następstwem korzystania z treści zawartych w niniejszej publikacji.

Spis treści

	Wstęp	vi
1	Proste dania na co dzień Kolacja dla pracujących	2
2	Przeboje dnia powszedniego Przyjęcie? To proste!	28
3	Retro rapido Klasyczne dania w wersji ekspresowej	56
4	Pobudka! Śniadanie na złamanie karku	84
5	Szybko – szybko – wolno Co masz zrobić później, zrób teraz	108
6	Na wyścigi z czasem Nie ma czasu? Nie ma sprawy	138
7	Uspokajacze Ekspresowa strawa dla duszy	162
8	Szybkie przyjęcie Pronto party	192
9	Speedy gonzales Meksykańskie wspomnienia	228
10	W biegu Poza domem - jedzenie do pracy i na piknik	252
11	Presto! Presto! Włoskie tempo	282
12	Świąteczne kąski Jak błysk gwiazdy	314
13	S.O.S. dla spiżarki Jak sobie radzić, gdy brak czasu na zakupy	352
	Podziękowanie	380
	Indeks	382

Wstęp

Jak sam tytuł wskazuje, książka traktuje o fast foodzie. Ma jednak to być fast food dla osób, które uwielbiają jeść. To pewnie jest zupełnie zrozumiałe – jakże mogłabym napisać cokolwiek innego? Ale od razu robię takie zastrzeżenie, bo tyle się teraz pisze o potrzebie zredukowania czasu spędzonego przy gotowaniu, że kuchnia jawi się jako straszne, wręcz niebezpieczne miejsce, którego należy unikać. Przepadam za jedzeniem, uwielbiam siedzieć w kuchni i gotować. Jest jednak pewien problem – nieczęsto mam w ciągu dnia czas, żeby jechać na porządne zakupy, a wieczorem... cóż: toczę boje z dziećmi o prace domowe, nadrabiam rozmaite zaległości, odpowiadam na telefony, a na gotowanie nie zostaje mi wiele czasu. Ale zjeść muszę, i to zjeść dobrze – jakżeby inaczej? Na dodatek muszę wykarmić sporo osób; nie zamierzam ich gorzej traktować. Bardzo lubię częstować gości jedzeniem. Rzadko kto wychodzi ode mnie bez foliowej paczuszki z czymś smacznym.

 Musiałam się przystosować do warunków. Zawsze mam pełną lodówkę i zamiar ugotowania pysznej kolacji. Bywa jednak, że po dniu zmagania się ze stale zawodzącą organizacją, wypełnionym zadaniami, które chcę wykonać, i tymi, których wcale nie chcę, jestem tak zmęczona, że robi mi się wszystko jedno. Krótko mówiąc, mam zupełnie normalne życie, jak wszyscy. Od czasu do czasu trafia mi się wolny weekend albo deszczowe popołudnie, kiedy mogę się spokojnie zająć mieszaniem, siekaniem, zagniataniem, i nareszcie niespiesznie sobie pogotować. Zwykle jednak albo gdzieś pędzę, albo mam za dużo na głowie i jeszcze muszę upchnąć między zajęciami gotowanie obiadu.

 Do niedawna nawet przez myśl mi nie przeszło, że napiszę książkę z przepisami na ekspresowe dania, ale okazało się to łatwe i przyjemne. W końcu przepisy miałam gotowe – to są właśnie

potrawy, które jem na co dzień. Nie wiem, czy wspominałam już o mojej obsesji, ale zawsze spisuję wszystko co danego dnia gotuję (czasem trudno później te notatki odcyfrować). Trzymam też w kuchni aparat, którym fotografuję ugotowane potrawy – jeśli nie dla potomnych, to na potrzeby własnego przepastnego archiwum. Zatem właściwie można powiedzieć, że ta książka napisała się sama. Mnie nie wystarczyłoby na to czasu. Moja siostra Horatia powiedziała, że zachowuję się jak Wallace i Gromit, którzy zdążają dobiec do torów w samą porę, żeby przejechał ich pociąg. Może to trochę dziwny żart, ale uważam, że doskonale pasuje do książki pod tytułem *Nigella ekspresowo*.

Muszę podkreślić, że samo gotowanie to tylko część wyzwania: zaopatrzenie się w potrzebne produkty bywa o wiele trudniejszym zadaniem. Starałam się, żeby lista składników była zawsze jak najkrótsza. Każda wyprawa do sklepu musi się opłacić. Czasem chcę, żebyście kupili jakiś wyjątkowy dodatek, ale później staram się go użyć także w innych przepisach. Unikanie wzmianki o takich dodatkach byłoby bezcelowe: są produkty, bez których się nie obejdziemy. Nie wyczarujemy nagle w kuchni jajek i boczku. Trzeba je kupić – tak samo jak mleko kokosowe i pastę wasabi. Robię tę oczywistą uwagę, bo każdy czasem potrzebuje sobie o tym przypomnieć.

Nie mam jednak zamiaru mówić Wam, jak macie zaplanować zakupy albo zorganizować sobie spiżarnię. Sporo rzeczy kupuję w Internecie (może nawet za dużo), a kiedy mam czas, chodzę do specjalistycznych sklepów (to dla mnie frajda, nie przykry obowiązek) albo robię wypad do supermarketu. Gdzieniegdzie umieszczam listę dostawców internetowych, u których możecie się zaopatrzyć w produkty trudne do znalezienia w lokalnych sklepach.

Byłam dla siebie dość surowa. Nie umiem całkiem wyplenić mojej skłonności do gawędy, ale staram się nie pleść za wiele, a przepisy mają postać kilku krótkich, precyzyjnych kroków. Dzięki temu nie trzeba przewracać strony w trakcie przygotowywania potrawy, a każdy etap jest przejrzysty. Wszystkie przepisy są fantastycznie proste – chciałam, żeby to się rzucało w oczy.

Mogłabym tak bez końca, ale chcę zachować zwięzłość wypowiedzi i atmosferę pośpiechu, więc nie pozostaje mi nic innego jak natychmiast zakończyć wstęp. W przepisach chodzi nie tylko o prostotę wykonania: mają uczynić kuchenne – a co za tym idzie całe Wasze życie – łatwiejszym. Są ułożone w tematyczne rozdziały, ale nie krępujcie się – czytajcie, kartkujcie, próbujcie i dobrze się bawcie. W kuchni, tak jak w ogóle w życiu, staramy się jak najlepiej dawać sobie radę, i o tym właśnie jest książka *Nigella Ekspresowo*.

UWAGI DLA CZYTELNIKÓW:

- JAJKA, KTÓRYCH UŻYWAM, SĄ DUŻE I EKOLOGICZNE
- MASŁO NIE JEST SOLONE
- ZIOŁA SĄ ŚWIEŻE, CHYBA ŻE ZAZNACZONO INACZEJ
- CZEKOLADA JEST GORZKA (MIN. 70% MIAZGI KAKAOWEJ), CHYBA ŻE ZAZNACZONO INACZEJ
- ZOB. INFORMACJĘ O AROMATYZOWANYCH OLEJACH I OLIWIE NA STR. 353

Zazwyczaj przygotowuję kolację bez szczególnego entuzjazmu. I to nie dlatego, że nie umiem albo nie lubię tego robić. Jednak po długim dniu, kiedy uporam się już z pracą domową moich dzieci i innymi domowymi obowiązkami, czuję, że jestem po prostu wykończona i zniecierpliwiona. Nie mam już siły zastanawiać się, co by tu ugotować. Samo gotowanie nie jest problemem, a kuchni nie traktuję jak sanktuarium. Natomiast planowanie, zakupy, podejmowanie decyzji – właśnie to jest naprawdę wyczerpujące. Uważam, że za czasów mojej babci życie było prostsze. Babcia miała plan, który się nie zmieniał. Po tym, co dostawałam na obiad, mogłam odgadnąć jaki jest dzień tygodnia, nie zaglądając do kalendarza. Oczywiście nie znosimy ograniczeń i nie chcemy obarczać naszych dzieci taką spuścizną, chociaż *Ordnung* w małej dawce jest bardzo pożądany. Posiłki są u nas na pewno bardziej zróżnicowane, ale nie zastanawiam się, jak często moje dzieci jedzą makaron z pesto albo mięsnym sosem. Uważam, że kuchnią powinien rządzić wolny duch.

Robiąc listę zakupów, powtarzam się teraz znacznie częściej niżbym się dawniej po sobie spodziewała. Na szczęście dostrzegam pewne zalety tej powtarzalności. Przynajmniej mogę po prostu zrobić kolację i nie muszę codziennie pędzić do sklepu. Nie trzymam się niewolniczo przepisów – przeciwnie, często robię odstępstwa. Niektóre dania występują w naszym jadłospisie regularnie, a niektóre stale przerabiam. Z wyroczniami nie jest mi po drodze – nawet gdybym to ja miała być wyrocznią.

Mam jedną zasadę – dość prostą, żeby można się jej było trzymać: na kolację warto gotować tylko takie jedzenie, które wytrzymuje porównanie z jednym z największych i najprostszych przysmaków: jajkiem na grzance (najlepsze są gorące jajka na miękko, szybko obrane i rozgniecione na grubej kromce chleba na zakwasie albo na żytnim tościе). Oczywiście nie chciałabym go jeść codziennie, ale ten przysmak wyznacza pewien standard. Jeśli danie nie umywa się do jajka na grzance, nie jest warte zachodu. Skoro poświęcam przygotowaniu kolacji resztkę sił i czasu, muszę mieć pewność, że dostarczy nam przynajmniej czystej przyjemności. Poniższe przepisy spełniają to założenie.

Wędzony dorsz z drobną fasolą

To chyba jedno z moich najszybszych niezawodnych dań na poczekaniu. Oczywiście ma więcej zalet – za bardzo lubię jeść, żeby liczyła się wyłącznie wydajność. Za pierwszym razem zrobiłam to danie z wędzonym łupaczem, którego zamierzałam użyć do *kedgeree**, ale zabrakło mi wytrwałości – i czasu. Pomyślałam, że może uda się zastąpić ryż równie bogatą w skrobię fasolką. Udało się. Do tego stopnia, że teraz zawsze trzymam w szafce puszkę drobnej fasoli.

Danie jest jedynie inspirowane *kedgeree* – poniższy przepis jest bardzo odległy od oryginału. W smaku przypomina raczej jedzenie włoskie niż anglo-indyjskie. Spontaniczne wieczorne gotowanie sprawia jednak, że – mimo najszczerszych zamiarów – powstają potrawy *sui generis*.

Skłaniam się ku twierdzeniu, że większość wspaniałych zdarzeń w naszym życiu to szczęśliwe przypadki.

- 350 g wędzonego filetu z dorsza (albo łupacza)
- niewielka łodyga natki pietruszki
- 2 liście laurowe
- 1 łyżeczka ziaren pieprzu
- 1 łodyga selera naciowego
- 375 ml wody
- 80 ml białego wina

- 2 puszki ok. 400 g drobnej białej fasoli
- 60-125 ml bulionu (zob. punkt 3. przepisu)
- 2 łyżki oliwy z pierwszego tłoczenia
- 2 łyżki posiekanej natki pietruszki
- 1 łyżka posiekanego szczypiorku (opcjonalnie)
- sól i pieprz do smaku

1 Ułóż filety na dużej głębokiej patelni razem z łodygą natki pietruszki, liśćmi laurowymi, ziarnami pieprzu i łodygą selera naciowego. Wlej wodę oraz wino i doprowadź do wrzenia.

2 Przykryj patelnię folią aluminiową i gotuj rybę na wolnym ogniu 3-5 minut, zależnie od wielkości filetu. Zdejmij patelnię z ognia, wyjmij rybę z płynu i owiń w folię aluminiową, żeby nie wystygła.

3 Zostaw na patelni 60-125 ml płynu, w którym gotowała się ryba, a resztę odlej (ilość płynu zależy od wielkości patelni. Potrzeba tyle, żeby zagrzała się w nim fasola).

4 Dokładnie odsącz fasolkę na durszlaku, przełóż na patelnię z bulionem i podgrzewaj około 3 minut.

5 Zdejmij patelnię z ognia, wyjmij rybę z folii i ułóż na fasolce. Dodaj większość oliwy, posiekanej natki i ewentualnie szczypiorku. Mieszaj składniki, aż ryba rozpadnie się na kawałki.

6 Dopraw do smaku i nałóż do dwóch misek albo na dwa talerze, posyp resztą natki pietruszki i jedz ze smakiem.

2 porcje

---

* Kedgeree [kedżeri] – rodzaj indyjskiego risotto z wędzoną rybą i korzennymi przyprawami.

Anglo-azjatycka sałatka z jagnięciną

Uwielbiam ostro-kwaśną kuchnię tajską. Równie mocnym uczuciem darzę tradycyjną angielską fuzję jagnięciny z dżemem porzeczkowym i miętą. Pewnego dnia, z uwagi na zawartość lodówki, połączyłam je ze sobą. To jagnięca wersja południowo-wschodnio-azjatyckiej ostro-kwaśnej sałatki z wołowiną. Comber jagnięcy jest bardzo mięsisty, ale inne części jagnięciny będą równie dobre. Dżem z czerwonej porzeczki dodaje słodyczy dzięki zawartości brązowego albo palmowego cukru. Zamiast soku z limonki używam octu ryżowego (mam go zawsze pod ręką). Nie poślubiłabym kogoś, kto uznałby sałatkę za swój wieczorny przysmak, ale tę mój mąż uwielbia – chociaż chyba nie wie, że to sałatka.

Ten przepis jest jak as w rękawie, gdy przychodzi dzień, w którym trzeba przed obiadem podać przystawkę. Staram się, żeby takich dni – i wieczorów – było jak najmniej. Przystawki wolę jeść w restauracji.

2 łyżeczki oliwy czosnkowej
1 comber jagnięcy (ok. 250 g)
1 paczka mieszanych liści sałaty (ok. 180 g)
3 łyżki posiekanej mięty

MARYNATA
2 łyżki sosu rybnego
1 łyżka dżemu z czerwonej porzeczki
2 łyżki octu ryżowego
1 łyżka sosu sojowego
1 czerwona papryka chili bez pestek, drobno posiekana albo 1/4 łyżeczki pasty chili
1 dymka, drobno posiekana

1 Rozgrzej oliwę w rondlu z grubym dnem i obsmażaj jagnięcinę 5 minut z jednej strony, a następnie 2 1/2 minuty z drugiej.

2 Owiń mięso w folię aluminiową, robiąc z niej obszerną, ale szczelnie zamkniętą torebkę, i odłóż na 5 minut.

3 W średniej misce wymieszaj trzepaczką składniki marynaty.

4 Otwórz folię i przelej mięsne soki do marynaty. Pokrój jagnięcinę na cieniutkie plasterki albo paski i włóż do marynaty; mięso „podgotuje się" jeszcze w kwaśnym płynie. Jeśli mięso się wysmażyło, marynuję je krócej, ale jeśli jest na wpół surowe, musi poleżeć dłużej. Powinno jednak zachować różowy kolor, by ładnie wyglądało na liściach sałaty.

5 Rozłóż sałatę na dwóch lub czterech talerzach, ułóż na niej kawałki jagnięciny i polej marynatą. Posyp każdą porcję posiekaną miętą.

2 porcje jako danie główne, 4 porcje jako przystawka

ŁOSOSIOWE ESKALOPKI Z RUKWIĄ, SŁODKIM GROSZKIEM I AWOKADO

Oto idealny przepis na te dni, kiedy zupełnie nie mamy czasu, żeby robić zakupy i gotować: wpadamy tylko do sklepu w porze lunchu albo po drodze do domu, porywamy kilka paczek i wybiegamy.

„Olej do woka" to mieszanina oleju roślinnego i sezamowego z imbirem i czosnkiem. Jednak olej aromatyzowany czosnkiem, chili albo nawet sam olej roślinny będzie w sam raz.

- 2 cienkie steki albo eskalopki z łososia (po ok. 125 g każdy)
- 2 łyżki octu ryżowego
- 1 łyżeczka cukru
- 1/2 łyżeczki soli Maldon* albo 1/4 łyżeczki zwykłej kamiennej soli
- 2 łyżki oleju do woka
- 100 g rukwi wodnej**
- 100 g małych strączków słodkiego groszku
- 1 małe dojrzałe awokado

1 Rozgrzej ciężką, teflonową patelnię i smaż łososia po minucie z każdej strony. Przełóż rybę na dwa talerze.

2 Za pomocą trzepaczki wymieszaj ocet ryżowy, cukier i sól z olejem do woka, polej każdą porcję ryby łyżką sosu i odstaw na chwilę.

3 Rozdziel rukiew i groszek między dwa talerze. Przekrój awokado na połówki, wyjmij pestkę i za pomocą łyżeczki przełóż kawałki miąższu na rukiew i groszek.

4 Polej porcje sałatki resztą dressingu i od razu podawaj.

2 porcje

---

* Sól Maldon – produkowana w Wielkiej Brytanii sól morska, ma postać płatków albo kryształków, które kruszą się w palcach. Polecana przez Nigellę.
** Rukiew wodna – popularna w Wielkiej Brytanii, rośnie też w Polsce, do kupienia w woreczkach foliowych po ok. 100g – można ją zastąpić rukolą albo roszponką.

Kotlety wieprzowe z musztardą

Uwielbiam klasyczne francuskie przysmaki, na myśl o których w oczach nie staje nam wyniosły kelner, który ostentacyjnie zdejmuje srebrzysty klosz znad talerza w eleganckiej restauracji, ale małe bistro o ścianach pokrytych boazerią, z czerwonymi obrusami na stolikach.

To chyba najprostszy sposób na porządne, sycące, a jednocześnie zadziwiająco subtelne danie obiadowe. Wieprzowinę należy smażyć krótko – tylko tyle, żeby straciła różowy kolor, była miękka w środku, a z wierzchu pięknie zrumieniona. Musztarda, cydr i śmietana nadają jej pikantny, kojąco domowy smak.

Do wieprzowych kotletów podaję ekspresowy zamiennik ziemniaków, czyli gnocchi, które wchłaniają mięsne soki. Zawsze można dołożyć trochę fenkułu, pokrojonego w cienkie plasterki albo sałatę, jeśli ktoś akurat ma ochotę.

2 kotlety schabowe (ok. 450 g łącznie)
2 łyżeczki oleju czosnkowego
125 ml cydru
1 łyżka musztardy francuskiej (z całymi ziarnami gorczycy)
75 ml śmietany kremówki

1 Odetnij od kotletów tłuszcz i resztki ścięgien, włóż je między dwa kawałki plastikowej folii i szybko, z całej siły stłucz za pomocą wałka, żeby były cieńsze.

2 Rozgrzej olej na patelni o grubym dnie i smaż kotlety na umiarkowanie dużym ogniu, po 5 minut z każdej strony. Przełóż mięso na ciepły talerz.

3 Wlej cydr na patelnię, na której smażyły się kotlety, i gotuj mniej więcej przez minutę, a następnie dodaj musztardę oraz śmietanę i starannie wymieszaj.

4 Niech sos pogotuje się jeszcze kilka minut, zanim polejesz nim kotlety czekające na talerzach. Jeśli podajesz gnocchi, przełóż je na chwilę na patelnię, żeby wchłonęły resztki sosu.

2 porcje

Filet z indyka z anchois, ogórkiem konserwowym i koperkiem

Zawsze byłam zagorzałą fanką indyka – to znaczy tego świątecznego, pieczonego. Ostatnio jednak zaczęłam doceniać walory chudego indyczego mięsa, które można znaleźć na tackach w supermarkecie. Czy słyszycie drwinę w moim głosie? To z przyzwyczajenia. Zawsze omijałam takie gatunki mięsa, które ceni się jedynie za niską zawartość tłuszczu (też coś – cieszyć się, że jedzeniu czegoś brakuje). Coraz częściej jednak przyrządzam dania z porcjowanymi indyczymi elementami. Łagodny smak mięsa przyjemnie kontrastuje z ostrymi aromatami przypraw, które stoją przy samej kuchence i przydają się do leniwego, wieczornego gotowania.

Słone anchois i kwaśne ogórki konserwowe dodają pikanterii filetowi z indyczej piersi. Bardzo lubię na germańską modłę posypać wszystko koperkiem. Podaję indyka z dodatkami: gotowanym na parze ryżem lub niedużymi młodymi ziemniakami, albo ogromnym półmiskiem brokułów. Brokułom (w tym wypadku cudownym młodym brokułom o fioletowym odcieniu) nie trzeba nic, poza odrobiną masła albo oliwy, ale jeśli chcecie je nieco ożywić, względnie powiedziawszy, spróbujcie sosu kaparowo-musztardowego. Przepis na sos dostałam od graficzki, Caz Hildebrand – nosi nazwę, *chez moi*, „Kapary Caz".

- 5 filecików anchois
- 2 łyżki oliwy
- 3 niewielkie kotlety z piersi indyka (ok. 400 g łącznie), jak najcieniej roztłuczone, przekrojone na połówki
- 2 łyżki wermutu
- 2 ogórki konserwowe, drobno posiekane
- 2 łyżki świeżego koperku, posiekanego

1 Na dużej patelni rozgrzej oliwę, dodaj anchois i mieszaj, aż fileciki się rozpadną.

2 Na tej samej patelni obsmaż indyka, po dwie minuty z każdej strony. Przełóż mięso na ciepły talerz.

3 Włóż na patelnię posiekane ogórki, wlej wermut i redukuj płyn przez minutę.

4 Kawałki indyka ułożone na talerzach polej sosem i posyp koperkiem.

4 porcje

Sos kaparowo-musztardowy do brokułów

75 g masła
2 łyżeczki musztardy diżońskiej
sok z ½ cytryny
2 łyżki kaparów

1. Na patelni, na średnim ogniu, rozgrzej masło, musztardę i sok z cytryny.
2. Gdy masło się stopi, wymieszaj trzepaczką wszystkie składniki i dodaj kapary.
3. Polej ugotowane i odsączone brokuły przygotowanym sosem i podawaj.

Sosu wystarczy na 250-500 g brokułów

Czerwone curry z krewetkami i mango

To jedno z najłatwiejszych dań, jakie można podać na kolację, ale i tak zawsze mnie zaskakuje. I to nie w kwestii gotowania, ale jedzenia: za każdym razem trudno mi uwierzyć, że smak może być tak głęboki i energetyzujący, a jednocześnie tak słodki i kojący – skoro moja jedyna zasługa to zakupy i kilka minut mieszania.

Oczywiście przyda Ci się kilka półproduktów – obrana i pokrojona w kostkę dynia ze słodkimi ziemniakami, oraz mango, które kupuję w supermarkecie, dodają potrawie świeżości. Ale jeśli ich nie znajdziesz, nie ma sprawy – dodaj kilka ziaren ciecierzycy z puszki odsączonych z zalewy, a słodko-kwaśną nutę zapewni konserwowy ananas – ale w sosie własnym, nie w syropie. Gdybyś nie wiedziała, co to jest olej do woka, zajrzyj na stronę 353. Czasem wlewam całą puszkę mleczka kokosowego zamiast połowy; zależy, czy chcę jeść curry w głębokiej misce, jak zupę, czy w płytszej. Proponuję, żeby curry podawać z białym ryżem albo makaronem ryżowym (wstążki), przygotowanym według instrukcji na opakowaniu (to zajmuje jakieś 2 minuty), wymieszanym z garścią posiekanych prażonych orzeszków ziemnych.

Jeśli masz świeże krewetki, to tym lepiej, ale ja przewiduję użycie mrożonych – zawsze trzymam paczkę w zamrażarce, na wieczór, kiedy mam ochotę zjeść coś pysznego bez specjalnego zastanawiania.

1 łyżka oleju do woka
1 dymka, pokrojona na cienkie paski
1½ łyżki czerwonej tajskiej pasty curry (do smaku)
200-400 ml mleczka kokosowego
250 ml bulionu drobiowego (z proszku albo kostki)
2 łyżki sosu rybnego
350 g mieszanki dyni i słodkich ziemniaków, krojonych w kostkę
200 g mrożonych krewetek królewskich
1 łyżeczka soku z limonki
150 g mango, obranego i pokrojonego w kostkę
3-4 łyżki posiekanej świeżej kolendry

1 Na dużej patelni o grubym dnie rozgrzej olej do woka i podsmażaj dymkę przez minutę, następnie dodaj pastę curry.

2 Dolej i wymieszaj trzepaczką mleczko kokosowe, bulion oraz sos rybny, i doprowadź płyn do wrzenia.

3 Wrzuć pokrojoną w kostkę dynię oraz słodkie ziemniaki i gotuj pod częściowym przykryciem 15 minut, aż będą miękkie.

4 Przepłucz krewetki bieżącą wodą, żeby się pozbyć lodu, i włóż na patelnię. Gdy sos znów zawrze, dodaj sok z limonki oraz pokrojone w kostkę mango i podgrzewaj jeszcze minutę, aż krewetki się ugotują.

5 Gdy polejesz sosem porcje ryżu albo makaronu, albo jednego i drugiego naraz, posyp je posiekaną kolendrą.

2-4 porcje, zależnie od apetytu oraz od tego, czy planujesz podać na kolację coś jeszcze

Szybkie kalmary z majonezem czosnkowym

Może to dziwnie zabrzmi, ale to jest kolejne z dań, które często robię na kolację. Trzymam w zamrażarce mrożone kalmary, które wyjmuję w porze śniadania, żeby się do wieczora rozmroziły. Lubię jeść na kolację kalmary w olbrzymich ilościach i nic poza tym, nie jako przystawkę – chyba że spodziewam się towarzystwa. Wtedy wystarcza nawet dla czterech osób. Zanurzamy chrupiące pierścionki w czosnkowym majonezie i podjadamy do drinka, jako zakąskę przed głównym daniem.

250 g oleju arachidowego (tyle, ile trzeba – zależnie od wielkości rondla)
500 g mrożonych kalmarów (tuszki i macki)
2 łyżki skrobi kukurydzianej
4 łyżki semoliny*

2 łyżeczki przyprawy Old Bay** (lub 1 łyżeczka soli + 1 łyżeczka słodkiej papryki)

MAJONEZ CZOSNKOWY
½ ząbka czosnku
100 g wysokiej jakości majonezu (najlepiej ekologicznego)

1 Rozgrzej olej w średnim rondlu. W tym samym czasie pokrój tuszki kalmarów na pierścionki o szerokości 1 cm.

2 Do plastikowej torebki wsyp skrobię kukurydzianą, semolinę i przyprawy.

3 Włóż do torebki mięso kalmarów i dokładnie obtocz w sypkich składnikach.

4 Gdy olej jest wystarczająco rozgrzany, tzn. kiedy skwierczy po wrzuceniu kawałeczka chleba, smaż kalmary partiami, aż będą chrupiące. Dwie minuty na każdą porcję powinny wystarczyć.

5 Zetrzyj albo zmiażdż czosnek, wymieszaj z majonezem i podaj obok półmiska z usmażonymi kalmarami.

2 porcje jako danie główne, 4 jako przystawka

---

* Semolina – mąka z twardej pszenicy (durum), używana do produkcji makaronów, albo jako bardzo drobna kaszka pszenna (manna).
** Old Bay – tradycyjna przyprawa, produkowana w USA od 60 lat, polecana zwłaszcza do owoców morza. W jej skład wchodzą: sól selerowa, mielona gorczyca, czerwony i czarny pieprz, liście laurowe, goździki, ziele angielskie, imbir, gałka muszkatołowa, cynamon i papryka.

Pizza naan

Kiedy udaję, że chcę zrobić dzieciom przyjemność, a tak naprawdę jestem zbyt wykończona, żeby gotować, zamawiam pizzę. Naprawdę jednak najbardziej lubię pizzę naan. Potrafię zjeść całą kupną pizzę, a potem zawsze tego żałuję. Zrobienie tej nie trwa o wiele dłużej niż złożenie zamówienia przez telefon, a sprawia mi o wiele większą przyjemność. To są moje ulubione dodatki, ale nie krępuj się i wybierz takie, które Ci najbardziej odpowiadają. Jedno wiem na pewno: kupne blaty do pizzy są paskudne, a chlebki naan – po podgrzaniu – wcale nie.

1 gotowy chlebek naan
2 łyżeczki pulpy pomidorowej (krojone i odcedzone pomidory) z puszki albo innego sosu pomidorowego
70 g mieszanki marynowanych grzybów, odcedzonych
75 g sera fontina[*]**, pokrojonego na drobne kawałki**
3 gałązki tymianku

1 Rozgrzej piekarnik do temperatury 220°C. Ułóż chlebek naan na blasze wyłożonej papierem.

2 Rozprowadź przecier pomidorowy na chlebku, na wierzch nałóż grzyby i obficie posyp posiekanym serem i listkami tymianku oderwanymi z łodyżki.

3 Piecz około 5 minut, aż ser się stopi. Nie poparz sobie ust.

1 porcja

---

[*] Fontina – owczy ser, wyrabiany tradycyjnie we Włoszech, w Dolinie Aosty. Można go kupić w Polsce.

Pieczone kurczęta ze słodkimi ziemniakami

Robię to danie na prawie każdą sobotnią kolację. Łatwo się je przygotowuje – muszę tylko zejść na dół, wstawić wszystko do piekarnika i mogę wrócić na górę do łóżka oglądać telewizję, aż kolacja się upiecze, i dopiero wtedy zejść znowu.

Gdy piekę drób w tym samym naczyniu co słodkie ziemniaki, pod każdego kurczaka podkładam kromkę chleba, która wchłania soki, żeby ziemniaki nimi nie nasiąkły. Nie byłyby wtedy chrupiące i spieczone. Jednak o wiele częściej zamiast chleba (chociaż wyobraź sobie, jaki jest potem pyszny) używam dwóch jednorazowych aluminiowych foremek odpowiedniej wielkości. Na jednej układam kurczaki, na drugiej ziemniaki, a na koniec nakładam wszystko na talerze razem z odrobiną rukwi i soku z limonki.

Koniecznie muszę do tego mieć angielską musztardę. Zdaję sobie sprawę, że to słabostka, ale nie zamierzam z niej zrezygnować.

2 malutkie kurczaki
2 łyżki oliwy czosnkowej albo oleju do woka
1 słodki ziemniak (batat), ok. 500 g
$1/4$ łyżeczki mielonego kminu rzymskiego
$1/4$ łyżeczki mielonego cynamonu
1-2 pęczki rukwi wodnej lub rukoli albo roszponki
sól i pieprz do smaku
sok z $1/2$ limonki

1 Rozgrzej piekarnik do 220°C. Włóż kurczaki do niewielkiej brytfanki i polej łyżką oliwy lub oleju.

2 Pokrój ziemniaka w skórce w 5 cm kostkę i włóż do drugiej foremki.

3 Polej kawałki ziemniaka resztą oliwy/oleju i oprósz przyprawami, a następnie potrząśnij naczyniem, żeby wymieszać składniki.

4 Wstaw oba naczynia do rozgrzanego piekarnika na 45 minut.

5 Wyłóż kurczęta na talerze, dodaj rukiew i pieczone ziemniaki. Oprósz wszystko solą (ja najbardziej lubię morską sól Maldon) i pieprzem do smaku, skrop sokiem z limonki – i zajadaj!

2 porcje

Pudding karmelowy z francuskich rogalików

Uważam, że pewne najlepsze przepisy powstają z powodu skąpstwa i niechęci do wyrzucania resztek. I rzeczywiście, zrobiłam ten deser w pewien poniedziałkowy wieczór z dwóch czerstwych croissantów, które zostały po weekendzie. Wiedziałam, że się do czegoś przydadzą. Wprawdzie polewanie ich śmietaną i burbonem nie ma już nic wspólnego z oszczędnością, ale deser jest tak udany, że chciałabym go podawać na kolację w każdy poniedziałek. Naprawdę, jest tak sycący, że sam zupełnie wystarcza. Chociaż można go poprzedzić niewielką porcją kruchej sałaty.

Aha, jeżeli nie masz w domu burbona, to – jeśli mogę coś zasugerować – rozważ zakup butelki, albo zastąp go rumem. Może zastanawiasz się nad szkocką, ale wydaje mi się, że to nie jest dobry wybór.

2 czerstwe croissanty
100 g drobnego cukru
2 łyżki wody
125 ml gęstej tłustej śmietany

125 ml pełnotłustego mleka
2 łyżki burbona
2 jajka, roztrzepane

1 Rozgrzej piekarnik do 180°C.

2 Połam rogaliki na kawałki i włóż do niewielkiego naczynia do zapiekania – ja używam żeliwnego, o pojemności około 500 ml.

3 Wsyp cukier do rondla, dodaj wodę i zakołysz delikatnie okrężnym ruchem, żeby cukier wymieszał się z wodą, zanim postawisz rondel na średnim albo dużym ogniu.

4 Gotuj cukier bez mieszania, aż zrobi się z niego karmel o bursztynowym kolorze; to potrwa 3-5 minut. Zaglądaj do rondla, ale za bardzo się nie przejmuj.

5 Zmniejsz ogień i wlej śmietanę – będzie pryskać, ale to nie szkodzi. Mieszając trzepaczką, dolej jeszcze mleko i burbon. Wszystkie grudki uda się rozmieszać trzepaczką na małym ogniu. Zdejmij rondel z ognia i dodaj jajka, stale mieszając. Zalej połamane croissanty kremem karmelowym i odstaw na 10 minut, jeśli rogaliki są bardzo twarde.

6 Wstaw pudding na 20 minut do piekarnika i przygotuj się na dzikie szaleństwo.

Porcja dla dwóch łasuchów

Lody z sosem rabarbarowym

Nie ma wariacji na temat sosu rabarbarowego, której bym nie lubiła. To jest jedna z najprostszych. Kup opakowanie dobrych lodów waniliowych i przygotuj sos – gorąca polewa wspaniale smakuje i z lodami, i z jogurtem na śniadanie.

500 g rabarbaru
150 g drobnego cukru
2 łyżki ekstraktu waniliowego pierwszej jakości

DO PODANIA:
kilka gałek lodów waniliowych (dla 2 osób)

1 Pokrój rabarbar na półcentymetrowe kawałki, wyrzucając liście i twarde końcówki łodyg.

2 Zagrzej w rondlu rabarbar, cukier i ekstrakt waniliowy, mieszając, aż cukier się rozpuści.

3 Częściowo przykryj garnek pokrywką i gotuj 3 minuty, a następnie odkryj i gotuj jeszcze kilka minut, aż syrop nabierze różowego koloru, a rabarbar zmięknie, ale nie będzie się rozpadać – i już.

4 Przelej do dzbanka i odstaw sos, żeby trochę przestygł przed polaniem lodów.

Wychodzi ok. 500 ml sosu, wystarczy na 6 porcji, ale możesz zjeść, ile chcesz

Krówkowe fondue z owocami

Jeśli kiedykolwiek – z lenistwa, z poczuciem winy – kupiłaś w supermarkecie obrane i pokrojone owoce, a następnie zastanawiałaś się, po co, skoro okazało się, że mają ładny kolor, ale mdły smak – oto rozwiązanie. Wszystko, co się zanurzy w krówkowym sosie, smakuje wspaniale. To doskonały codzienny deser, który można też podać na przyjęciu.

Przyznaję się bez bicia – owoce na zdjęciu kupiłam w celofanowym opakowaniu: mango było pokrojone w kostkę, a melon był w plasterkach. Zwykle jednak jestem w stanie pokroić dzieciom banana i gruszki. Truskawkom nie trzeba nawet odrywać szypułek: można za nie trzymać i zanurzać owoce w krówkowym fondue.

Każdemu – w tym wypadku dwóm osobom – podaję filiżankę sosu do owoców. To oznacza, że sosu jest więcej niż trzeba, ale nie ma problemu z resztkami śliny w oddzielnych miseczkach. Można też zrobić połowę sosu i polać nim pokrojone w kostkę ananasy, papaje i mango.

Tak czy inaczej, sos nie musi być bardzo gorący, zresztą zrobi się wtedy zbyt rzadki. Jeśli przygotujesz go przed rozpoczęciem głównego posiłku, będzie gotów na deser. Osobiście uwielbiam wyjadać zimny sos łyżeczką prosto z filiżanki.

45 g złocistego cukru trzcinowego Light Muscovado
2 łyżki drobnego cukru
150 g golden syrup* (ew. sztucznego miodu lub masy krówkowej)
30 g masła
125 g gęstej tłustej śmietany
odrobina ekstraktu waniliowego
ok. 350 g obranych i pokrojonych owoców

1 Podgrzej w rondlu oba rodzaje cukru, syrop oraz masło i gotuj przez 5 minut.

2 Dodaj śmietanę i ekstrakt waniliowy, wymieszaj składniki i zdejmij rondel z ognia.

3 Rozlej sos do dwóch miseczek albo filiżanek, a owoce ułóż na dwóch talerzykach albo na jednym dużym talerzu, jak wolisz.

2 porcje

---

* Golden syrup – syrop z melasy. Jeden z półproduktów w procesie powstawania cukru. Bardzo popularny w Wielkiej Brytanii.

Przeboje dnia powszedniego

W tygodniu mogą się zdarzyć rzeczy, które odbierają resztki sił – na przykład znajomi wpadają na kolację parę minut po Twoim wejściu do domu, kiedy ledwo zdążyłaś odwiesić płaszcz. Nie chcę narzekać. Lubię się zawinąć w kokon, zwłaszcza zimą, ale uwielbiam też, kiedy wieczorem dom wypełnia się przyjaciółmi. Właśnie sobie uświadomiłam, że znajomi przychodzą głównie w tygodniu. W soboty i niedziele dzieci prowadzą intensywne życie towarzyskie, więc nie bardzo mam czas dla siebie. Ale to mi pasuje. Jedną z zalet kolacji wydawanej w dzień powszedni jest to, że nikt nie oczekuje wyjątkowego traktowania. A ja zdecydowanie wolę mniej formalny nastrój.

Możesz sobie ułatwić życie, serwując przystawkę. Wiem, że już o tym wspominałam, ale warto powtórzyć. Nie chodzi o to, żeby gotować dodatkowe jedzenie, ale nie chodzi też wcale o wystawne danie, po którym będzie dużo zmywania. Poza tym lepiej, żeby kolacja nie trwała okropnie długo. Może wychodzę na niegościnną, ale kto chciałby w środku tygodnia strasznie późno iść spać?

Podaj przystawkę, jeśli to Ci ułatwi życie. Czasem dobrze jest skubnąć coś do drinka czy dwóch – będziesz miała szansę spokojnie przygotować kolację, a goście zaspokoją pierwszy głód. Uważam też, że dobrze jest podawać na stół ograniczone ilości jedzenia. Jeśli podajesz dwa dania, do drugiego można zrobić tylko sałatę, bez ziemniaków – coś w tym rodzaju. Czasem przystawka pomaga mi pozbyć się poczucia winy, kiedy z n o w u częstuję gości pieczonym kurczakiem. Zresztą przystawki wcale nie trzeba gotować. Wystarczy wrzucić na półmisek kilka drobiazgów: na przykład krewetki w sosie Maryam Zaira albo sałatkę z mięsa kraba i awokado.

Możesz oszczędzić jeszcze więcej sił, i to bez wyrzutów sumienia. Wystarczą dobrze zaplanowane – i w miarę możliwości przyjemne – zakupy, żeby nie trzeba było nawet kiwnąć palcem. Kupuję kawałek salami w całości, a oprócz tego trochę salami w plasterkach i układam na desce razem z jednym czy dwoma nożami. Parmezan, kupiony w kawałku i pokrojony na kawałki wielkości kęsa to kolejny mało pracochłonny sposób na podjęcie gości. Nieco wyżej na skali trudności, ale niewiele, plasują się mrożone fasolki edamame ze sklepu z orientalną żywnością. To młode strąki soi, które wrzuca się na pięć minut do wrzątku bez rozmrażania, a potem obficie soli – chociaż to ostatnio niemodne – zwykłą solą kamienną i zjada na ciepło.

Kup pudełko humusu, zmieszaj z połową opakowania greckiego lub bałkańskiego jogurtu, dodaj szczyptę zmielonego kminu rzymskiego i odrobinę startej skórki cytrynowej. Wystarczy skropić wszystko oliwą, posypać garścią pestek z granatu i podać z paluszkami chlebowymi albo kawałkami pity. Albo kupić słoik majonezu (najlepiej w sklepie z produktami ekologicznymi), zetrzeć kawałek ząbka czosnku i podać jako dip do pokrojonych w słupki surowych warzyw. A jeśli nie chce Ci się kroić warzyw, podsuń gościom misę strączków słodkiego groszku.

Nade wszystko – rozluźnij się. Wiem, że to irytująca rada, ale masz przecież usiąść do stołu z przyjaciółmi i cieszyć się ze spotkania. Jedzenie się przydaje, ale nawet jeśli coś nie wyjdzie, wieczór może być udany. Kiedy pogodzisz się z tym, że błędy w kuchni się zdarzają, będziesz je popełniać rzadziej. Poza tym żaden z poniższych przepisów nie powinien nastręczyć problemów ani debiutującym, ani przemęczonym gospodyniom.

Krewetki z sosem Maryam Zaira

Oto mój pomysł: marokańska wersja sosu Marie Rose. Zamiast keczupu (bądźmy szczerzy), dodaję trochę dobrej kupnej harissy*. Smakuje doskonale, a miód idealnie zastępuje cukier, który dodają do sosów Heinza. Kupuj harissę z rozwagą – bywa ostrzejsza lub słabsza, a poza tym czasem miano harissy noszą pasty farbowane burakami i marchewką. Trzeba uważnie czytać skład na opakowaniu. Ja używam średnio ostrej harissy, różowej – wydaje mi się wyjątkowo pociągająca. Zacznij od mniejszej ilości i dodawaj coraz więcej, aż dojdziesz do proponowanych przeze mnie proporcji.

Lubię podawać krewetki w skorupkach. Małe „zrób to sam" zawsze poprawia atmosferę. Jeśli jednak nie znosisz bałaganu i gości rozrzucających skorupki po całym stole, kupuj krewetki obrane.

500 g obgotowanych krewetek w skorupkach

SOS
200 g majonezu pierwszorzędnej jakości (najlepiej ekologicznego)
50 g harissy
1 łyżeczka soku z limonki
1 łyżeczka miodu

1 Zmieszaj wszystkie składniki sosu i przełóż do miseczki na dipy.

2 Wyłóż krewetki na talerz, żeby każdy mógł po nie sięgnąć i zanurzyć w sosie. Nie zapomnij podać talerzyków albo miseczek na odpadki.

4-6 porcji na przystawkę

---

* Harissa – ostra pasta z chili i czosnku z dodatkiem oliwy, często doprawiana mielonym ziarnem kolendry i kminem rzymskim.

Sałatka krabowa z awokado i japońskim dressingiem

To kolejna sałatka, której mój mąż nie uważa za sałatkę i dość często jemy ją w domu. Teraz można kupić w supermarkecie naprawdę dobre świeże mięso kraba w pojemnikach. To doskonała przekąska, która zapełni stół i żołądek, kiedy nie ma czasu na powolne gotowanie wyszukanych składników i zakupy w specjalistycznym sklepie.

Z poniższych proporcji można przygotować cztery obfite porcje – to taka przystawka, po której nie trzeba podawać zbyt obfitego posiłku. Często wykorzystuję połowę składników, kiedy jemy tylko we dwoje albo kiedy wpada przyjaciółka z butelką schłodzonego *rosé*.

- 2 łyżki mirinu (słodkie japońskie wino ryżowe)
- 1/2 łyżeczki pasty wasabi
- 1 łyżka octu ryżowego
- kilka kropli oleju sezamowego
- 1/2 łyżeczki morskiej soli w kryształkach albo 1/4 łyżeczki zwykłej soli
- 1 czerwona papryka chili, wypestkowana i drobno pokrojona
- 200 g mięsa z kraba
- ok. 1 łyżeczki soku z limonki
- 150 g rukoli
- 1 dojrzałe awokado
- 1-2 łyżeczki drobno posiekanego szczypiorku

1 W misce, w której zmieści się mięso kraba, wymieszaj trzepaczką mirin, wasabi, ocet, olej sezamowy i sól. Następnie odlej 4 łyżki przygotowanego dressingu do drugiej miski, w której podasz gotową sałatkę.

2 Do pierwszej miski, tej z większą ilością sosu, włóż posiekany strączek chili oraz mięso kraba i wszystko starannie wymieszaj widelcem.

3 Do drugiej miski z dressingiem wlej sok z limonki, włóż rukolę, wymieszaj i rozłóż na 4 talerze.

4 Włóż czwartą część krabowej mieszaniny do małej kokilki o objętości 1/3 szklanki, starannie ugnieć i wyłóż na porcję sałaty. Po prostu odwróć naczynko, postukaj w dno, a mięso kraba samo wypadnie. Powtórz powyższe czynności z pozostałymi trzema porcjami.

5 Łyżką wydłub miąższ awokado i układaj na sałacie. Skrop wszystko sokiem z limonki.

6 Posyp każdą porcję krabowego mięsa posiekanym szczypiorkiem i podawaj na stół.

4 porcje na przystawkę

Okoń morski w sake z blanszowaną zieleniną

To łagodne w smaku, proste i smaczne danie. Przyrządzam je, kiedy ktoś jest na diecie albo nie przepada za intensywnymi smakami, albo wtedy, gdy ogarnia mnie filozoficzny nastrój. Zdaję sobie sprawę, że to nie brzmi zbyt ekscytująco, ale świeża ryba nie ma wielkich wymagań – wystarczy ją przyrządzić tak, żeby móc poczuć jej smak. Eleganckie danie w tak okrojonej wersji trudno zamówić w restauracji. Jeśli chcesz podać ziemniaki, ugotuj je na parze. Potrwa to dłużej niż pieczenie ryby, ale nie wymaga wysiłku.

Dobrze jest wcześniej podać małe co nieco – wtedy łatwiej cieszyć się umiarem: pyszną rybą i aromatyczną blanszowaną zieleniną.

2 okonie morskie, każdy ok. 900 g, sprawione i oczyszczone
4 dymki
6 łyżek sake
2 łyżki sosu sojowego
1 łyżeczka startego imbiru

1. Rozgrzej piekarnik do 200°C. Ułóż każdego okonia morskiego na dużym kawałku folii aluminiowej i zawiń brzegi folii do góry.

2. Przekrój dymki wzdłuż na połówki i włóż po 4 kawałki do każdej ryby.

3. Każdą rybę spryskaj mieszaniną 3 łyżek sake, 1 łyżki sosu sojowego i 1 łyżeczki startego imbiru.

4. Zawiń ryby w folię luźno, ale szczelnie i piecz na blasze w piekarniku około 25 minut.

5. Otwórz folię, zdejmij skórę z ryb i oddziel mięso od ości.

6. Odwróć rybę na drugi bok i powtórz powyższe czynności, a następnie polej mięso płynem, który zgromadził się w folii, i podawaj z blanszowaną zieleniną.

4–6 porcji

Blanszowana zielenina

Biorę to, co mam pod ręką: liście kapusty pak choi podarte na małe kawałki, młody groszek w strączkach, fasolkę szparagową, szpinak – różne resztki, które plączą się w lodówce w szufladzie z warzywami. To dobry sposób na spożytkowanie warzyw, których dni świetności minęły: nie są złe, ale też nie dość piękne, żeby podawać je jako sałatę.

> 2 łyżki oleju czosnkowego
> 2 fileciki anchois
> ok. 500 g zielonych warzyw

1. W woku albo na dużej patelni o grubym dnie rozgrzej olej i anchois, mieszając, aż fileciki zaczną się rozpadać.

2. Wrzuć na patelnię warzywa i smaż na dość dużym ogniu, cały czas mieszając – najwyżej kilka minut – aż wszystko zmięknie.

4 porcje

Kurczak z brandy i boczkiem

Nigdy nie kryłam uwielbienia i szacunku dla prostego, staroświeckiego pieczonego kurczaka. Niby dlaczego miałabym to robić? Jednak odmiana czasem nie zaszkodzi – brandy i boczek przydają kurczakowi aromatu (dzięki nim także pięknie brązowieje), ale niezbyt ostentacyjnie. Kurczak pozostaje kurczakiem.

Do tego podaję zapiekankę z ziemniaków i pieczarek (przepis dalej) i kruchą zieloną sałatę skropioną sokiem z cytryny – *et c'est tout*.

To nie jest superszybkie danie, jeśli chodzi o czas pieczenia, ale doskonałe, kiedy na kolację mają przyjść goście: przygotowanie kurczaka trwa 10 minut. Zdążysz nakryć stół, wypić drinka i umalować usta, a wszystko będzie samo dochodzić w piekarniku.

2 plastry boczku
1 kurczak (ok. 1 1/4 kg)
60 ml brandy

1. Rozgrzej piekarnik do 220°C.

2. Na małej patelni podsmaż boczek na średnim ogniu, aż będzie chrupiący, a na dnie zgromadzi się wytopiony tłuszcz (ok. 4 minut).

3. Zdejmij patelnię z ognia, włóż plasterki boczku do wnętrza kurczaka, po czym ułóż go w brytfance piersią do góry.

4. Wlej brandy na patelnię z tłuszczem, doprowadź do wrzenia i gotuj jeszcze przez minutę.

5. Polej kurczaka sosem z brandy, wstaw do rozgrzanego piecyka i piecz ok. 45 minut – do momentu, aż soki wypływające z udka po nakłuciu będą przezroczyste. Wyjmij mięso z piekarnika i odstaw na 10 minut przed pokrojeniem.

4 porcje

Zapiekanka z ziemniaków i pieczarek

Mało co poprawia humor tak bardzo, jak widok gorącej złocistej zapiekanki prosto z piekarnika. To doskonały dodatek do pieczonego kurczaka, który uszczęśliwi każdego. Może to dziwnie zabrzmi w moich ustach, ale lubię tę zapiekankę między innymi dlatego, że nie jest bardzo tłusta. Mleczno-winna zalewa, w której gotują się ziemniaki i grzyby, jest niezbyt zawiesista – w porównaniu z kremówką rzecz jasna – i sprawia, że danie można wstawić do bardzo gorącego piekarnika i szybko jest gotowe.

Na początku dwa razy obierałam ziemniaki, ale teraz nie zawracam sobie tym głowy. Obieranie nie jest konieczne (kupuję umyte ziemniaki do pieczenia). Chociaż nie trwa to długo, pominięcie tego etapu to dobra zagrywka psychologiczna: wystarczy wszystko pokroić na plasterki, wrzucić na patelnię, a potem do piekarnika. Wygląda prosto – bo i jest proste.

3 spore ziemniaki do pieczenia (ok. 750 g łącznie), pokrojone na cienkie plasterki
350 ml pełnotłustego mleka
3 łyżki białego wina
2 łyżki masła
2 łyżeczki oleju czosnkowego
250 g pieczarek, pokrojonych na cienkie plasterki
sól i pieprz

1 Rozgrzej piekarnik do 220°C i posmaruj masłem płytkie naczynie do zapiekania.

2 Włóż do rondla pokrojone ziemniaki, zalej winem i mlekiem, doprowadź do wrzenia, dopraw solą i pieprzem do smaku i gotuj, mieszając od czasu do czasu, gdy będziesz się zajmować grzybami.

3 Na średnim ogniu rozgrzej olej i masło na patelni. Włóż pokrojone pieczarki i smaż, aż zmiękną, ok. 3 minut.

4 Przełóż pieczarki razem z maślano-czosnkowym tłuszczem do rondla z ziemniakami, zamieszaj i przelej wszystko do naczynia do zapiekania. Wstaw do piekarnika razem z kurczakiem na ok. 45 minut, aż będą gorące i spieczone na wierzchu.

4 porcje

Rumsztyk z tymiankiem i cytryną

Przepis, a raczej metodę przyrządzania, podpowiedział mi mój agent Ed Victor, więc danie nosi nazwę „Delikatna polędwica Eda". Metoda polega na tym, żeby zamiast marynować mięso przed smażeniem, zamarynować je później. Dzięki temu mięso pozostaje delikatne. Sama zadecyduj, jakich chcesz użyć ziół. Zdaje się, że Ed dodaje oregano, a nie tymianek, który ja uwielbiam.

Do rumsztyku doskonale pasują *broccoletti*, czyli młode różyczki brokułów na długich łodygach. Dwa opakowania wystarczą – obgotowane, odcedzone i zanurzone w marynacie, z której wyjmuje się mięso, żeby je pokroić – to cudowny dodatek. Nie masz pojęcia, jak fantastycznie smakuje stek z brokułami na zimno!

1 rumsztyk o grubości 2,5 cm (ok. 600 g)
5 gałązek tymianku (1 łyżeczka listków)
2 zmiażdżone ząbki czosnku
80 ml oliwy z pierwszego tłoczenia
skórka i sok z połowy cytryny
1 łyżeczka morskiej soli w kryształkach albo 1/2 łyżeczki kamiennej soli
duża szczypta świeżo zmielonego pieprzu

1 Okrój stek z tłuszczu, rozgrzewając jednocześnie patelnię grillową albo o grubym dnie.

2 Posmaruj stek oliwą, żeby nie przywierał do patelni, i smaż po 3 minuty z każdej strony, a potem jeszcze po minucie (mięso ugrilluje się w ładny wzorek). Stek ma być krwisty – „dojdzie" podczas marynowania w soku cytrynowym.

3 Podczas gdy stek się smaży, w szerokim płaskim naczyniu zmieszaj listki tymianku, czosnek, oliwę, skórkę i sok cytrynowy oraz sól i pieprz.

4 Włóż usmażony stek do przygotowanej marynaty, na 4 minuty z każdej strony, a następnie pokrój na desce w cienkie ukośne plasterki.

4 porcje

Smażony łosoś z makaronem po singapursku

Zdaję sobie sprawę, że lista składników jest długa, ale część produktów bardzo się przyda w Twojej spiżarni. Jeśli nie zamierzasz wybierać się do specjalistycznego sklepu (ja uwielbiam, a teraz można też cieszyć się zakupami przez Internet), możesz zastąpić suszone krewetki 100 gramami małych mrożonych (najpierw trzeba je rozmrozić). Zamiast chińskiego wina do gotowania można użyć sherry, ale mnie się udaje kupić je w pobliskim supermarkecie.

2 łyżeczki średnio ostrego proszku Madras curry
1/4 łyżeczki soli
1 łyżeczka cukru
4 filety z łososia (ok. 200 g każdy)
1 łyżka oleju czosnkowego

1 Wymieszaj proszek curry, sól i cukier w dużym płaskim naczyniu i starannie obtocz kawałki łososia w tej mieszance.

2 Rozgrzej olej w patelni o grubym dnie i smaż łososia na dużym ogniu przez 2-3 minuty z każdej strony – jeśli filety są bardzo grube, to również z boku.

4 porcje

Makaron po singapursku

250 g ryżowego makaronu nitki
50 g suszonych krewetek
125 ml chińskiego wina do gotowania
1 łyżka oleju czosnkowego
100 g kapusty pekińskiej, drobno posiekanej
125 g miniaturowych kolb kukurydzy, pokrojonych na kawałki
2 dymki, drobno posiekane
2 łyżeczki średnio ostrego proszku Madras curry
1 łyżeczka drobno posiekanego imbiru
250 ml bulionu drobiowego (z kostki albo proszku)
3 łyżki sosu sojowego
150 g kiełków fasoli mung
4 łyżki posiekanej świeżej kolendry

1 Włóż makaron do miski i zalej wrzątkiem. Odstaw, żeby nasiąknął, po czym odcedź.

2 Namocz krewetki w winie. Jednocześnie rozgrzej olej w woku, i przez kilka minut podsmażaj kapustę pekińską, kukurydzę i dymkę.

3 Dodaj do woka curry i drobno posiekany imbir, zalej bulionem oraz sosem sojowym. Przełóż do woka krewetki razem z winem oraz odsączony makaron i wymieszaj wszystkie składniki.

4 Na koniec dodaj kiełki, jeszcze raz przemieszaj, przełóż do miski i posyp posiekaną kolendrą.

Układana warstwami sałatka z pieczonymi przepiórkami

Dawniej podawałam tę sałatkę zmieszaną z kurczakiem na zimno, ale doszłam do wniosku, że chrupiąca, kolorowa, prosta sałatka nie potrzebuje tłustych dodatków. Pieczone przepiórki wydają mi się jak najbardziej na miejscu, a na dodatek łatwo sobie z nimi poradzić. Możesz je upiec zawczasu, bo są lepsze na ciepło niż na gorąco. Jeśli zostanie trochę sałatki i przepiórek, możesz następnego dnia obrać mięso i wrzucić do sałatki. Podawaj ze stertą chlebków pita (najlepiej ciepłych) i kilkoma miseczkami z wodą do płukania rąk.

1 łyżeczka morskiej soli w kryształkach albo ½ łyżeczki zwykłej soli
sok z 1 cytryny
½ łyżeczki suszonej mięty (tymianek też jest dobry)
2 łyżeczki miodu
80 ml oliwy
12 przepiórek
250 g sałaty rzymskiej, pociętej w centymetrowe paski
1 pęczek rzodkiewki (150 g), oczyszczonej i pokrojonej na plasterki
½ ogórka, naprzemiennie obranego (wzdłuż), pokrojonego w centymetrową kostkę
1 czerwona papryka bez pestek, pokrojona na centymetrowe kawałki
pestki z ½ granatu
2 łyżeczki posiekanych liści mięty

1 Rozgrzej piekarnik do 220°C. Wymieszaj w słoiku sól, sok z cytryny, suszoną miętę, miód i oliwę. Zakręć pokrywkę i potrząsaj jak szalona.

2 Ułóż przepiórki na dwóch niewielkich blachach do pieczenia i polej je połową przygotowanego dressingu. Wetrzyj płyn w mięso przed wstawieniem do piekarnika.

3 Piecz przepiórki 30 minut; w tym czasie przygotuj sałatkę.

4 Ułóż składniki warstwami w szklanym naczyniu o prostych ściankach, skrapiając resztą dressingu każdą warstwę sałaty rzymskiej, plasterków rzodkiewki, kawałków ogórka, papryki, znowu sałaty i pestek granatu, posypanych posiekanymi liśćmi mięty.

6-8 porcji

Eton Mess

Lubię każdą wariację tego deseru; zrobiłam ich chyba kilkanaście. Do tej użyłam gotowego soku z granatu, żeby wydobyć z truskawek pachnące, letnie soki. Jeśli robisz deser z truskawek poza sezonem, możesz użyć świeżo wyciśniętego soku z granatu i posypać pestkami pyszną bezowo-śmietankową górę usianą owocami. (Jeśli jakieś bezy zostaną, można z nich zrobić kanapeczki z lodami, owinąć w plastikową folię i wrzucić do zamrażalnika. Później można po nie sięgnąć, kiedy najdzie nas chętka na coś słodkiego. Nie trzeba ich rozmrażać, ponieważ nawet po zamrożeniu nie twardnieją).

500 g truskawek
2 łyżeczki drobnego albo waniliowego cukru

2 łyżeczki soku z granatu
500 ml śmietanki kremówki
4 małe bezy z paczki

1 Oderwij szypułki, pokrój truskawki na kawałki i włóż do miski. Dodaj cukier oraz sok z granatu i odstaw, żeby owoce puściły sok, gdy będziesz ubijać śmietanę.

2 W dużej misce ubijaj śmietanę, aż będzie gęsta, ale niezbyt sztywna.

3 Pokrusz bezy – potrzebne będą i większe kawałki, i trochę drobnego bezowego proszku.

4 Przełóż do innego naczynia chochlę (ok. 100 g) truskawek, a resztę wymieszaj ze śmietaną i pokruszonymi bezami.

5 Rozłóż krem do czterech pucharków albo szklanek. Można go podać w jednej misce. Na sam wierzch nałóż pozostałe owoce.

4 porcje

Kremowy deser karaibski

Oto krem Barbados mojej babci w nowej wersji: my pójdziemy w stronę kokosowo-
-bananową. Nie jest może zbyt wyszukany, ale czasem lubimy słodki i kojący smak
domowego, prawie przedszkolnego deseru. Blisko mu do starego dobrego kremu
bananowo-śmietankowego z brązowym cukrem. Trudno przebić coś takiego, ale jogurt
kokosowy i rum bez wątpienia dodają przysmakowi walorów.

Krem powinnaś przygotować rano, jeśli chcesz go podać wieczorem (albo
poprzedniego dnia, jeśli to w czymś pomoże), ale nie zajmie Ci to więcej niż 5 minut.
Szybko jest gotowy i oszczędzisz sobie pracy wieczorem, kiedy brakuje Ci czasu po
powrocie z pracy.

175 g jogurtu kokosowego
175 ml gęstej tłustej śmietany
1 łyżka rumu kokosowego,
   na przykład malibu (opcjonalnie)
1 banan
2 łyżki cukru trzcinowego
   Dark Muscovado

1 Wymieszaj trzepaczką jogurt i śmietanę z malibu, jeśli je dodajesz, aż do lekkiego zgęstnienia.

2 Pokrój banana na plasterki i rozłóż je na dnie 4 małych kokilek.

3 Nałóż do każdej kokilki krem śmietankowo-jogurtowy.

4 Posyp każdą porcję $1^1/_2$ łyżeczki cukru, przykryj szczelnie folią plastikową i wstaw na noc albo na cały dzień do lodówki.

4 porcje

Brownie bez mąki

Zauważyłam, że niezależnie od tego, ile goście zjedzą, zawsze mają ochotę na brownie. Podaję przepis na inne brownie w sam raz na przyjęcie – rozpływające się, ciągnące i ciężkie. Podaję je z lodami i gorącym sosem czekoladowym (przepis poniżej), chociaż to nie jest konieczne. Ale nie mówimy tu przecież o konieczności, prawda?

225 g gorzkiej czekolady (70% miazgi kakaowej)
225 g masła
2 łyżeczki ekstraktu waniliowego
200 g drobnego cukru
3 jajka, roztrzepane
150 g mielonych migdałów
100 g posiekanych orzechów włoskich

1. Rozgrzej piekarnik do 170°C. W rondlu o grubym dnie rozpuść czekoladę i masło na małym ogniu.

2. Zdejmij rondel z ognia, dodaj ekstrakt waniliowy i cukier, zamieszaj i odstaw do przestygnięcia.

3. Mieszając, dodaj jajka, mielone migdały i posiekane orzechy. Przełóż masę do kwadratowej foremki o boku 24 cm, najlepiej jednorazowej.

4. Piecz brownie 25-30 min – po tym czasie ciasto wciąż będzie lepkie na wierzchu. Kiedy przestygnie, ostrożnie pokrój je na 16 mięciutkich kwadratów.

16 porcji

Gorący sos czekoladowy

75 g gorzkiej czekolady (70% miazgi kakaowej)
125 ml gęstej tłustej śmietany
2 łyżeczki rozpuszczalnego espresso rozpuszczonego w 2 łyżkach wody
1 łyżka golden syrup lub sztucznego miodu

1. Połam czekoladę na kawałki i włóż do rondla o grubym dnie.

2. Dodaj pozostałe składniki i podgrzewaj na małym ogniu, mieszając, aż się połączą.

3. Kiedy sos jest gotowy, wymieszaj go starannie, zdejmij z ognia i przelej do dzbanka.

Wystarczy do polania 16 kawałków brownie

Jeżyny pod kruszonką

Jeszcze jedna przeróbka z czasów przedszkolnych, i nic w tym złego. Uczciwie mówiąc, powinnam nazwać ten deser „Jeżynowa ciągutka", bo wierzch jest maślano-ciągnący. Skoro jednak przywykliśmy nazywać coś takiego kruszonką, zostanę przy kruszonce.

Deser jest prościutki; córka mojego znajomego, która w życiu nie przygotowała żadnego deseru, tym przysmakiem zrobiła furorę. Zrozumiałe, że coś tak dobrego budzi wprost ewangeliczny zapał. Łatwość przygotowania to dodatkowa zaleta.

Żeby obniżyć koszty, można zmieszać połowę jeżyn z pokrojonymi gruszkami. Możesz w ogóle potraktować ten przepis jako wzór i użyć dowolnych owoców, które akurat masz pod ręką.

125 g masła
60 g płatków owsianych
40 g płatków migdałowych
30 g pestek słonecznika
70 g mąki
1 łyżeczka mielonego cynamonu
75 g brązowego cukru
500 g jeżyn
2 łyżeczki skrobi kukurydzianej
50 g waniliowego albo drobnego cukru

1. Rozgrzej piekarnik do 200°C. Podgrzej masło w rondelku (albo w mikrofalówce, w miseczce), żeby się stopiło, i odstaw na bok.

2. Zmieszaj w misce płatki owsiane i migdałowe, pestki słonecznika, mąkę, cynamon i brązowy cukier.

3. Przełóż jeżyny do szerokiego płaskiego naczynia do zapiekania (ja użyłam naczynia o pojemności 750 ml). Posyp owoce skrobią kukurydzianą oraz cukrem i wymieszaj.

4. Wymieszaj stopione masło z kruszonką – czyli owsianą posypką – i nałóż łyżką na jeżyny tak, żeby gdzieniegdzie było widać owoce.

5. Wstaw na 25 minut do piekarnika. Podawaj z lodami albo gęstą śmietaną.

4-6 porcji

Ciasteczka czekoladowo-miętowe

To moja odmiana tego poobiedniego przysmaku: daruj sobie wyszukany deser i podaj do kawy i herbaty talerz czekoladowych ciasteczek o miętowym aromacie.

Ciastka szybko się przygotowuje i piecze. Nie macie pojęcia, jak przyjemnie jest otworzyć gościom drzwi, gdy na powitanie z kuchni wydobywa się ten cudowny zapach i miesza z wiecznym powietrzem.

100 g miękkiego masła
150 g brązowego cukru
1 łyżeczka ekstraktu waniliowego
1 jajko
150 g mąki
35 g kakao w proszku
½ łyżeczki proszku do pieczenia
200 g gorzkiej czekolady
    w płatkach lub wiórkach

POLEWA
75 g cukru pudru
1 łyżka kakao, przesianego
2 łyżki wrzątku
¼ łyżeczki ekstraktu miętowego

1 Rozgrzej piekarnik do 180°C.

2 Utrzyj masło z cukrem (dla ułatwienia korzystam ze stacjonarnego miksera), a następnie, stale mieszając, dodaj ekstrakt waniliowy i jajko.

3 Wymieszaj w misce mąkę, kakao oraz proszek do pieczenia i stopniowo dodawaj do maślanej mieszaniny. Na końcu dodaj kawałki gorzkiej czekolady.

4 Nakładaj łyżką porcje ciasta na blachę wyłożoną papierem do pieczenia, zostawiając między nimi trochę miejsca.

5 Wstaw ciastka na 12 minut do piekarnika, następnie pozostaw na blasze na parę minut, żeby przestygły, i przełóż na metalową kratkę ustawioną nad gazetą, na którą później będzie skapywać nadmiar polewy.

6 Zmieszaj w rondelku składniki polewy i podgrzewaj, aż się połączą.

7 Za pomocą łyżki ozdabiaj stygnące ciastka zygzakowatą strużką polewy.

26 ciasteczek

Jak mawiał Escoffier*, *la nostalgie*, czyli tęsknota za domem, to po prostu tęsknota za smakami dzieciństwa. Jako Francuz mieszkający w Londynie na przełomie XIX i XX wieku miał pewnie powody do nostalgii, ale i my, żyjąc w Anglii ogarniętej kulinarnym szaleństwem, mamy za czym tęsknić – mimo że nie opuściliśmy rodzinnego kraju. Wiele potraw, które jadali w młodości nasi rodzice i dziadkowie, zanikło całkowicie.

    Nie jestem pewna, czy uważamy, że tradycyjne potrawy są nie na czasie dlatego, że jesteśmy słabiej zakorzenieni w tradycjach kulinarnych niż mieszkańcy Kontynentu, czy mając kuchenny kompleks niższości, chcemy się okazać nowocześni, ale potrafimy tylko nieelegancko ironizować. Chyba wszystko naraz. Trudno mi sobie wyobrazić, żeby Francuzi odrzucili remuladę selerową jako przestarzałą albo żeby Włosi zrezygnowali z jedzenia spaghetti alla carbonara, bo jest anachroniczne. Francuzi i Włosi kochają swoją kuchnię właśnie dlatego, że jest to tradycyjne pożywienie ich przodków – i wiedzą, że ich dzieci także je polubią.

    Innymi słowy – ani dla kucharza, ani dla jedzącego nie powinno istnieć coś takiego, jak danie retro. Rozwodzę się nad naszymi brakami, jakbym się cieszyła, że je mam na użytek – a może na zgubę? – tego rozdziału. Trudno. Jesteśmy, jacy jesteśmy, a wpływa na to zbyt wiele przyczyn, żeby teraz drążyć i rozpamiętywać. Poza tym wiem, co mam na myśli, mówiąc „retro", i spodziewam się, że Ty też wiesz.

    Może nas ogarnąć nostalgia na wspomnienie muzyki, której słuchali nasi rodzice. Tak samo zgadzam się, że część poniższych przepisów należy do ery dawniejszej niż moja. Uwielbiam pomysł – i zawsze mam smak – na Crepes Suzette i odwrócony placek ananasowy (zobacz przepisy na str. 82), ale u mnie w domu właściwie ich nie podawano. Co gorsza, z tęsknotą wspominam czas lat osiemdziesiątych. Koktajle, które wtedy piłam, to był świadomy powrót do dawnych czasów – takie pozbawione elegancji art déco. Tak, mam czarne kieliszki do Martini – i owszem, kupiłam kilka ostatnio, żeby napełniać je drinkiem Biała Dama (jedna część soku cytrynowego, dwie części likieru Cointreau i cztery części dżinu). Jeśli uważasz, że to zakrawa na szaleństwo, mogę Cię zapewnić, że nie żartuję.

    Chyba o to właśnie chodzi: pozorne ukontentowanie i niefrasobliwość sprawiają wrażenie miałkości. Prawda jest taka, że zawsze mamy ochotę na potrawy, które pamiętamy z dzieciństwa, a które nasi rodzice wspominają z przyjemnością. Nie ma tu ani jednego przepisu, którego wykonanie nie sprawiłoby mi przyjemności przez wzgląd na smak potrawy. Brak sentymentu nadrabiam apetytem.

---

* Escoffier, Georges Auguste (1846-1935) – słynny francuski kucharz, restaurator i autor książek kulinarnych. Prowadził kuchnię hotelu Savoy w Londynie, a razem z Cesarem Ritzem współtworzył sieć hoteli Ritz. Pomysłodawca wielu słynnych, klasycznych już dań (m.in. deseru Melba).

Koktajl z raków na awokado

Zjadam ogromne ilości awokado. Niektórych odrzuca ich gliniasta konsystencja, a mnie właśnie pociąga. Kiedy byłam nastolatką, przeczytałam gdzieś, że psy zamieszkujące sady awokado mają błyszczącą sierść, ponieważ codziennie jedzą owoce, które wiatr strąca z drzew. Ten obraz przemówił mi do wyobraźni; jest szalenie pociągający. Mam go w oczach, ilekroć przygotowuję sobie awokado – czyli często.

   Gdy któregoś dnia kupiłam dwa naczynia do awokado, wiedziałam już, że moje podejście do jedzenia musi być niezbyt współczesne (zazwyczaj jem awokado oprószone morską solą Maldoni skropione sokiem z limonki). Oto moja wersja starego dobrego koktajlu z krewetek. Uważam, że dość postępowa.

1 pomidor	1 łyżeczka oliwy z pierwszego tłoczenia
½ łyżeczki morskiej soli w kryształkach albo 1/4 łyżeczki zwykłej soli kamiennej	75 g ugotowanych i obranych ogonów rakowych
2 łyżeczki octu z sherry	1 dojrzałe awokado
	1 łyżeczka posiekanych liści kolendry

1 Przekrój pomidora na pół, wyjmij łyżką pestki i wyrzuć je, a resztę posiekaj. Wrzuć kawałki do miski, posól, dodaj ocet i oliwę. Wymieszaj trzepaczką, aż dressing będzie miał jednolitą konsystencję.

2 Przed samym podaniem wymieszaj dressing z mięsem raków.

3 Przekrój awokado na połówki, wyjmij pestkę i nałóż do powstałych wgłębień porcje koktajlu rakowego. Posyp posiekaną kolendrą i natychmiast podawaj.

2 porcje

Pasta z wędzonego pstrąga

Wędzone ryby to podstawa pożywienia mojego dzieciństwa – dostawałam do szkoły wędzoną makrelę z chrzanem – a kiedy znajduję w lodówce jakąkolwiek wędzoną rybę, wiem, że da się z tego natychmiast zrobić coś do jedzenia. Pieprz i cytryna – nic więcej nie trzeba. To prawdziwa gratka dla zapracowanego kucharza: pastę robi się w okamgnieniu, można ją podać jako przystawkę albo jako danie główne. Nie muszę nawet robić sałaty – wystarczy mi tost, kromka chrupiącego chleba, a nawet dobre kupne angielskie mufiny lub wytrawne serowe babeczki. Do tego kilka korniszonów albo inne warzywa marynowane.

Proporcje nie są zbyt obfite, ale to sycący posiłek, a poza tym – dokładnie tak, jak lubię – ostry. Jeśli chcesz, żeby pasta była łagodniejsza, nie tak ognista, dodaj nieco mniejszą szczyptę Cayenne.

2 wędzone filety z pstrąga, w sumie ok. 125 g
50 g twarożku Filadelfia
1 łyżka chrzanu
2 łyżki soku z cytryny
1/4 łyżeczki pieprzu kajeńskiego
2 łyżki oliwy

1 Zmieszaj składniki w blenderze na gładką pastę.

2 Starannie zdejmując pastę ze ścianek łopatką, przełóż zawartość blendera do miseczki (ja używam glinianej, o średnicy 12 cm). Przykryj miseczkę plastikową folią i wstaw do lodówki.

4 porcje jako przystawka

Sałatka Szefa

Nie jestem szefem kuchni, więc może powinnam nazwać to danie sałatką kucharza. Tak czy inaczej, nie można się jej oprzeć i smakuje jeszcze lepiej niż wygląda opisane.

    Bez zmrużenia oka przyznaję, że z upodobaniem używam krytykowanej przez wszystkich sałaty lodowej i spokojnie wyobrażam sobie, że możesz skorzystać z podartej na kawałki paczkowanej sałaty. Muszę też powiedzieć, że trzymam w lodówce torebkę gotowego tartego ementalera, który dodaję do tej sałatki. Konserwowa kukurydza natychmiast poprawia humor, zwłaszcza w połączeniu z miękkimi kawałkami awokado. Zestawienie konsystencji wszystkich składników tej sałatki jest doprawdy powalające. Nie rozumiem, jak mogła popaść w niełaskę?

1 główka sałaty lodowej
225 g szynki, pokrojonej w centymetrową kostkę
1 puszka kukurydzy, odsączonej z zalewy
75 g tartego ementalera
1 dojrzałe awokado bez pestki, obrane i pokrojone na kawałki

DRESSING
½ łyżeczki musztardy diżońskiej
1 łyżka octu z wina Cabernet Sauvignon lub innego czerwonego
½ łyżeczki morskiej soli w kryształkach albo ¼ łyżeczki zwykłej soli
3 łyżki oliwy z pierwszego tłoczenia

1 Do dużej misy wrzuć podarte na kawałki liście sałaty lodowej.

2 Dodaj pokrojoną szynkę, odsączoną kukurydzę, tarty ser i kawałki awokado.

3 W oddzielnej misce wymieszaj trzepaczką składniki dressingu, polej sałatkę i wszystko ponownie starannie wymieszaj.

6 porcji jako przystawka, 2-4 porcje na obiad/kolację

Oeufs en cocotte

Kiedy byłam mała, moja mama prawie co tydzień piekła jajka w kokilkach na niedzielną kolację – od tamtej pory ich nie jadłam. Do niedawna, kiedy to poczułam nagłą i nieprzepartą chęć wskrzeszenia tej potrawy. Mama piekła jajka w dość niskiej temperaturze dokładnie przez 19 minut; ponieważ danie ma być ekspresowe, ja piekę je w średniej temperaturze przez kwadrans – i są równie pyszne.

Jedyna zmiana, jaką wprowadziłam, to pewien ekstrawagancki dodatek; skrapiam śmietanę, którą nakładam na jajko jedną-dwiema kroplami oleju truflowego. Inne dodatki smakowe – odrobina posiekanej szynki, pokrojone i podsmażone grzyby, zioła, serca karczochów w plasterkach – powinny trafić na dno kokilek, nim wbijesz jajka.

To smaczna i dość wytworna przekąska, którą można poczęstować gości, zanim poda im się zwykłego pieczonego kurczaka z sałatą. Będą mieli wrażenie, że ucztowali jak królowie.

Lubię wyjadać śmietankowe jajko łyżeczką wprost z kokilki, ale grube kromki dobrego razowca czy chleba na zakwasie, pocięte na paluszki, są *de rigueur* jako dodatek. Przy wyjątkowej okazji możesz jeszcze podać ugotowane na parze szparagi.

masło do natłuszczenia kokilek
6 jajek
1½ łyżki morskiej soli w kryształkach

6 łyżek gęstej tłustej śmietany
1½ łyżeczki oleju truflowego

1 Rozgrzej piekarnik do 190°C i zagotuj pełen czajnik wody.

2 Za pomocą pędzla wysmaruj miękkim masłem wnętrze sześciu kokilek o pojemności ok. 125 ml i wstaw je do głębokiej formy lub żaroodpornego naczynia.

3 Jeśli używasz dodatków, włóż je teraz na dno kokilek.

4 Do każdej kokilki wbij jajko, posyp ¼ łyżeczki soli, na wierzch nałóż po łyżce śmietany i po ¼ łyżeczki oleju truflowego.

5 Wlej wrzątek do naczynia mniej więcej do połowy wysokości kokilek. Wstaw wszystko na 15 minut do piecyka. Podawaj od razu.

6 porcji

Mouclade

Z jakiegoś powodu ten mniej znany kuzyn *moules mariniére* wyszedł z mody. A przynajmniej ja nie widziałam go w żadnym menu ani nie jadłam poza domem od lat. A jest taki dobry w tym łagodnym śmietankowym curry!

To bardzo szybka wersja: biorę umyte i obrane mule, zamiast posiekanej cebuli albo szalotek dodaję pory lub dymki; niczego nie przesiewam, nie odlewam ani nie redukuję. Potrawa jest nieco rzadsza niż w tradycyjnej wersji, ale tym lepiej. Kup bagietkę albo dwie, żeby powycierać nią pachnący śmietankowy sos i możesz się zaliczać do prawdziwych wybrańców losu.

2 kg muli
4 młode pory (albo dymki), drobno pokrojone
2 ząbki czosnku, obrane i pokrojone na cienkie plasterki
500 ml wytrawnego białego wina (albo 250 ml wermutu Noilly Prat i 250 ml wody)
2 łyżeczki średnio ostrego Madras curry w proszku
125 ml gęstej tłustej śmietany

1 Zanurz mule w czystej zimnej wodzie i – jeśli nie zostały oczyszczone w sklepie – obierz je, odcinając bisior i odłupując pąkle tępą krawędzią nożyka.

2 Weź duży garnek z pokrywką. Włóż do niego pory (albo dymki), czosnek i curry, zalej winem (albo wermutem z wodą) i doprowadź do wrzenia.

3 Osącz małże w durszlaku, odrzucając otwarte. Pozostałe wrzuć do garnka, przykryj pokrywką i gotuj 3 minuty na dużym ogniu, od czasu do czasu kołysząc garnkiem okrężnymi ruchami.

4 Po uniesieniu pokrywki muszle powinny być otwarte. Odrzuć zamknięte. Dodaj śmietanę i przełóż zawartość garnka do miski albo podaj garnek bezpośrednio na stół. Nie zapomnij o talerzach na puste muszle.

4 porcje

Sałata z kurzymi wątróbkami

Moim zdaniem to jest prawdziwy powrót do przeszłości. Zaczęłam dorabiać jako krytyk w okresie tak zwanego wielkiego renesansu kulinarnego, blisko 20 lat temu. Byłam wtedy entuzjastyczną młodą osóbką. Prawie w każdym restauracyjnym menu widniała, podobna do poniższej, *salade tiéde*. Dressing robiło się zwykle z octu malinowego, który był bardzo na czasie. Chciałam złożyć hołd modzie na słodko-kwaśne smaki, robiąc do wątróbek glazurę z octu z sherry i syropu klonowego. Wiem, że to brzmi dziwnie – nawet odstręczająco – ale połączenie jest doskonałe: lekko słodkawe, o intensywnym dymnym aromacie.

To również szybka kolacja dla dwojga, a nie pośpieszna zbieranina składników, monotonna i zawsze na jedno kopyto.

2 łyżki oliwy
300 g kurzych wątróbek
130 g paczka rukoli
1 łyżka octu z sherry

1 łyżka syropu klonowego
1 łyżeczka morskiej soli w kryształkach albo ½ łyżeczki zwykłej soli

1 Rozgrzej olej na patelni o grubym dnie i obsmażaj wątróbki przez 7 minut, obracając je i dociskając do dna patelni, żeby się równo zrumieniły.

2 W tym samym czasie rozłóż rukolę na dwóch talerzach.

3 Kiedy wątróbki się usmażą i będą różowe w środku, zdejmij patelnię z ognia i szybko dodaj ocet z sherry i syrop klonowy.

4 Mieszaj, aż z płynu i przysmażonych do dna resztek wątróbki zrobi się gęsty sos, a następnie rozłóż wątróbki na talerzach z sałatą i polej każdą porcję sosem.

5 Oprósz solą i podawaj na ciepło.

2 porcje

Fondue serowe

Nie sądzę, żeby ta potrawa kiedykolwiek zyskała przychylność Światowej Organizacji Zdrowia, ale serowe fondue to marzenie! Na plus pod względem zdrowotnym liczy się to, że najchętniej podaję do niego rzodkiewki, liście cykorii i radicchio oraz marchewki, ale nie mam pojęcia, dlaczego tak się uczepiłam tego argumentu. Chodzi głównie o to, że fondue to cudowna kolacja: jest sycąca, smaczna i zapewnia biesiadnikom doskonały nastrój.

Przygotuj cały saganek, a na deser podaj jedynie owoce albo sorbet.

600 g posiekanych albo startych serów (np. mieszanka gruyère'a, ementalera, brie i camemberta)
300 ml białego wina
2 łyżeczki skrobi kukurydzianej
3 łyżki Kirschu
1 obrany ząbek czosnku
duża szczypta świeżo zmielonego pieprzu
duża szczypta świeżo startej gałki muszkatołowej

DO PODANIA
marchewka pokrojona w długie słupki, ozdobnie ponacinane rzodkiewki, cykoria i radicchio* pokrojone wzdłuż lub na cienkie trójkąciki, chleb na zakwasie pokrojony w kostkę – wszystko, co zechcesz zanurzyć w serowym sosie

1 Wymieszaj sery z winem w żeliwnym naczyniu do fondue i podgrzewaj na kuchence, aż wszystko się zagotuje – do tego czasu sery powinny się stopić.

2 Zmniejsz płomień i wymieszaj skrobię z Kirschem w małej miseczce. Dodaj do fondue razem z ząbkiem czosnku.

3 Dopraw pieprzem i gałką muszkatołową, starannie wymieszaj i ustaw naczynie na stole nad płomieniem maszynki spirytusowej.

4 porcje

---

* Radicchio – czerwona cykoria.

Paluszki rybne z majonezem koperkowym

Paluszki rybne popadły w niełaskę, nie mam pojęcia dlaczego. Chrupiąca warstewka panierki, delikatne miękkie kawałki ryby – oto paluszki rybne w najlepszym wydaniu. Jeśli uda Ci się kupić japońską panierkę z przyprawami *panko**, to jej użyj: tworzy lekką, kruchą warstewkę. Tradycyjnym dodatkiem jest sos tatarski, ale ja wolę majonez koperkowy i ogórki konserwowe piętrzące się obok na talerzyku.

To świetna szybka przekąska dla gości albo pyszna kolacja dla dwojga, którą można podać w tygodniu. Paluszki warto przygotować wcześniej. Ja robię zawczasu całą górę i zamrażam. Kiedy przychodzi pora kolacji, a ja nie wiem co ugotować, rozgrzewam olej na patelni i smażę garść zamrożonych paluszków. To trwa zaledwie minutę. Wolę je smażyć w rondlu, małymi porcjami, niż rozgrzewać dużą ilość oleju na ogromnej patelni i wrzucać wszystkie naraz.

2 filety ze złocicy, bez skóry
70 g skrobi kukurydzianej
100 g bułki tartej albo panko
2 jajka

250 ml oleju arachidowego, lub z pestek winogron (ilość zależy od wielkości patelni)
sól i pieprz

1 Przekrój filety wzdłuż na połówki, a następnie każdą połówkę po skosie na 4 podłużne kawałki. Otrzymasz 8 paluszków z każdego filetu.

2 Wsyp skrobię na talerz i dopraw solą i pieprzem. Na drugi talerz wysyp tartą bułkę albo panko, a do miseczki wbij jajko i rozkłóć widelcem.

3 Starannie obtaczaj kawałki ryby w przyprawionej skrobi, następnie w jajku, a na koniec w tartej bułce.

4 Ułóż paluszki rybne na metalowej kratce i rozgrzej olej na patelni (albo ułóż je teraz warstwami w szczelnie zamykanym pojemniku, przekładając kolejne warstwy papierem do pieczenia, i wstaw do zamrażarki).

5 Smaż paluszki około 2 minut, aż zrobią się złote i chrupiące. Osusz je z nadmiaru tłuszczu na papierowym ręczniku.

16 paluszków – dla 3 osób jako danie główne, dla 5 jako przystawka

Majonez koperkowy

200 g majonezu (najlepiej ekologicznego)
15 g (mały pęczek) koperku

½ łyżeczki soku z limonki, do smaku
sól i pieprz do smaku

1 Przełóż majonez do miseczki, a koperek drobno posiekaj i dodaj do majonezu.

2 Dopraw sos do smaku sokiem z limonki, solą i pieprzem, i wymieszaj.

---

* *Panko* – suszona bułka tarta bez skórki, delikatniejsza od naszej tradycyjnej złocistej, stosowana w kuchni japońskiej i francuskiej.

Crêpes Suzette

To chyba król deserów w stylu retro – w pełni zasługuje na ten tytuł. Moja wersja jest przyśpieszona i uproszczona, bo używam gotowych naleśników. Jednak to ich wcale nie dyskwalifikuje. Kupne naleśniki potrafią być przepyszne. Co więcej, podlane syropem, a do tego płonące, nie dają po sobie poznać źródła pochodzenia.

Jeśli do tej pory wydawało Ci się, że Crêpes Suzette należą do jakiegoś kompletnie nieadekwatnego kanonu kulinarnego, przemyśl to jeszcze raz. Albo nie, lepiej zapomnij o wszystkim i zabierz się za gotowanie.

sok z 2 pomarańczy
skórka z 1 pomarańczy
175 g masła
75 g drobnego cukru

8-12 gotowych naleśników
80 ml likieru Grand Marnier, Cointreau albo Triple sec

1 Wlej do rondla sok pomarańczowy, dodaj skórkę, masło i cukier. Doprowadź do wrzenia, zmniejsz płomień i gotuj przez 10-15 minut, aż płyn zgęstnieje do konsystencji syropu.

2 Złóż naleśniki na pół i jeszcze raz na pół i ułóż na dużej patelni albo w żaroodpornym naczyniu dookoła, tak żeby jeden zachodził na drugi.

3 Zalej naleśniki syropem i podgrzewaj na małym ogniu przez 3 minuty.

4 W rondlu po syropie podgrzej likier pomarańczowy. Kiedy naleśniki w syropie pomarańczowym będą gorące, polej je likierem i podpal sos. Po zgaśnięciu płomienia natychmiast podawaj, nakładając naleśniki na talerze i polewając je syropem.

4-6 porcji

Mango Split

Kiedy byłam bardzo młoda, popularność deseru Banana Split już zaczęła przygasać, ale idea owoców z lodami, polanych sosem, jest niezła. Wykorzystuję walory przysmaku wyśmiewanego przez sprzedawców z eleganckich i snobistycznych sklepów, ale zastępuję najmniej owocowy owoc świata pokrojonym w kostkę mango. Z czystego lenistwa kupuję mango pokrojone przez ekspedienta w zieleniaku albo w supermarkecie.

Okazało się, że to jeden z ulubionych deserów moich dzieci. Podaję im go bez rumu i wiórków kokosowych. Dla siebie robię i z jednym, i z drugim, ponieważ w tym względzie należę do szkoły głoszącej zasadę „im więcej, tym lepiej".

2 łyżki wiórków kokosowych
1 łyżka masła
50 g jasnego cukru trzcinowego
1 łyżka soku z limonki
1 łyżka ciemnego rumu
kawałek kandyzowanego imbiru
    (opcjonalnie)

1 dojrzałe mango
2 kulki lodów waniliowych
2 kulki sorbetu mango
2 rurki waflowe albo podłużne wafelki
    (opcjonalnie)

1 Praż wiórki na niewielkiej suchej patelni, aż zrobią się ciemnozłote i pachnące. Przełóż je do miseczki, żeby ostygły.

2 Podgrzej w rondlu masło, a gdy się stopi, dodaj cukier, sok z limonki oraz rum, doprowadź do wrzenia i gotuj przez 2 minuty. Zgaś płomień, ale zostaw rondel na kuchence.

3 Drobno posiekaj kandyzowany imbir, jeśli go używasz, oraz obierz mango i pokrój je w centymetrową kostkę.

4 Nałóż lody i sorbet do dwóch pucharków albo wysokich szklanek.

5 Dodaj do każdej porcji mango oraz imbir i posyp pachnącymi prażonymi wiórkami kokosowymi.

6 Polej owoce ciepłym sosem; nie jest go bardzo dużo, bo deser nie powinien się rozmoczyć.

7 Jeśli masz ochotę, wsuń do każdej porcji waflową rurkę albo wafelek.

2 porcje

Sernik czereśniowy

Ten przepis przełamał moje uprzedzenia – co nie było złe, ale wytrąciło mnie z równowagi. Byłam przekonana, że jedyny prawdziwy sernik to ten pieczony, ale teraz nie jestem pewna. Osobliwy sernik na zimno, obecny na restauracyjnych wózkach w latach siedemdziesiątych, kompletnie mnie zauroczył. Jest lekki, kwaskowaty i zachwycająco dobry. Szybkość i łatwość przygotowania to kolejny przyczynek do ogólnego poczucia zadowolenia.

Jednak w duchu retropoprawności nie wykładaj na ciasto gotowego sklepowego nadzienia czereśniowego. Ja używam francuskiej konfitury czereśniowej bez dodatku cukru, którą można kupić wszędzie, ale też każdy słoik z napisem „konfitura" zamiast „dżem" będzie dobry.

Jeśli masz ochotę, w sezonie czereśniowym rozłóż na serniku dwie garście pięknych świeżych owoców.

125 g herbatników Digestive lub innych pełnoziarnistych
75 g miękkiego masła
300 g zmielonego twarogu śmietankowego
60 g cukru pudru
1 łyżeczka ekstraktu waniliowego
$1/2$ łyżeczki soku z cytryny
250 ml gęstej tłustej śmietany
1 słoik konfitury czereśniowej

1 Zmiel herbatniki w malakserze na drobne okruchy, a następnie dodaj masło i włącz malakser jeszcze raz, żeby składniki się połączyły.

2 Rozłóż przygotowane ciasto w tortownicy o średnicy 20 cm, dociskając je do dna, aż zacznie zachodzić na ścianki, tworząc niewysoki rant.

3 Ucieraj twaróg z cukrem pudrem, ekstraktem waniliowym i sokiem cytrynowym, aż masa będzie gładka.

4 Lekko ubij śmietanę i zmieszaj z twarogiem.

5 Nałóż masę twarogową do tortownicy i wygładź powierzchnię łopatką. Wstaw sernik do lodówki na 3 godziny albo na całą noc.

6 Przed samym podaniem wyjmij sernik z tortownicy i rozprowadź na nim konfiturę czereśniową.

6-8 porcji

Odwrócony placek ananasowy

Ten przepis jest trochę starszy ode mnie, ale dobrze pamiętam, jak przyjaciółka mojej babci piekła taki placek i podawała z ciepłym sosem zrobionym z syropu ananasowego – pewnie ze skrobią kukurydzianą. Z sosu bym zrezygnowała, ale uważam, że bez problemu można upiec ciasto z plastrami ananasa z puszki. Nie przepadam za obieraniem i krojeniem ananasa.

Ananas z puszki jest doskonały, chociaż radziłabym użyć ananasa w soku, a nie w syropie. Trochę tego soku dodaję do biszkoptu – dzięki temu jest delikatny i puszysty.

Stwierdziłam, że placek najszybciej piecze się w miedzianej foremce do tarty Tatin; jeśli używasz zwykłej foremki, przytrzymaj ciasto parę minut dłużej w piekarniku.

masło do wysmarowania foremki
2 łyżki cukru
6 plastrów ananasa z puszki
3 łyżki soku ananasowego z puszki
11 kandyzowanych czereśni (ok. 75 g)
100 g mąki
1 łyżeczka proszku do pieczenia
¼ łyżeczki sody oczyszczonej
100 g miękkiego masła
100 g drobnego cukru
2 jajka

1 Rozgrzej piekarnik do 200°C. Wysmaruj masłem foremkę do tarty Tatin (24 cm średnicy na górze, 20 cm na dnie) albo zwykłą foremkę o średnicy 23 cm (z ruchomym dnem albo tortownicę).

2 Oprósz cukrem dno foremki i ułóż plastry ananasa, żeby tworzyły taki wzór jak na zdjęciu.

3 Włóż po czereśni na środek każdego plastra i dołóż kilka w wolnych przestrzeniach przy ściance foremki.

4 Zmiksuj w malakserze mąkę, proszek do pieczenia, sodę oczyszczoną, masło, cukier i jajka, aż masa będzie jednolita. Dolej sok ananasowy i wymieszaj, żeby rozrzedzić ciasto.

5 Ostrożnie zalej ciastem plastry ananasa – ledwo je przykryje, więc delikatnie wyrównuj powierzchnię.

6 Piecz placek 30 minut, następnie obwiedź brzegi łopatką, żeby odeszły od foremki, przykryj talerzem i jednym ruchem – ciach! – szybko odwróć do góry dnem.

8 porcji

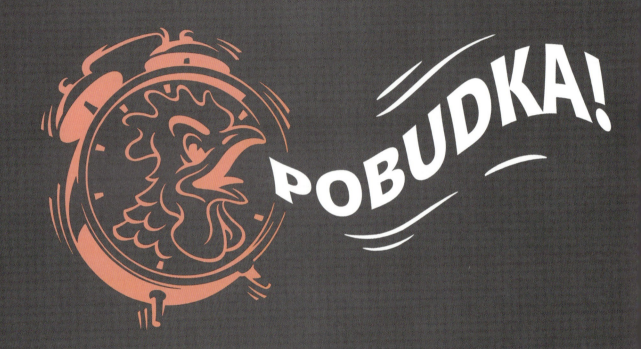

Nie chcę wyjść na niewrażliwą. Mam nadzieję, że sam fakt, że piszę książkę o smacznym jedzeniu, które można szybko przygotować, w oczywisty sposób potwierdza moje dobre zamiary. Muszę jednak przyznać, że czasem ogarnia mnie zniecierpliwienie. Kiedy ktoś – z lekkim uśmiechem wyższości (może to mnie tak rozsierdza) – dziwi się, że tak często gotuję, i twierdzi, że sam nie ma na to czasu, robię się niezwykle napastliwa. Przecież mało kto w czasie, który oszczędza n i e gotując, zajmuje się pisaniem *Wojny i pokoju*. Nie chodzi o to, że gotowanie od razu czyni człowieka lepszym, ale też bycie „zbyt zajętym", żeby gotować, nie oznacza, że życie od razu zyskuje wyższy cel. Wiem, co mówię: sama często twierdzę, że jestem strasznie zajęta, a jednak znajduję czas, żeby zalegać przed telewizorem i godzinami oglądać powtórki *CSI*.

Solidaryzuję się z osobami zbyt znużonymi, żeby gotować w dwóch wypadkach: po przyjęciu dla dzieci i rano. Nie jestem specjalistką od śniadań. Wiem, że trzeba coś zjeść, ale gdybym mogła, przełożyłabym posiłek na później. Poza tym, żeby się rozkręcić, muszę wypić dwie filiżanki herbaty, a wtedy nie ma już czasu na zabawę w wymyślanie śniadania. Szczególnie kiedy, tak jak ja, odwozi się dzieci do szkoły.

Doszłam do wniosku, że w poranne jedzenie najlepiej się nie angażować. Dawniej, kiedy pracowałam w biurze, koniecznie musiałam naszykować sobie wieczorem ubranie na następny dzień. Teraz rano lepiej sobie radzę, jeśli wcześniej pomyślę, co zjem na śniadanie. Chwila wahania i już muszę dokonać wyboru; czuję, że sobie pobłażam, że marudzę i że nic mnie nie zadowoli.

W rezultacie wpadam w miesięczne, a nawet sześciotygodniowe ciągi i codziennie jem to samo – ostatnie przykłady: tost z jajkiem na miękko, owsiankę z czarnymi jagodami, musli z jogurtem i pestkami granatu – a potem od nowa. W tygodniu to jedyne sensowne rozwiązanie. Za to w weekendy i dni wolne od pracy rezygnacja z rutyny daje nam poczucie wolności.

W weekendy lubię jeść obiad nieco później, więc robię duże śniadanie jakąś godzinę po doprowadzeniu się do przytomności dzięki herbacie. Oczywiście nie znaczy to, że nie można poniższych przepisów wykorzystać w tygodniu – można, bez problemu. Bardzo proszę. Twoja kolej.

POBUDKA!

Koktajl mleczny na start

To jest prawdziwy przebój tygodnia: posiłek i napój w jednym dla osób, które nie mają czasu nawet usiąść do śniadania.

Jeśli śpiesząca się osoba jest niewielkiego wzrostu i nie dorosła jeszcze do napojów kofeinowych, możesz zastąpić łyżeczkę kawy rozpuszczalnej łyżką masła z orzeszków ziemnych. Jeszcze trochę białka i pyszności.

Bardzo dojrzałe banany, obrane i pokrojone na ćwiartki, przechowuję w zamrażarce w woreczkach foliowych. To cały lodowy dodatek do koktajlu – nie trzeba już sięgać po lód w kostkach.

1 obrany zamrożony banan pokrojony na ćwiartki
150 ml mleka
1 łyżka miodu
4 łyżeczki rozpuszczalnej czekolady granulowanej

1 łyżeczka granulowanej kawy rozpuszczalnej (albo $1/2$ łyżeczki espresso w proszku)

1 Włóż wszystkie składniki do blendera i zmiksuj na gładką masę.

2 Wlej koktajl do wysokiej szklanki i wypij, zanim wybiegniesz z domu.

1 porcja

Sałatka owocowa

To mój pomysł na orzeźwiające powszednie śniadanie. Łatwy przepis można uprościć jeszcze bardziej, krojąc owoce poprzedniego dnia wieczorem i wstawiając w przykrytych miskach do lodówki. Wiem, że niektórych martwi malejąca zawartość witamin, ale zapewniam, że jeśli nie zbiera się owoców samemu albo nie jedzie po nie bladym świtem do ogrodnika, równie dobrze można się nie przejmować utratą witamin spowodowaną przez pokrojenie ich dzień wcześniej. Lepiej jeść posiekane niż wcale, a poza tym, szczerze mówiąc, wolę łykać miękkie kawałki owoców nasączone sokiem, zamiast je pracowicie przeżuwać.

Zwykle robię z nich sałatkę, chociaż chodzi właściwie o to, żeby dodać to, co akurat ma się w lodówce. Mowa o butelkowanym soku z granatu, ale jeśli akurat minął sezon na truskawki, wyciśnij trochę soku z prawdziwych pestek granatu, zmieszaj z owocami, a mieszankę pestek dyni, słonecznika i ziarna sezamu zastąp cudownymi klejnotami pestek granatu.

250 g truskawek, drobno posiekanych (1 szklanka)
1 łyżeczka soku z granatu
100 g pokrojonego w kostkę mango
1/2 łyżeczki soku z limonki

125 g borówek amerykańskich
150 g jogurtu waniliowego ekologicznej produkcji
2 łyżeczki mieszanki pestek dyni, słonecznika, ziarna sezamu

1 Wymieszaj posiekane truskawki z sokiem z granatu.

2 Pokrop kawałki mango sokiem z limonki.

3 Ułóż składniki warstwami w dwóch szklankach albo pucharkach: truskawki, mango i borówki, na wierzch nałóż jogurt i posyp pestkami

2 porcje

Śniadaniowa bruschetta

Coś, co jest podawane od Kalifornii po Toskanię jako wieczorna przekąska albo przystawka, może nie przychodzić do głowy jako coś oczywistego w porze śniadania, ale mówię Ci: przemyśl to. To szybkie, niedorzecznie proste danie. A co więcej, a raczej przede wszystkim – jeszcze łatwiej się je zjada. Ja pożeram bruschetty bez opamiętania.

BRUSCHETTA POMIDOROWA
2 łyżki oliwy
2 grube kromki chleba wiejskiego albo na zakwasie
1 duży pomidor (ok. 100 g), posiekany
sól i pieprz

BRUSCHETTA Z AWOKADO
1 dojrzałe awokado
2 łyżeczki soku z limonki
4 grube kromki chleba wiejskiego albo na zakwasie
sól i pieprz
1 łyżka świeżo posiekanej natki pietruszki

1 Żeby zrobić pomidorową bruschettę: polej chleb większością oliwy i nałóż posiekane pomidory. Dopraw solą i pieprzem do smaku, pokrop kilkoma kroplami pozostałej oliwy – i gotowe.

2 Żeby zrobić bruschettę z awokado: przekrój awokado na pół, usuń pestkę, łyżką wyjmij miąższ ze skórki i ugnieć widelcem w miseczce razem z sokiem z limonki. Dopraw do smaku. Rozprowadź na przekrojonych na połówki kromkach chleba i posyp natką pietruszki.

3-6 porcji, w zależności od apetytu

Gotowy mix na placki domowej roboty

To jest coś, co definitywnie zmieni Twoje życie. Wybacz mi nieskromność oraz pyszałkowatość i przyjmij te przechwałki jako zwykły poryw entuzjazmu. W każdym razie taki zamysł mi towarzyszy. Zrób, co następuje: wymieszaj poniższe składniki, trzymaj pod ręką w jakimś słoju, a ilekroć będziesz miała przygotować rano coś dobrego, nałóż do miski trochę gotowego miksu, zmieszaj ręcznie, albo za pomocą miksera, z jajkiem, mlekiem i stopionym masłem – i już. Góra placków, która powstaje bez specjalnego zastanowienia. Wiesz, to ma sens.

MIX NA PLACKI
600 g mąki
3 łyżki proszku do pieczenia
2 łyżeczki sody oczyszczonej
1 łyżeczka soli
400 g waniliowego
    albo drobnego cukru

1 Wymieszaj składniki i wsyp do słoja.

2 Kiedy będziesz chciała zrobić placki, zrób, co następuje:

CIASTO NA PLACKI
Na każde 150 g gotowego miksu na placki dodaj i wymieszaj:
1 jajko
250 ml półtłustego albo tłustego mleka
1 łyżkę stopionego masła.

1 Rozgrzej suchą żeliwną patelnię.

2 Nakładaj 1 1/2-2 łyżki ciasta na patelnię, a kiedy w cieście pojawią się pęcherzyki powietrza, przewracaj placki na drugą stronę i smaż z obu stron na złoty kolor. Minuta z każdej strony powinna wystarczyć.

15 placków o średnicy ok. 8 cm

Syrop z czarnych jagód do placków

Wszyscy, którzy zajmują się tym zawodowo, wiedzą, że syrop klonowy i czarne jagody są niebywale zdrowe. Pasuje mi to, bo lubię je oddzielnie i – dzięki nowemu eksperymentowi – razem. Jeśli trochę syropu zostanie, zobaczysz, że zastyga na kształt lśniącej galaretki. Zlany do słoika, wytrzyma kilka dni w lodówce. Doskonale smakuje z jogurtem albo nałożony na chleb.

125 ml syropu klonowego
200 g czarnych jagód

1 Zmieszaj syrop z owocami na patelni i doprowadź do wrzenia.

2 Gotuj 2-3 minuty, a następnie przelej do dzbanka i podaj na stół razem z plackami.

Wystarczy do placków z przepisu powyżej.

Śniadaniowe batoniki zbożowe

Jestem od nich uzależniona – zresztą jak wszyscy, których nimi częstuję. Wprawdzie przygotowuje się je szybko, ale piecze prawie godzinę. Proponuję zrobić całą blachę w weekend, a przez kolejne dni będzie można sięgać po ciągutkowe owsiane batoniki na szybkie śniadanie.

Zwróć uwagę, że to nic innego jak mleko z płatkami w formie ciasteczka, więc nic nie powinno Cię powstrzymywać przed skubnięciem jednego przy porannej kawie. Jeśli nie jesteś rannym ptaszkiem, możesz mi wierzyć, to ułatwi Ci życie.

Batoniki dobrze się przechowuje; właściwie czas im nawet służy. Trzymaj je w puszce i sięgaj po nie, kiedy tylko chcesz.

1 puszka mleka skondensowanego
250 g płatków owsianych „górskich"
75 g wiórków kokosowych
100 g suszonej żurawiny
125 g mieszanki ziaren sezamu, pestek dyni i słonecznika
125 g niesolonych orzeszków ziemnych

1 Rozgrzej piekarnik do 130°C i posmaruj olejem blachę o wymiarach 23x33x4 cm lub jednorazową blachę aluminiową.

2 Podgrzej mleko skondensowane na dużej patelni.

3 W tym samym czasie wymieszaj pozostałe składniki, a następnie zalej je podgrzanym mlekiem, starannie mieszając drewnianą lub kauczukową łopatką.

4 Rozprowadź masę na blasze za pomocą łopatki, a jeszcze lepiej rękami (w jednorazowych rękawiczkach lateksowych), żeby wyrównać powierzchnię.

5 Piecz przez 1 godzinę, następnie wyjmij blachę z piekarnika i po upływie 15 minut pokrój na 16 kwadratowych kawałków (4 wzdłuż i 4 w poprzek). Odstaw do całkowitego wystygnięcia.

16 batoników

Mufinki gruszkowo-imbirowe

Są wyjątkowo dobre: nic wyszukanego (nie znoszę śniadaniowych mufinek, które udają ciastka), ale gruszka nadaje im cudowną konsystencję, a imbir przenika wszystko – włącznie z kuchnią – krzepkim aromatem. Oto sobotnie śniadanie, na które chętnie się skuszę. Z przyjemnością sięgnę też w ciągu dnia po dwie-trzy zimne mufinki z dodatkiem ostrego twardego cheddara, albo kruchego sera z niebieską pleśnią.

Możesz zmieszać sypkie składniki w misce, a pozostałe w dzbanku, przykryć oba naczynia plastikową folią i postawić pierwsze w chłodnym miejscu, a drugie wstawić do lodówki. Następnego ranka będziesz tylko musiała pokroić gruszkę i wymieszać wszystko od niechcenia. Myślę, że niebiosa nie skarżą Cię, jeśli nie obierzesz gruszki. Ja obieram, a to dlatego, że lubię, kiedy soczysty owoc miesza się bez przeszkód z ciastem i rozpływa.

250 g mąki
2 łyżeczki proszku do pieczenia
150 g drobnego cukru
75 g brązowego cukru trzcinowego
   i po $1/2$ łyżeczki do posypania
   każdej mufinki
1 łyżeczka mielonego imbiru
140 ml kwaśnej śmietany

125 ml oleju roślinnego
1 łyżka miodu
2 jajka
1 duża gruszka, np. komisówka
   (albo inna, ok. 300 g), obrana,
   pozbawiona gniazda nasiennego
   i pokrojona w pięciomilimetrową
   kostkę

1 Rozgrzej piekarnik do 200°C i wyłóż 12 foremek do mufinek papilotkami (karbowanymi wkładkami z pergaminu).

2 Odmierz do miski mąkę, proszek do pieczenia, drobny cukier, 75 g cukru trzcinowego i mielony imbir.

3 W dużym dzbanku z miarką zmieszaj kwaśną śmietanę, olej, miód oraz jajka i połącz z sypkimi składnikami.

4 Na koniec dodaj pokrojoną gruszkę, wymieszaj i nałóż równą ilość ciasta do foremek.

5 Oprósz mufinki cukrem trzcinowym i piecz 20 minut. Wyłóż je na metalową kratkę do ostygnięcia. Najlepiej smakują jeszcze lekko ciepłe.

12 mufinek

Czekoladowe croissanty

Na początek powiem tak: jeśli ja umiem je zrobić, Ty też potrafisz. Nie ukrywam, że nie mam za grosz cierpliwości, nie mówiąc o zręczności, ale to dziecinna igraszka: w samej rzeczy, możesz do zawijania zatrudnić dzieci. Lubią rogaliki, a jeszcze większą przyjemność sprawia im jedzenie tego, co same przygotują.

1 opakowanie gotowego rozwałkowanego ciasta francuskiego (ok. 400 g)
100 g gorzkiej czekolady (przynajmniej 70% miazgi kakaowej) albo dobrej jakości czekolady mlecznej dla dzieci
1 jajko, roztrzepane

1 Rozgrzej piekarnik do 220°C. Rozwiń płat ciasta francuskiego i wytnij z niego 6 kwadratów.

2 Przetnij każdy kwadrat po przekątnej na 2 trójkąty (będą się wydawały niewielkie). Układaj trójkąty dłuższym bokiem do siebie, a wierzchołkiem od siebie.

3 Połam czekoladę na kawałeczki (ok. 1 cm) i układaj na każdym trójkącie, w odległości mniej więcej 2 cm od najdłuższego boku.

4 Ostrożnie zwijaj napakowany czekoladą trójkąt od siebie w stronę wierzchołka trójkąta.

5 Powinnaś teraz mieć przed sobą coś na kształt wyprostowanego rogalika. Uszczelnij go delikatnie czubkami palców i nadaj mu kształt półksiężyca.

6 Ułóż 12 rogalików na wyłożonej papierem do pieczenia, ale nie natłuszczonej blasze i posmaruj roztrzepanym jajkiem. Piecz 15 minut, aż zrobią się złociste, puchate i zmienią się w cudowne miniaturowe croissanty.

12 croissantów

Francuskie tosty pomarańczowe

Lubię każdy rodzaj francuskich tostów, ale ta odmiana – jajeczny, miękki tost z marmoladą – to zarówno doskonały bodziec, żeby wstać z łóżka, jak i weekendowy przysmak.

2 jajka
skórka otarta z 1 pomarańczy
60 ml pełnotłustego mleka
¼ łyżeczki mielonego cynamonu
2 duże grube kromki białego chleba albo 4 małe

sok z jednej pomarańczy
75 g marmolady z gorzkich pomarańczy
50 g drobnego cukru
1 łyżka masła

1 W szerokim płaskim naczyniu wymieszaj trzepaczką jajka, skórkę pomarańczową, mleko i cynamon.

2 Zanurz kromki chleba w powyższej mieszaninie na 2 minuty z każdej strony.

3 W czasie, gdy chleb nasiąka, zagotuj w rondlu sok pomarańczowy, marmoladę i cukier, zmniejsz płomień i podgrzewaj jeszcze przez 3-4 minuty. Odstaw syrop na czas, kiedy będziesz smażyć chleb.

4 Rozgrzej masło na patelni o grubym dnie i smaż kromki chleba po 2 minuty z każdej strony, aż się zezłocą.

5 Podawaj tosty polane odrobiną syropu, a pozostały syrop wlej do dzbanka.

2 porcje

Zielone jajka z szynką

Takie weekendowe śniadanie można, szczerze mówiąc, zjeść o dowolnej porze dnia z tą samą przyjemnością. Ma tę zaletę, że lubią je dzieci (które, jak pokazuje moje doświadczenie, zjadłyby wszystko, co zawiera pesto). To absolutnie właściwe, zważywszy że – oczywiście – przepis poleca najlepszy Doktor[*].

W gruncie rzeczy robisz po prostu naleśniki z pesto – będą lepsze, jeśli użyjesz „świeżego" pesto z pudełka niż w oliwnej zalewie ze słoika. Ciasto na naleśniki mieszasz w blenderze i szybko smażysz na rozgrzanej patelni, nim zawiniesz w nie cienkie plastry delikatnej różowej szynki.

75 g pesto
1 jajko
75 g mąki

150 ml półtłustego mleka
olej do smażenia
5 dużych cienkich plastrów szynki

1 Wymieszaj pesto, jajko, mąkę i mleko trzepaczką albo w blenderze.

2 Patelnię o ciężkim dnie albo żeliwną natłuść olejem, a następnie zbierz nadmiar tłuszczu papierowym ręcznikiem i rozgrzej patelnię na średnim ogniu.

3 Wlewaj chochlą ok. 100 ml ciasta na patelnię, rozprowadzając je kolistym ruchem na całej powierzchni, żeby naleśniki były cienkie jak papier.

4 Kiedy tylko powierzchnia ciasta wyschnie, a krawędzie zaczną się unosić, przewróć naleśnik na drugą stronę cienką łopatką z tworzywa albo drewna i smaż z drugiej strony ok. 30 sekund.

5 Układaj naleśniki, przedzielając je arkuszami papieru do pieczenia, a kiedy skończysz smażyć, na każdym ułóż plaster szynki i złóż w trójkąty albo zwiń w rulon – albo inaczej, jak chcesz!

5 naleśników

---

[*] Chodzi o Dr. Seussa, autora książek dla dzieci, m.in. wydanej w 1960 Green Eggs and Ham (wydanej w Polsce w tłumaczeniu Stanisława Barańczaka pt. *Kto zje zielone jajka sadzone*).

Frittata party!

Bardzo lubię ten rodzaj cieniutkich omletów, które u Włochów przybierają czasem formę kanapek: zimne trafiają między posmarowane majonezem połówki bułki albo kromki *schiacciaty* – włoskiego chleba. Szczerze radzę wykorzystać w ten sposób resztki, jeśli zdarzy się cud i w ogóle jakieś zostaną. Gorące frittaty są pyszne prosto z patelni, jedzone sztućcami albo zawinięte w ciepłe tortille. Namawiam, żebyś podała je na szybkie „śniadanie na zamówienie", kiedy będziesz miała gości rano albo niewiele później.

Żeby je bez trudu przygotować, naszykuj dobrą patelnię, najlepiej specjalną do naleśników, i wyjmij z lodówki górę jajek. Połóż je w pobliżu miski przy kuchence, skomponuj kilka dodatków i ustaw w miseczkach nieopodal. Teraz musisz tylko rozbić dwa jajka, dodać nadzienie, podsmażyć, przerzucić na talerz i brać się za następną frittatę.

Poniżej wymieniam, co sama dodaję do omletów. Oczywiście nie chcę jednak, żebyś się czuła ograniczona – po prostu uważam, że to może być pomocne.

DO KAŻDEGO OMLETU
2 jajka
½ łyżeczki masła i kropla oleju
  do smażenia

OMLET SEROWY
25 g startego ementalera
  (inne sery też są dobre)

OMLET Z CHILI
1 długi strąk chili bez pestek,
  pokrojony na cienkie paseczki
¼ łyżeczki mielonego imbiru
¼ łyżeczki mielonych ziaren kolendry

ZIELONY OMLET
20 g liści rukwi albo szpinaku,
  drobno posiekanych
1 dymka, drobno posiekana

OMLET Z SZYNKĄ
50 g posiekanej szynki

1 Wymieszaj jajka z wybranym dodatkiem.

2 Na patelni rozgrzej masło z olejem.

3 Na gorącą patelnię wlej jajeczną mieszaninę i zakołysz patelnią, żeby rozprowadzić cienką warstwę po całym dnie.

4 Smaż omlet 2 minuty na średnim ogniu.

5 Unieś skraj omletu łopatką, żeby sprawdzić, czy się zezłocił od spodu; wierzch powinien być ledwo ścięty.

6 Zsuń omlet na talerz i złóż na trzy, jak służbowy list. Powodzenia!

Zapiekanka croque-monsieur

Podobnie jak wiele przepisów na późne śniadanie, ten również doskonale nadaje się na wczesną kolację. Można jeść jeszcze w szlafroku, zanim dystyngowani dorośli postanowią, że nadeszła właściwa pora obiadu.

Cały dowcip polega na tym, że kanapki z szynką, gruyerem i musztardą przygotowuje się dzień wcześniej i zalewa roztrzepanymi jajkami, żeby przez noc nasiąkły i zmieniły się w smakowity, kleisty pudding. A następnego ranka włączamy piekarnik; wstawiamy zapiekankę; późne śniadanie bez wysiłku.

6 kromek wieloziarnistego ciemnego pieczywa tostowego
75 g musztardy diżońskiej
125 g (6 plastrów) sera gruyere
70 g (3 plastry) szynki
6 jajek
1 łyżeczka morskiej soli w kryształkach albo $1/2$ łyżeczki zwykłej soli
80 ml pełnotłustego mleka
4 łyżki startego gruyere'a, ementalera albo cheddara
sos Worcestershire

1 Posmaruj kromki chleba musztardą. Na 3 kromkach ułóż warstwami ser – szynkę i przykryj pozostałymi kromkami. Przekrój kanapki na pół po przekątnej.

2 Wciśnij trójkątne kanapki do prostokątnego żaroodpornego naczynia o wymiarach 27x21x6 cm.

3 Wymieszaj jajka z solą i mlekiem (dodaję mleko do wszystkich potraw z musztardą, żeby dobrze rozprowadzić aromat) i zalej ciasno ułożone kanapki przygotowaną mieszanką.

4 Przykryj naczynie folią plastikową i wstaw na noc do lodówki.

5 Następnego ranka rozgrzej piekarnik do 200°C. Wyjmij naczynie z lodówki i zdejmij folię.

6 Posyp zapiekankę startym gruyerem, pokrop sosem Worcestershire i zapiekaj 25 minut.

4-6 porcji

Nigdy do końca nie pojęłam, dlaczego niektórzy obsesyjnie dopytują się, ile czasu robi się jakąś potrawę albo raczej – jak długo się ją gotuje. Nie proponuję, żebyś zabierała się za przepis na długo pieczoną, przygotowywaną dobę wcześniej wieprzowinę, w momencie gdy o siódmej wracasz do domu, a o ósmej spodziewasz się gości. To by nie było za mądre. Zwykle jednak to, ile czasu coś się piecze, nie jest aż tak bardzo istotne. Musisz się skupić na tym, ile czasu T y masz spędzić w kuchni. Dlatego właśnie, kiedy brak mi sił i pomysłów, podam raczej kurczaka, który będzie się piekł godzinę – bez mojego udziału – niż wezmę się za siekanie warzyw na stir-fry, które wprawdzie będzie gotowe w 10 minut, ale przez ten czas będę się nim musiała intensywnie zajmować.

Nie posiadam się ze szczęścia na myśl o potrawach przygotowywanych na wolnym ogniu. Uwielbiam poczucie bezpieczeństwa, jakie w chaosie przygotowań daje miła świadomość, że oto powolutku dochodzi w piekarniku albo nawet leży jeszcze owinięta folią w lodówce gotowa potrawa, która tylko czeka na swój czas. To jedna z moich małych przyjemności. Czuję, że przygotowuję coś do jedzenia nawet wtedy, gdy jestem zajęta czymś innym. Nie mogę zajmować się jedzeniem w porze, kiedy trzeba je podać, więc trochę wcześniej je podszykuję, poplanuję przez pięć minut, a kiedy już muszę się wziąć za gotowanie, właściwie wszystko jest zrobione. Trzeba tylko włączyć piekarnik albo gaz.

Nie planuję usilnie wszystkiego zawczasu, ale lubię wcześniej poczynić kilka kroków przygotowawczych. Wkładam steki albo kawałki kurczaka do marynaty, żeby pod koniec dnia móc bez namysłu wrzucić je na patelnię. Kiedy jestem naprawdę wykończona, dobija mnie myśl o obieraniu cebuli. Nie chodzi o to, że jest to bardzo trudne, raczej żmudne. W wolnej chwili (czyli kiedy unikam zrobienia czegoś, co akurat powinnam) obieram więc, siekam i podsmażam cebulę na wolnym ogniu, aż zmieni się w cudowny mus, który zamrażam w małych porcjach i rozmrażam, gdy chcę zrobić sos.

Lubię też mieć przygotowane kilka słoików do późniejszego wykorzystania. To nie wymaga wysiłku, sprawia dużą przyjemność i stanowi podstawę do zrobienia deseru w bliżej nieokreślonej przyszłości. Wsypuję do słoika złociste rodzynki sułtańskie, zalewam je likierem Grand Marnier i odstawiam. Zdarza mi się robić bardziej tradycyjne rodzynki w rumie – to też całkiem niezły pomysł. Łączę również w słoikach wiśnie z wiśniówką oraz – to najnowszy wynalazek – mieszam suszone wiśnie i różne jagodowe owoce z likierem z granatów Pama. Wszystkie cudownie smakują z lodami.

Długie, powolne gotowanie może być metodą ekspresową. Dużo i z patosem mówi się teraz o „oszczędzaniu" czasu. Ja oszczędzę Ci stresu i pomogę zaoszczędzić siły. Nie mogę całe życie kręcić się jak fryga, coraz szybciej i szybciej. Metoda „szybko – szybko – wolno" to nie tylko praktyczna pomoc; zobaczysz, jak zmieni się Twoje podejście do prac domowych.

Kurczak i żeberka w syropie klonowym

Ten przepis pokazuje, o co chodzi. Potrzebujesz zaledwie kilka minut, żeby zapakować do dwóch toreb żeberka, kawałki kurczaka i wszelką omastę. Mniej więcej po dniu nieuciążliwego marynowania w lodówce wykładasz zawartość toreb na blachę do pieczenia i wsuwasz do piecyka. Wkład pracy niewielki, ale efektem jest prawdziwa uczta, dzięki której ugościsz i uszczęśliwisz wszystkich, włącznie ze sobą.

12 żeberek wieprzowych
12 udek z kurczaka ze skórą
250 ml kwaśnego soku jabłkowego
4 łyżki syropu klonowego
2 łyżki oleju roślinnego

2 łyżki sosu sojowego
2 owoce anyżu gwiazdkowatego
2 nieduże kawałki kory cynamonowej
6 ząbków czosnku, nieobranych

1 Kawałki kurczaka i żeberka włóż do dwóch grubych toreb foliowych albo do naczynia.

2 Dodaj pozostałe składniki i wgnieć je starannie w mięso przed zamknięciem toreb albo przykryciem naczynia.

3 Włóż mięso do lodówki na noc lub nawet dwa dni, żeby się marynowało.

4 Kiedy mięso jest gotowe, wyjmij torby/naczynie z lodówki i rozgrzej piekarnik do 200°C.

5 Przełóż zawartość toreb/naczynia na jedną albo dwie blachy do pieczenia (ułóż kawałki kurczaka skórą do góry), wstaw do piekarnika i piecz mniej więcej godzinę i kwadrans. Po tym czasie mięso powinno być kleiste, lśniące i kasztanowobrązowe.

6-8 porcji

Chrupiąca kaczka

Zawsze mi się wydawało, że najlepszy sposób jedzenia kaczki znają Chińczycy, ale nie sądziłam, że tak łatwo się ją robi. Co ja mówię „robi". Nie robię nic, poza wykrojeniem tłuszczu z kaczki, ułożeniem jej na blasze i wstawieniem do piekarnika na parę godzin. Później ją wyjmuję, obieram mięso dwoma widelcami i grzeję na parze kupne chińskie naleśniki. Kroję w słupki ogórka i dymki, i otwieram słoik sosu hoi sin. A raczej proszę kogoś, żeby go otworzył. Prościej być nie może. Co więcej, dzieci najwyraźniej lubią to danie, dzięki czemu mamy miły sobotni obiad. Jeśli przy stole ma być więcej osób, wystarczy dodać jeszcze jedną kaczkę.

> 1 kaczka
> 1/2 świeżego ogórka
> 6 dymek
> 1 słoik sosu hoi sin
> 1 opakowanie chińskich naleśników

1 Rozgrzej piekarnik do 170°C.

2 Odetnij luźny tłuszcz dookoła jamy brzusznej kaczki. Ułóż kaczkę na metalowej kratce w dużej brytfance i piecz 4 godziny.

3 Zwiększ temperaturę do 220°C i dopiekaj mięso przez 30 minut. Możesz też piec kaczkę przez 5 1/2 godziny w niższej temperaturze, jak wolisz.

4 Włóż naleśniki do górnej części naczynia do gotowania na parze albo po prostu przygotuj je według instrukcji na opakowaniu.

5 Przelej sos hoi sin do miski.

6 Pokrój ogórka w długie słupki (jak w chińskiej restauracji).

7 Pokrój dymki wzdłuż na cienkie paski (też jak w chińskiej restauracji).

9 Ostrożnie wyjmij brytfankę z kaczką z piekarnika. Przełóż kaczkę na deskę i oddziel mięso od kości dwoma widelcami. Ustaw na stole naczynie z mięsem, sos hoi sin, talerz z naleśnikami, pokrojonego ogórka i dymki, żeby każdy sam mógł sobie przygotować porcję. (Kiedy kaczy tłuszcz nieco ostygnie, zlej go do miski albo do słoika i zachowaj. Jest doskonały do smażenia ziemniaków).

4-6 porcji

Tażin z jagnięciny, oliwy i smażonej cebuli

Przygotowanie duszonego mięsa prawie zawsze zaczyna się od siekania cebuli. Oto wersja dla leniuchów, w której wykorzystuję gotową, suszoną cebulę z pojemnika (chyba że zrobiłaś trochę musu cebulowego, o którym wspominałam na stronie 109. Teraz możesz go użyć). Moje wygodnictwo sięga zenitu, ponieważ nawet nie obsmażam mięsa. Po prostu wrzucam wszystko na dużą patelnię, żeby się robiło samo, bez skrępowania. Nie gotuję tej potrawy w naczyniu do tażinu – chociaż często ją w nim podaję – ale od kiedy dowiedziałam się, że Marokańczycy robią swoje tażiny w szybkowarach, pozbyłam się wszelkich skrupułów. Oczywiście możesz użyć szybkowaru. Ja próbowałam, ale wolę zwykłe garnki i patelnie, które na mnie nie syczą.

Mięso duszę raczej w piekarniku niż na kuchence, ale gotowanie na wolnym ogniu też mu służy. Duszone najlepiej smakuje następnego dnia, więc możesz je ugotować, kiedy akurat masz czas, a potem odgrzewać na kuchence w całości albo porcjami, jeśli czas nagli.

Najszybszym i najlepszym dodatkiem do tażinu jest oczywiście miska kuskusu – samego albo zmieszanego z puszką czy dwiema ciecierzycy.

1 kg mięsa jagnięcego z udźca, pokrojonego w kostkę
1 główka czosnku, podzielona na ząbki
150 g czarnych oliwek bez pestek
100 g smażonej cebuli

4 łyżki kaparów
2 łyżeczki mielonego kminu rzymskiego
2 łyżeczki mielonego imbiru
1 butelka czerwonego wytrawnego wina

1 Rozgrzej piekarnik do 150°C.

2 Połóż wszystkie składniki w żaroodpornym naczyniu albo na patelni o grubym dnie, na koniec zalej winem i starannie wymieszaj.

3 Doprowadź do wrzenia, a następnie przykryj i wstaw do piekarnika na 2 godziny albo do chwili, gdy jagnięcina będzie bardzo miękka.

6-8 porcji

Goleń jagnięca z fasolką

Problem z potrawami, które dają się szybko przygotować i z konieczności stanowią podstawę naszego dziennego repertuaru kulinarnego, polega na tym, że do dyspozycji mamy raczej dania, po zjedzeniu których ogarnia nas przytulny nastrój, a nie stajemy się energiczni i pełni zapału. Ale nawet mając dziesięć minut wolnego czasu raz na dwa dni, jestem w stanie podać na stół obfity wzmacniający posiłek. Jednego dnia wkładam jagnięcinę do marynaty, następnego wstawiam do piekarnika na czas, w którym będę walczyć z pracą domową dzieci, sprzątać biurko albo zmagać się z jakimś innym strasznym zadaniem, jakie sama sobie wyznaczyłam.

Z przyjemnością używam fasolki z puszki. Bardzo lubię te toskańskie odcienie różów i brązów, dzięki którym kupka kości zmienia się w ucztę.

250 ml białego wytrawnego wina
4 łyżki + 1 łyżeczka niskosłodzonego
    dżemu z czerwonej porzeczki
2 łyżki sosu Worcestershire
60 ml + 2 łyżki oleju czosnkowego
2 cebule przekrojone na ćwiartki
1 gałązka (10 cm) świeżego albo
    1 łyżeczka suszonego rozmarynu
6 goleni jagnięcych
60 ml wody
1 łyżka musztardy diżońskiej
4 puszki mieszanej drobnej fasolki
    (czasem sprzedawanej jako
    sałatka z mieszanej fasoli)
sól i pieprz

1 Przygotuj 2 grube szczelnie zamykane torby foliowe i podziel między nie wino, 4 łyżki dżemu porzeczkowego, sos Worcestershire, 60 ml oleju czosnkowego, cebule i rozmaryn. Włóż do każdej po 3 jagnięce golenie. Zamknij szczelnie torby i włóż do lodówki na noc lub nawet na 2 dni.

2 Kiedy mięso wystarczająco się zamarynuje, wyjmij je z lodówki i rozgrzej piekarnik do 200°C.

3 Przełóż zawartość toreb na blachę do pieczenia i wsuń do piekarnika, od razu zmniejszając temperaturę do 170°C. Piecz jagnięcinę przez półtorej godziny, a następnie wyłóż mięso na ogrzany półmisek.

4 Na patelni dość dużej, żeby pomieścić fasolkę, zagrzej wodę, pozostałe 2 łyżki oleju czosnkowego i musztardę. Dodaj fasolkę i podgrzewaj na niewielkim ogniu, mieszając od czasu do czasu drewnianą łopatką. Dopraw do smaku solą i pieprzem i przełóż zawartość patelni na półmisek z jagnięciną.

5 Podawaj z dodatkiem dżemu z czerwonej porzeczki i może jeszcze z sałatką z pomidorów.

6 porcji

Coq au Riesling

Zawsze smakowała mi alzacka odmiana *coq au vin**, a to jest jej niesłychanie unowocześniona wersja. Cebulę zastępuję porem, kupuję same kurze udka i pokrojony w kostkę boczek w opakowaniu próżniowym. W garnku z duszonym mięsem najlepiej prezentują się przysmażone kawałki. Prawie zawsze. Tym razem jednak rezygnuję z obsmażania, więc lepiej zdjąć skórę z kurzych udek, bo blada skóra nie wygląda zbyt pięknie. Możesz zamiast udek kupić filet z kurzej piersi – wtedy łatwiej jest mierzyć ilość mięsa na kilogramy niż na porcje: niech będzie 1,25 kg.

    Na początku nie dodaję śmietany, ale jeśli zostaje trochę sosu, mieszam go z odrobiną gęstej śmietany i przerabiam na sos do makaronu. *Coq au Riesling* smakuje mi podany tradycyjnie po alzacku z górą makaronu z masłem. Możesz dodać śmietanę albo nie – wybór należy do Ciebie.

2 łyżki oleju czosnkowego
150 g pokrojonego w kostkę boczku
1 por, pokrojony w cienkie plasterki
12 udek kurczaka bez kości i skóry
3 liście laurowe
300 g boczniaków, porwanych na kawałki
1 butelka wytrawnego rieslinga
gęsta tłusta śmietana (opcjonalnie)
sól i pieprz
1-2 łyżki posiekanego świeżego koperku

1 Rozgrzej olej w żeliwnej brytfance albo na dużej patelni i smaż boczek, aż będzie chrupiący.

2 Dodaj pokrojonego pora i podsmażaj około minuty, aż zmięknie.

3 Pokrój każde udko na 2-3 kawałki i włóż mięso na patelnię razem z boczniakami. Dodaj liście laurowe i zalej wszystko winem.

4 Dopraw do smaku solą i pieprzem, doprowadź do wrzenia, przykryj naczynie pokrywką i gotuj na małym ogniu przez 30-40 minut. Jeśli chcesz, dodaj śmietanę na kilka minut przed końcem gotowania i wymieszaj. Jak wszystkie duszone potrawy, ta również smakuje najlepiej, jeśli się ją ostudzi i odgrzeje następnego dnia. Można jednak zjeść ją od razu. Tak czy inaczej, przed podaniem posyp sos koperkiem i podawaj z makaronem z dodatkiem masła.

6 porcji

---

* *Coq au vin* – potrawka z kurczęcia w czerwonym winie.

Szwedzki łosoś

To danie jawi mi się jako interesujący babciny amalgamat. Moja babcia ze strony mamy była zapaloną, jeśli można tak określić pociąg do skutej lodem Północy, wielbicielką wszystkiego co szwedzkie – od wzornictwa po koperek. Babcia ze strony taty nauczyła mnie przyrządzać łososia w ten sposób – i nie znam lepszego. Nie gotuje się go, tylko ogrzewa, a potem chłodzi przez kilkanaście godzin – zatem trzeba go zrobić wcześniej. Zapewniam Cię, że nie wiesz, jak powinien smakować łosoś na zimno, jeśli nie próbowałaś czegoś takiego: koralowe mięso jest delikatne, ale pełne smaku. Gotowanie dla tłumu gości – pomyśl o letnim przyjęciu w ogrodzie – to dzięki niemu właściwie fraszka.

Trzeba go jeść z sosem musztardowo-koperkowym (chociaż możesz go zastąpić sokiem z cytryny albo limonki), dlatego właśnie połączyłam dwa przepisy. Łososia należy ułożyć na talerzu pełnym rukwi wodnej albo innego pikantnego ziela sałatkowego. Doradzam też podanie mizerii i sałatki ziemniaczanej na ciepło – przepisy znajdziesz dalej.

Może pozytywnie nastroi Cię fakt, że nie musisz mieć doświadczenia w filetowaniu ryb. Unieś tylko upieczonego łososia od strony ogona, a cały wierzchni filet zostanie Ci w rękach. Usuń kręgosłup i masz drugi płat mięsa. Czasem go kroję, bo wydaje mi się, że łosoś najlepiej wygląda w (nie za wielkich) kawałkach.

1 łosoś (najlepiej dziki), o wadze około 2,25 kg, umyty, sprawiony i oczyszczony z łusek
25 g (nieduży pęczek) + 3 łyżki posiekanego koperku
2 łyżki + 1 łyżeczka morskiej soli w kryształkach albo 1 łyżka + 1/2 łyżeczki zwykłej soli
2 łyżki drobnego cukru
1 łyżeczka ziaren pieprzu
4 dymki
3 łyżki musztardy diżońskiej
2 łyżki brązowego cukru
250 ml kwaśnej śmietany
3 łyżki białego octu winnego

1 Ułóż łososia w głębokiej formie (albo w garnku do ryb, jeśli masz). Jeśli trzeba, odetnij głowę i/albo ogon. Włóż pęczek koperku do jamy brzusznej łososia.

2 Dodaj do naczynia z łososiem 2 łyżki soli, drobny cukier, ziarna pieprzu oraz dymki i zalej wszystko taką ilością wody, żeby przykryła rybę.

3 Ustaw garnek/formę na ogniu i doprowadź do wrzenia, a następnie zmniejsz płomień, przykryj naczynie folią aluminiową i gotuj przez 10 minut na wolnym ogniu.

4 Zdejmij naczynie z ognia, przewróć łososia na drugi bok. Nie przejmuj się, jeśli skóra się rozedrze – i tak będziesz go później filetować. Odstaw łososia do ostygnięcia (to trochę potrwa, więc jeśli zamierzasz podać rybę na kolację, ugotuj ją rano, a jeśli na obiad, to poprzedniego wieczoru) luźno przykrytego papierem do pieczenia.

5 Gdy woda ostygnie, mięso łososia będzie idealnie ugotowane, soczyste i delikatne.

6 Wyjmij rybę z zimnego płynu i przełóż na duży arkusz papieru do pieczenia. Zdejmij skórę i delikatnie oddzielaj kawałki mięsa w sposób, jaki wyda Ci się najwygodniejszy.

7 Ułóż mięso na półmisku i zrób sos.

8 Zmieszaj musztardę z cukrem, a następnie ze śmietaną i octem winnym. Dodaj sól do smaku i na koniec posiekany koperek. Przelej do sosjerki i postaw obok łososia.

10-12 porcji

Mizeria

Uwielbiam tę letnią sałatkę ogórkową rodem z Europy Środkowej. Jest niezrównana z frankfurterkami na gorąco. Wprawdzie ogórki puszczają sok, ale są doskonałe, gdy postoją trochę w lodówce; to kolejny przysmak, który można przygotować zawczasu. Przełóż je tylko do miseczki.

2 średnie świeże ogórki
2 łyżeczki drobnego cukru
2 łyżki białego octu winnego
2 łyżeczki morskiej soli w kryształkach albo 1 łyżeczka zwykłej soli
2 łyżki drobno posiekanego świeżego koperku

1 Obierz i pokrój ogórki w cieniutkie plasterki. Włóż je do dużej miski.

2 Wymieszaj dokładnie w dzbanku ocet winny z cukrem i solą, zalej tą zaprawą ogórki i wszystko wymieszaj ponownie.

3 Dodaj posiekany koperek, wymieszaj jeszcze raz i przełóż do płaskiego naczynia. Albo przykryj folią, wstaw do lodówki i podaj, kiedy przyjdzie pora (w ciągu 4 godzin).

10-12 porcji

Sałatka ziemniaczana na ciepło

Mam pewien kłopot z ziemniaczanymi sałatkami, które kleją się od majonezu i palą w przełyku – z powodu zbyt dużej ilości surowej cebuli. Ta jest bardziej w moim stylu: przede wszystkim żadnego obierania. Sos z białego octu winnego z musztardą i skwarkami. Do tego delikatne dymki. Bardzo lubię tę sałatkę na ciepło, ale chodzi przede wszystkim o to, żeby polać sosem ciepłe ziemniaki. Wtedy można podawać tę sałatkę na zimno. A raczej w temperaturze pokojowej, nie schłodzoną. I nie posypuj wcześniej ziemniaków boczkiem, dopiero przed samym podaniem.

2 kg młodych ziemniaków, oskrobanych
4 dymki, drobno posiekane
1 łyżka oleju czosnkowego
8 plasterków boczku
1 łyżka musztardy z całych ziaren gorczycy
1-2 łyżeczki białego octu winnego

1 Zagotuj w garnku osoloną wodę i wrzuć do niej ziemniaki. Gotuj 20 minut lub do chwili, gdy będą miękkie, odlej i przekrój na połówki (jeśli możesz).

2 Włóż ziemniaki do dużej miski i dodaj do nich posiekane dymki.

3 Rozgrzej olej w garnku po ziemniakach i podsmaż plasterki boczku, aż zrobią się sztywne i chrupiące. Przełóż je na talerz.

4 Zdejmij garnek z ognia, dodaj do oleju ocet winny i musztardę, zamieszaj, wrzuć do garnka ziemniaki z dymką i wymieszaj składniki przed wyłożeniem ich do naczynia, w którym zostaną podane. Na tym etapie możesz je odstawić mniej więcej na godzinę.

5 Kiedy będziesz chciała podać sałatkę, wkrusz do miski prawie cały boczek, zamieszaj i posyp z wierzchu pozostałymi kawałkami boczku.

10-12 porcji

Gravlax* sashimi

To wcale nie miał być szwedzki rozdział, ale kiedy robiłam gravlaksa na święta, okazało się, że w podobnie bezbolesny sposób można przyrządzić z łososia własne domowe sashimi. Oczywiście nie byłoby to takie proste, gdyby nie dostępność japońskich dodatków – wasabi oraz sake – ale łososia trzeba przyrządzić bez koperku.

W supermarkecie kupisz zarówno kawałek łososia, jak i powyższe dodatki aromatyczne. Trzeba wszystko zmieszać w misce i wstawić do lodówki na 2-5 dni.

To dość niezwykła i bardzo smakowita kolacja: możesz ją jeść jak Skandynawowie, z pieczywem ryżowym i ogórkami konserwowymi albo tak jak tu: raczej na japońską modłę – z ryżem do sushi, marynowanym imbirem i odrobiną wasabi.

500 g filetu z łososia bez skóry
3 łyżki morskiej soli w kryształkach
albo 1 1/2 łyżeczki zwykłej soli
3 łyżki drobnego cukru
1 łyżka wasabi
1 1/2 łyżki sake

1 Włóż filet z łososia do szklanego naczynia.

2 W niewielkiej miseczce zmieszaj sól, cukier, pastę wasabi i sake i natrzyj mięso łososia połową tej mieszanki. Odwróć filet na drugą stronę i wsmaruj resztę marynaty.

3 Przykryj naczynie folią i dociśnij ją do ryby i ścianek naczynia.

4 Przyciśnij łososia ciężkimi puszkami albo słoikami i wstaw naczynie do lodówki na dwa do pięciu dni.

5 Kiedy będziesz chciała podać łososia, zdejmij obciążenie, wyjmij rybę z naczynia i wytrzyj papierowym ręcznikiem. Ułóż filet na desce, pokrój w plastry i przetnij je na dwie-trzy części, odpowiednie do sashimi.

8 porcji

---

* Gravlax (albo gravad lax) – tradycyjna skandynawska przekąska z surowego (niewędzonego) łososia, którego po kilku dniach leżakowania w suchej marynacie z soli, cukru i koperku podaje się z sosem koperkowo-musztardowym.

Pomidory muśnięte promieniem księżyca

Do pewnego czasu z niechęcią myślałam o „muśniętych słońcem" pomidorach, które można kupić w delikatesach – wysuszonych do granic możliwości i zanurzonych w oliwie z oregano. Jednak okazały się i pyszne, i pożyteczne. Próbowałam zrobić je sama, ale w moim piekarniku jest za gorąco, nawet jeśli się go nastawi na najniższą temperaturę. Wpadłam jednak na inny pomysł: wstawiam pomidory do gorącego piekarnika, wyłączam i zostawiam je w środku na całą noc; stąd „promień księżyca" w nazwie. Teraz wciąż namiętnie robię takie pomidory.

W każdym przepisie, w którym mowa o pomidorach suszonych na słońcu, możesz użyć tych domowej roboty (trzeba ich jednak wziąć połowę – te kupne są cięższe). Poniżej podaję jeden z moich ulubionych przepisów z zastosowaniem takich pomidorków. Chociaż, szczerze mówiąc, równie dobrze smakują jedzone tak po prostu, z chlebem, serem albo jako sałatka.

W ten sam sposób przyrządzam pokrojone na kawałki duże pomidory – możesz zerknąć na przepis z tuńczykiem, na stronie 150. Można też w okamgnieniu zrobić z nich sos do makaronu.

500 g (ok. 24 szt.) pomidorków koktajlowych lub innych drobnych
2 łyżeczki morskiej soli w kryształkach albo 1 łyżeczka zwykłej soli
¹/₄ łyżeczki cukru
1 łyżeczka suszonego tymianku
2 łyżki oliwy

1 Rozgrzej piekarnik do 220°C.

2 Przekrój pomidory na połówki i ułóż w żaroodpornym naczyniu przeciętą stroną do góry. Oprósz solą i cukrem, posyp tymiankiem i pokrop oliwą.

3 Wsuń naczynie do piekarnika i natychmiast go wyłącz. Zostaw pomidory na noc lub na cały dzień, nie otwierając drzwiczek.

Sałatka z pieczonych pomidorów, koziego sera i mięty

200 g rukoli albo młodego szpinaku
200 g koziego sera twarogowego, np. Chavroux
1 porcja „księżycowych" pomidorów (patrz wyżej)
1 łyżka soku z cytryny
2 łyżki oliwy z pierwszego tłoczenia
2 łyżki posiekanej świeżej mięty

1 Ułóż sałatkowe liście w dużym naczyniu, a na wierzch ponakładaj łyżką niewielkie porcje sera.

2 Dodaj opieczone, intensywnie czerwone połówki pomidorów.

3 W naczyniu, w którym piekły się pomidory, zmieszaj sok cytrynowy z oliwą i polej sałatkę.

4 Posyp sałatkę posiekanymi liśćmi mięty.

8 porcji

Chleb od niechcenia

To kojąca myśl, że nawet w ciągłym pośpiechu – mając nie więcej niż kilka minut na zrobienie czegokolwiek, o gotowaniu nie wspominając – można jednak upiec piękny bochenek chleba.

To jest to – kilka leniwie zmieszanych w misce składników wstawia się w foremce do piekarnika. Bez zagniatania, bez odstawiania do wyrośnięcia. Brzmi jak żart, ale żartem nie jest. To najszczersza prawda.

200 g musli z płatkami owsianymi bez cukru
325 g mąki razowej z pełnego przemiału
7 g (1 saszetka) suszonych drożdży
2 łyżeczki morskiej soli w kryształkach albo 1 łyżeczka zwykłej soli
250 ml półtłustego mleka
250 ml wody

1 Zmieszaj w misce musli, mąkę, drożdże i sól, następnie zalej mlekiem z wodą i wymieszaj. Ciasto będzie miało konsystencję gęstej owsianki.

2 Przełóż ciasto do natłuszczonej albo silikonowej foremki „keksówki" o pojemności 900 ml. Wstaw chleb do zimnego piekarnika, nastaw temperaturę na 110°C i piecz przez 45 minut.

3 Kiedy miną 3 kwadranse, zwiększ temperaturę do 180°C i piecz jeszcze godzinę. Po upływie tego czasu chleb powinien być złocisty i wypieczony. Wysuń z foremki bochenek, który choć zwarty – to ten rodzaj chleba – powinien „pusto" brzmieć, gdy się w niego od spodu postuka. Jeśli uznasz, że trzeba, możesz włożyć chleb jeszcze na kilka minut do piekarnika bez foremki.

4 Połóż chleb na metalowej kratce do wystygnięcia.

Proste lody z granatów

Bez trudu można sobie wyobrazić przygotowanie deseru z wyprzedzeniem. Jego główna zaleta polega po prostu na tym, że cały wysiłek wkłada się w niego wcześniej. Ten deser robi się zawczasu – jasna sprawa, przecież to lody – ale nakład pracy jest właściwie żaden. Nie trzeba gotować kremu custard[*] i nie trzeba mieszać masy w trakcie mrożenia, żeby rozbijać kryształki lodu. Nie, po prostu wyciska się sok i miesza.

Dla jeszcze większego ukontentowania należy wspomnieć, że te delikatne różowe lody mają niebiański, owocowy aromat.

2 owoce granatu (i pestki z trzeciego do dekoracji, opcjonalnie)
1 limonka
175 g cukru pudru
500 ml gęstej tłustej śmietany

1 Wyciśnij sok z 2 granatów oraz limonki, przecedź i zlej do miski.

2 Dodaj cukier puder i mieszaj trzepaczką, aż się rozpuści.

3 Mieszając, dodaj śmietanę i ubijaj śmietankowy krem, aż zgęstnieje.

4 Przełóż lody do szczelnie zamykanego pudełka i wstaw do zamrażalnika przynajmniej na 4 godziny albo na całą noc.

5 Przed podaniem posyp każdą porcję pestkami granatu.

8 porcji

---

[*] Custard – tzw. krem angielski, masa z mleka i żółtek zagęszczana na parze, najczęściej doprawiana wanilią, o konsystencji budyniu, baza lodów i kremów.

Irish Cream Tiramisu

Długo dumałam nad możliwie najtrafniejszym zastosowaniem butelki likieru Baileys i chyba je odkryłam. Moja włoska znajoma, która robi zabójcze tiramisu, natychmiast się przekonała. Odetchnęłam z ulgą, bo wiem, że Włosi są szalenie konserwatywni, jeśli chodzi o jedzenie, co tłumaczy żywotność ich cennej tradycji kulinarnej. To brzmi prawie jak żart: „A znasz ten dowcip o Irlandczyku i Włochu?..." – tak naprawdę zaś jest płowożółtą, kremową odmianą charakternego (choć dobrze znanego) pierwowzoru.

350 ml espresso (z 350 ml wody i 9 łyżeczek rozpuszczalnego espresso), ostudzone
250 ml likieru śmietankowego Baileys Irish Cream

400 g podłużnych biszkoptów
2 jajka
75 g drobnego cukru
500 g sera mascarpone
2^1/$_2$ łyżeczki kakao w proszku

1. W płytkiej misce wymieszaj kawę ze 175 ml likieru.

2. Zanurz biszkopty w przygotowanym płynie, żeby nasiąkły z każdej strony i były miękkie, ale nie ociekające. Wyłóż biszkoptami dno kwadratowego szklanego naczynia o boku dł. 22 cm.

3. Oddziel żółtka od białek, ale zachowaj tylko jedno białko. Utrzyj dwa żółtka z cukrem, aż zrobią się gęste i jasnożółte, a następnie wymieszaj je z pozostałym likierem i mascarpone, żeby powstał lekki jak pianka krem.

4. Ubij białko na sztywną pianę; tak małą ilość można ubić ręcznie. Delikatnie połącz białko z kremem i nałóż połowę mieszanki na warstwę biszkoptów.

5. Ułóż drugą warstwę biszkoptów i przykryj je drugą warstwą kremu.

6. Przykryj naczynie plastikową folią i wstaw na noc do lodówki. Przed podaniem posyp powierzchnię tiramisu warstwą kakao w proszku, przecierając je przez sitko o drobnych oczkach.

12 porcji, chociaż niekoniecznie dla 12 osób...

Zapomniany deser

Jest coś poetyckiego w nazwie tego deseru, który jednak, raz spróbowany, nigdy nie pójdzie w niepamięć. To bardzo stary przepis odkryty na nowo, zdaje się, przez wspaniałego Richarda Saksa[*] – coś w rodzaju deseru Pawłowej na spodzie podobnym do pianki marshmallow. Ubijasz białka tak jak na bezę, rozprowadzasz je na dużej blasze (przynajmniej ja tak robię) i wstawiasz do piekarnika. Tak jak w przepisie na pomidory muśnięte promieniem księżyca (str. 126), od razu wyłączasz piekarnik, zostawiając bezę na noc w środku – dlatego „zapomniany deser".

Jeśli chodzi o żółtka, które zostają – dodaj do nich dwa całe jajka i zrób intensywnie żółtą jajecznicę meksykańską ze strony 230.

białka z 6 jajek
1/2 łyżeczki soli
250 g + 2 łyżeczki drobnego cukru
1/2 łyżeczki wodorowinianu potasu[**]
1 łyżeczka ekstraktu waniliowego

masło do smarowania formy
250 ml gęstej tłustej śmietany
4 owoce marakui
175 g jeżyn
175 g truskawek, pokrojonych w ćwiartki

1 Rozgrzej piekarnik do 220°C.

2 W dużej misce ubij białka z solą na dość sztywną pianę.

3 Stopniowo dodawaj 250 g cukru, winian potasu i ekstrakt waniliowy, stale ubijając na dużych obrotach, aż piana z białek zrobi się sztywna i błyszcząca.

4 Natłuść dużą blachę i rozprowadź na niej bezową pianę, wyrównując powierzchnię.

5 Wstaw blachę do piekarnika, natychmiast go wyłącz i zostaw na noc, nie otwierając drzwiczek – niech cię nie korci, żeby zajrzeć do środka!

6 Przed podaniem zsuń na duży półmisek.

7 Przed samym podaniem ubij śmietanę, aż będzie dość gęsta, ale nie sztywna, i rozprowadź na powierzchni bezy.

8 Przekrój owoce marakui na połówki i rozłóż łyżką miąższ na bitej śmietanie. Równomiernie rozsyp jeżyny na całej powierzchni, wymieszaj truskawki z pozostałymi 2 łyżeczkami cukru i nałóż na bitą śmietanę z jeżynami.

9 Pokrój deser na porcje; ja dzielę go na 12 kwadratów (3 wzdłuż, 4 w poprzek).

12 porcji

---

[*] Richard Sax – kucharz i autor książek kulinarnych; zdobywca kilku najważniejszych branżowych nagród.
[**] Wodorowinian potasu albo kamień winny – sól kwasu winowego, która osadza się w beczkach podczas fermentacji wina. Składnik proszku do pieczenia. Można go kupić w niektórych aptekach.

Osoby, które niezbyt lubią gotować, często narzekają, że zjedzenie posiłku zajmuje o wiele mniej czasu niż jego przygotowanie. Mnie to nie przeszkadza, nie tylko dlatego, że lubię się pokręcić w kuchni – to chwile, które mam wyłącznie dla siebie. Nieobcy jest mi także pogląd rodem z epoki wiktoriańskiej, nieustępliwa myśl o nieuchronności przemijania – *lasy niszczeją, niszczeją i giną; chmury kroplami spływają na ziemię* [...]*, coś w tym stylu – pamięć o tym, że wszystko w końcu wraca do ziemi albo wzlatuje do nieba. Poddaję się temu nieubłaganemu rytmowi i nie walczę z kuchennym kieratem.

Szczęśliwie kołowrót codziennych małych spraw wciąga mnie w takim stopniu, że rozumiem także tych, którzy mają mniej sentymentalne podejście do kuchni i mojej spokojnej postawy wobec nietrwałości egzystencji. Przychodzą dni, a właściwie tak jest zazwyczaj, że mam nie więcej niż dziesięć minut na przygotowanie kolacji. Oczywiście mogę zrobić kanapki z serem. Bardzo lubię kanapki z serem. Zwykle jednak mam potrzebę, żeby podać coś porządnego. W dosłownym sensie. Nie interesuje mnie robienie czegoś łatwego, co zjada się niechętnie. Uważam, że każda sposobność, żeby usiąść do stołu, powinna dawać radość. Nie warto nawet myśleć o jedzeniu czegoś, co nie sprawia przyjemności. To się zdarza, ale wtedy jestem niepocieszona.

Właściwie jem tak szybko, że nie sposób znaleźć przepisu na posiłek, którego przygotowanie trwałoby krócej, ale w chwilach desperacji należy stosować właściwą miarę – a jeśli stan kompletnego wyczerpania po spotkaniu o szóstej po południu i kłótni nad lekcjami oraz karygodna liczba nieodebranych połączeń i e-maili, które pozostały bez odpowiedzi, nie zasługuje na miano stanu rozpaczliwego, to nie wiem, co zasługuje. Muszę wtedy coś szybko przyrządzić, bo inaczej zjem za dużo, czekając, aż kolacja będzie wreszcie gotowa. Kucharzu, nakarm się sam. Ja karmię się potrawami, na które przepisy zaraz Ci przedstawię. Przepisy – to chyba za dużo powiedziane; chodzi o wykorzystanie składników, które wystarczy szybko usmażyć na rozgrzanej patelni albo tylko podgrzać. Oto moje wyjścia awaryjne – potrawy, które mogę przygotować nawet wówczas, gdy czas mnie nagli bez litości. Innymi słowy, możesz wpaść do sklepu podczas przerwy obiadowej i szybko porwać coś na kolację. A co ważniejsze, nie będziesz miała dużo zmywania.

---

* Fragment poematu Alfreda lorda Tennysona pt. *Titonus* w przekładzie Zygmunta Kubiaka.

Krwisty stek i purée z białej fasoli

Kiedy byłam mała, w menu każdej restauracji, w której podawano steki, figurował tzw. *minute steak*, czyli cienki stek: atrakcyjna cenowo porcja, którą można usmażyć w niecałe 60 sekund. W naszym domu epitet „cienki" nabierał nieco pejoratywnego znaczenia ze względu na mizerną jakość mięsa. Trudno odrzucić myśl, że stek powinien być raczej spory, żeby było w czym zatopić zęby, a ja zdecydowanie lubię steki krwiste. Zapytana w restauracji, jak bardzo stek ma być wysmażony, proszę zwykle, żeby go przynieść od razu. Porządne, soczyste steki smaży się naprawdę szybko, więc jeśli Ci się śpieszy, kolacja będzie gotowa prawie natychmiast. Poniżej pięciu minut – to zupełnie niezły czas. Mogłabym to jeszcze skrócić, trzymając się pomysłu na „stek minutowy", co nie jest takie złe, ale podejrzewam, że wyszłoby mi coś przypominającego wytwór starej szkolnej stołówki.

Proponuję kompromis: dość cienki, ale konkretny stek, który smaży się półtorej minuty z każdej strony. W tym czasie robię czosnkowo-cytrynowe, ultrafenomenalne, dosłownie uzależniające purée z fasolki. Podane proporcje wystarczą dla czterech osób, a nawet dla większej liczby, jeśli jedzą też dzieci. Muszę jednak szczerze przyznać, że kiedy jemy we dwoje, wcale nie robię połowy purée. Jest takie dobre, że otwieram dwie puszki, a z reszty składników biorę prawie tyle, co zwykle. Obawiam się, że nie ma szans, żebym z czegokolwiek zrezygnowała.

60 ml +2 łyżeczki oliwy
większa część ząbka czosnku, zmiażdżonego
1 gałązka świeżego rozmarynu (opcjonalnie)
starta skórka i sok z 1 cytryny
3 puszki białej fasolki
4 cienkie steki wołowe z polędwicy albo antrykotu (ok. 150 g każdy)
sól do smaku

1 Najpierw przygotuj fasolkę: wlej 60 ml oliwy do rondla, zmieszaj z czosnkiem, ewentualnie dodaj gałązkę rozmarynu, wrzuć skórkę z cytryny i podgrzej. Wyjmij rozmaryn, ale nie wyrzucaj.

2 Odlej płyn z fasolki i przepłucz ją pod bieżącą wodą, żeby się pozbyć nadmiaru skrobi. Przełóż fasolę do rondla i podgrzej, mieszając. Rozgnieć ziarna fasoli szeroką łyżką na niezbyt gładkie purée. Dopraw do smaku – fasolka w puszce jest czasem bardziej słona, a czasem mniej.

3 Na dużej patelni mocno rozgrzej łyżkę oliwy i smaż steki na dużym ogniu przez półtorej minuty z każdej strony. Przełóż mięso na ogrzane talerze i posyp solą do smaku.

4 Wyciśnij sok z cytryny na gorącą patelnię, zagotuj z oliwą pozostałą po smażeniu i polej mięso. Podawaj natychmiast z purée fasolowym ozdobionym gałązką rozmarynu.

4 porcje

Sznycle z kurczaka z boczkiem i białym winem

Wydaje się logiczne, że jeśli jedzenie ma być szybko gotowe, musi być odpowiednio spreparowane. Cienkie kawałki mięsa – i rzecz jasna ryby – są tu oczywiście faworytami, ale należy się upewnić, że priorytet pośpiechu nie przesłania kwestii smaku. Sznycle, czy też eskalopki z kurczaka, po prostu upieczone na grillu, to prosta i ekspresowa strawa, ale też nic nadzwyczajnego. Na ratunek śpieszy nam boczek; zwykłe słodko-słone plastry boczku, które trzymam w lodówce na taką właśnie ewentualność.

Jest coś w połączeniu boczku z białym winem – coś prostego, a zarazem zniewalającego. Kojarzy mi się z zapachem i smakiem karbonary, a w tym daniu aromatyzuje mocno usmażone mięso kurczęcia i zmienia je w prawdziwy przysmak. I o to chodzi – zrobić coś takiego z kawałkiem bladego mięsa bez kości i skóry.

Doskonale pasuje mi do tego zielona fasolka – odpowiada nawet moim dzieciom – a jeśli jakiś sznycel zostanie, możesz go później pokroić, podgrzać z odrobiną śmietany i parmezanu, i zmienić w szybki sos do makaronu.

1 łyżeczka oleju czosnkowego
4 plasterki boczku
4 eskalopki z kurczęcia (po ok. 125 g każdy)
100 ml białego wytrawnego wina

1 Na patelni rozgrzej olej i połóż plasterki boczku.

2 Smaż boczek, aż będzie chrupki, a patelnia wypełni się wytopionym tłuszczem. Zawiń wyjęty boczek w kawałek folii i odłóż na chwilę na bok.

3 Smaż kurczaka mniej więcej dwie minuty z każdej strony, żeby mięso po przekrojeniu nie było różowe. Upewnij się, czy patelnia jest gorąca – eskalopki powinny pięknie zbrązowieć.

4 Przełóż kurczaka na półmisek, szybko pokrusz boczek na kawałki i wrzuć na patelnię. Wlej wino, doprowadź sos do wrzenia, a następnie zalej nim mięso.

4 porcje

Wyścigowy hamburger z szybkimi ziemniaczkami

Chętnie zjem burgera, ale musi być taki, jak należy. Udawały mi się już różne wersje, tylko że albo były szybkie, albo wyglądały przekonująco – nigdy jedno i drugie naraz. Na szczęście przysłużyła mi się moja miłość do gadżetów, połączona z nałogową skłonnością do wertowania katalogów. Teraz robię doskonałe burgery w rekordowym tempie. Używam czegoś, co zwie się po prostu prasą do hamburgerów. Najpierw wkładamy do niej krążek z woskowanego papieru (krążki sprzedają w komplecie), następnie 125 g mięsa, na wierzch kładziemy drugi krążek – i ściskamy. Można nabrać ochoty na pracę w fabryce hamburgerów.

Do niedawna sądziłam, że z chudego mięsa wychodzą twarde burgery, ale po wielu eksperymentach doszłam do wniosku, że najlepsza jest właśnie wołowina sprzedawana jako *extra lean*, czyli taka, która ma nie więcej niż 5% tłuszczu. Ja używam wołowiny szkockiej albo z certyfikatem ekologicznym.

Szybkie ziemniaczki nie wyglądają już tak profesjonalnie, ale są równie satysfakcjonujące. Pomagają uwolnić się od trosk minionego dnia.

250 g chudej mielonej wołowiny
1 łyżka smażonej cebulki z pojemnika
1 1/2 łyżeczki maślanki albo jogurtu naturalnego
1 1/2 łyżeczki sosu sojowego
1 1/2 łyżeczki sosu Worcestershire
duża szczypta świeżo zmielonego pieprzu
olej roślinny

1 Zmieszaj mieloną wołowinę z cebulą, maślanką, sosem sojowym i sosem Worcestershire, dopraw pieprzem do smaku i podziel na 2 porcje. Włóż je po kolei do prasy albo uformuj ręcznie.

2 Rozgrzej patelnię grillową i posmaruj burgery niewielką ilością oleju. Smaż burgery 2 minuty z jednej strony, przełóż na drugą stronę i smaż jeszcze minutę. Zdejmij patelnię z ognia i zostaw na niej mięso jeszcze na minutę, dwie. Burgery będą wtedy średnio wysmażone.

3 Podawaj w opieczonej bułce z szybkimi ziemniaczkami. Dodaj sałatę, stopiony ser pleśniowy i boczek albo jajko sadzone lub ugotowane na miękko, jak wolisz.

Szybkie ziemniaczki

250 g młodych ziemniaków, oskrobanych
60 ml oleju roślinnego

1 Włóż ziemniaki do plastikowej torby, szczelnie zamknij i stłucz drewnianym wałkiem, aż popękają na kawałki.

2 Rozgrzej olej na patelni, a gdy będzie gorący, wsyp ziemniaki i smaż po 5-6 minut z każdej strony, częściowo przykryte.

3 Przełóż ziemniaki na talerz wyłożony papierowym ręcznikiem.

2 porcje

Steki z szynki z natką pietruszki

Oczywiście zawsze chętnie zrobię stek z szynki z ananasem i nie zamierzam Cię przed tym powstrzymywać, ale i tak uważam, że w tym daniu najważniejsza jest natka pietruszki. Kiedy mam czas, z przyjemnością staję przy kuchence i mieszam, mieszam, mieszam zasmażkę na doskonały gęsty sos pietruszkowy, ale dobry i szybki efekt można też uzyskać, rzucając po prostu na patelnię trochę natki.

Szalenie pasuje mi do tego zielony groszek; zawsze mam pod ręką paczkę mrożonego groszku. Trudno mi się jednak wyrzec groszku konserwowego. Wiem, że jest przetworzony, i wolę nie czytać listy składników na opakowaniu – ale nie mogę przestać go lubić. Puszka albo słoik małego szaro-zielonego groszku to doskonały ekwiwalent dla tych, którzy nie podzielają moich mało szlachetnych upodobań. Można też ugotować i odsączyć nieco mrożonego groszku i zmieszać go z odrobiną parmezanu, pieprzu i sera mascarpone.

2 łyżeczki oleju czosnkowego
2 steki wieprzowe z szynki, ok. 200 g każdy
2 łyżki białego octu winnego

4 łyżki wody
świeżo mielony pieprz
2 łyżeczki miodu
4 łyżki posiekanej natki pietruszki

1 Na dość dużej patelni o grubym dnie rozgrzej olej i smaż steki po 3 minuty z każdej strony. Przełóż mięso na podgrzane talerze.

2 Zdejmij patelnię z ognia. Starannie zmieszaj ocet z wodą, pieprzem i miodem, szybko wlej na patelnię i dodaj większość posiekanej natki. Wymieszaj z pozostałym na patelni tłuszczem i polej steki.

3 Nałóż porcje wybranych warzyw i posyp mięso resztą natki, zanim się na nie rzucisz.

2 porcje

ŁOSOŚ W MIRINIE*

To chyba najszybszy sposób na wykreowanie kulinarnej rewelacji. Właściwie nie musisz kiwnąć palcem – wystarczy zanurzyć kawałki filetu z łososia w ciemnej i lśniącej miksturze, która składa się w większości z gotowych składników, a rezultat jest taki, jakbyś poświęciła połowę życia, żeby osiągnąć doskonałe połączenie słodko-pikantnego smaku i delikatnej, a zarazem chrupkiej konsystencji.

Jeśli gotujesz dla dwóch osób, zostań przy podanych proporcjach. To, czego nie zjecie, możesz podać następnego dnia jako fantastyczną sałatkę.

Łososia najchętniej serwuję z ryżem do sushi, a od kiedy jestem szczęśliwą posiadaczką urządzenia do gotowania ryżu, nie muszę się w tym względzie wykazywać żadnym talentem. Ugotuj dowolny rodzaj ryżu – albo makaronu, jeśli wolisz – zgodnie ze wskazówkami na opakowaniu, jeśli, niestety, nie masz takiej pożytecznej maszynki.

60 ml mirinu
50 g cukru trzcinowego
60 ml sosu sojowego
4 kawałki filetu ze środkowej części
    łososia – dość wąskich i grubych,
    a nie szerokich i płaskich
2 łyżki octu ryżowego
1-2 dymki przecięte na pół i pokrojone
    wzdłuż na wąskie paseczki

1 Zmieszaj mirin, cukier i sos sojowy w płaskim naczyniu, które pomieści 4 kawałki łososia. Marynuj rybę przez 3 minuty z jednej strony, następnie przez 2 minuty z drugiej. W tym samym czasie rozgrzej dużą teflonową patelnię.

2 Smaż łososia na gorącej suchej patelni przez 2 minuty z jednej strony, odwróć kawałki ryby na drugą stronę, wlej marynatę i smaż jeszcze przez 2 minuty.

3 Przełóż łososia na talerz albo półmisek, a na patelnię wlej ocet ryżowy i podgrzewaj przez chwilę.

4 Polej łososia ciemnym słodko-słonym sosem i posyp paskami dymki. Podawaj z ryżem lub makaronem. Możesz także podać marynowany imbir do sushi.

4 porcje

---

* Mirin – rodzaj słodkiego wina ryżowego używanego w kuchni japońskiej.

Steki z tuńczyka z czarną fasolą

Świeży tuńczyk jest najlepszy, kiedy się go podgrzewa krótko albo wcale; bo gdy czerwone jak carpaccio mięso robi się bure, zamiast kolacji mamy przed sobą katastrofę. Tym razem ta właściwość tuńczyka działa na naszą korzyść, ponieważ liczy się czas. Niewiele dłużej niż usmażenie ryby trwa otworzenie puszki fasoli, odsączenie jej i wrzucenie do dressingu. Dobrze pasuje też sałatka z pomidorów; ja nałożyłam nieco „księżycowych" pomidorów (przepis na str. 126) – dużych, pokrojonych na kawałki, a nie małych, koktajlowych.

Nie dziwne zatem, że bardzo często serwuję to danie na kolację. Łapię steki z tuńczyka podczas mojego cotygodniowego nalotu na supermarket, a kiedy bezpiecznie lądują w mojej lodówce, od razu jestem spokojniejsza.

2 łyżeczki soku z limonki
1 łyżeczka sosu rybnego
2 łyżeczki oleju chili
1 łyżeczka miodu
400 g czarnej fasoli z puszki

2 łyżki posiekanej świeżej kolendry
2 cienkie steki z tuńczyka
  (ok. 125 g każdy)
½ łyżeczki morskiej soli w kryształkach

1 Rozgrzej grillową patelnię i w tym samym czasie przygotuj sałatkę z czarnej fasoli.

2 Zmieszaj w misce dressing z soku z limonki, sosu rybnego, oleju chili oraz miodu.

3 Odsącz fasolę i przepłucz w durszlaku pod bieżącą wodą, a następnie starannie wymieszaj z dressingiem. Dodaj większość posiekanej kolendry i rozdziel między dwa obiadowe talerze.

4 Smaż steki z tuńczyka po 30 sekund z każdej strony. Jeśli steki nie są bardzo cienkie, możesz przedłużyć czas smażenia o kolejne pół minuty. Odkrój kawałek, żeby sprawdzić, czy ryba się dobrze usmażyła, i nałóż steki na talerze. Dodaj porcje pomidorów albo innej sałatki. Oprósz steki szczyptą grubej (nie miałkiej!) soli.

2 porcje

Przegrzebki z chorizo*

Od dawna jestem wielbicielką przegrzebków podawanych z boczkiem albo z chili. Oto połączenie dwóch przepisów. Używam chorizo – kiełbasy, nie salami – która nasyca białe słodkie mięso przegrzebków paprykowopomarańczowym tłuszczem. Danie robi się z prędkością światła i jest równie jak ona oszałamiające.

    110 g kiełbasy chorizo
    400 g niewielkich przegrzebków (jeśli są zbyt grube,
        przekrój je na 2 cieńsze plastry)
    sok z $1/2$ cytryny
    4 łyżki posiekanej natki pietruszki

1 Pokrój chorizo w plasterki nie grubsze niż 3 mm.

2 Rozgrzej suchą patelnię o grubym dnie i smaż kiełbasę, aż plasterki zrobią się chrupiące (z chorizo wytopi się dużo tłuszczu), czyli nie dłużej niż 2 minuty.

3 Przełóż kiełbasę do miski i usmaż mięso przegrzebków na wytopionym tłuszczu, około minuty z każdej strony.

4 Włóż kiełbasę z powrotem na patelnię, wlej sok z cytryny i podgrzewaj wszystko przez chwilę, a następnie nałóż na talerze i posyp dużą ilością posiekanej natki.

4 porcje jako danie główne, podane z ciecierzycą z rukolą i sherry (przepis na następnej stronie); 8 porcji jako przekąska z jakąś sałatą

---

* Chorizo – tradycyjny produkt hiszpański i portugalski.

Ciecierzyca z rukolą i sherry

To właściwie nie jest stir-fry, ale robię go w woku. Ciecierzyca smaży się w sherry i przechodzi zapachem kminu, a rukola, a raczej sałatkowa zielenina sprzedawana w paczkach w pobliskim supermarkecie, ulegle mięknie. Przegrzebki z chorizo podane w towarzystwie tej jarzyny zmieniają się w eleganckie danie główne, a ona sama w sobie stanowi sycący i dość niecodzienny posiłek, kiedy potrzebujesz czegoś wzmacniającego.

1 łyżka oleju do woka
2 łyżeczki nasion kminu rzymskiego
2 puszki po 400 g ciecierzycy, odsączonej i przepłukanej
1 opakowanie (ok. 130 g) mieszanki sałat z rukolą
1 łyżeczka morskiej soli w kryształkach albo 1/2 łyżeczki zwykłej soli
60 ml cream sherry*

1 Rozgrzej olej w woku i podsmaż nasiona kminu.

2 Dodaj ciecierzycę, zieleninę, sól oraz sherry i porządnie zamieszaj. Mieszaj stale, aż liście zaczną mięknąć, ciecierzyca będzie podgrzana, a płyn nieco się zredukuje.

4 porcje jako dodatek, 2 porcje jako danie główne – może być z jajkiem na miękko

---

* Cream sherry – odmiana słodkiego sherry.

Galette* z nektarynką i czarnymi jagodami

Słowo *galette* powinno się tłumaczyć: „tak, to jest ciastko, ale nie rób sobie wielkich nadziei". Nie chodzi mi o to, że nie jest smaczne – owszem, i to bardzo – jednak nie jest zbyt wystawne. Składniki są podobne, jak w *tarte fine aux pommes* (str. 217), ale tam wszystko jest poukładane, a tu po prostu rzucone na wierzch. Bardzo mi to pasuje.

1 paczka (ok. 375 g) gotowego rozwałkowanego ciasta francuskiego (40x23 cm), rozmrożonego, jeśli było zamrożone
2 łyżki niskosłodzonej konfitury albo dżemu morelowego
2 łyżki gęstej tłustej śmietany
1 nektarynka, pokrojona na 16 cząstek
125 g czarnych jagód
2 łyżeczki cukru Demerara**

1 Rozgrzej piekarnik do 220°C.

2 Rozłóż ciasto na wyłożonej papierem do pieczenia blasze i ponacinaj powierzchnię ciasta czubkiem ostrego noża prostopadle do krawędzi, tak żeby powstała ramka o szerokości ok. 2 cm.

3 Zmieszaj w miseczce konfiturę albo dżem ze śmietaną i posmaruj ciasto przygotowaną mieszaniną wewnątrz ramki.

4 Ułóż owoce na cieście, posyp cukrem i piecz 15 minut.

5 Pokrój na kawałki i podawaj na ciepło.

6-8 kawałków

---

* Galette – francuskie płaskie ciasto z owocami podawane tradycyjnie w Święto Trzech Króli; również rodzaj pikantnego naleśnika z mąki gryczanej, podawanego z serem i jajkiem sadzonym.
** Demerara – rodzaj cukru trzcinowego. W Polsce dostępny w wielu supermarketach.

Błyskawiczny mus czekoladowy

Zwykle, żeby zrobić mus czekoladowy, trzeba mieć przynajmniej kilka godzin, a najlepiej cały dzień. Żółtka zdążą się wtedy zestalić, a pęcherzyki powietrza z ubitych białek rozproszą się po całym musie. Zapomnij, tu nie ma żadnych żółtek, żadnych białek, żadnego ubijania i żadnego czekania.

To, że nie dodaje się surowego jajka, oznacza również, że możesz podać mus małym dzieciom, chociaż nie wydaje mi się, żeby tylko im należała się ta przyjemność.

150 g minipianek marshmallow*
(lub „ptasiego mleczka")
50 g miękkiego masła
250 g gorzkiej czekolady dobrej jakości
(przynajmniej 70% zawartości
miazgi kakaowej), pokrojonej
na niewielkie kawałki

60 ml wrzątku
285 ml gęstej tłustej śmietany
1 łyżeczka ekstraktu waniliowego

1 W rondlu o grubym dnie zalej wrzątkiem pianki marshmallow, masło i czekoladę.

2 Postaw rondel na niewielkim ogniu i podgrzewaj, aż składniki się stopią, mieszając od czasu do czasu. Zdejmij rondel z ognia.

3 W tym samym czasie ubij śmietanę z ekstraktem waniliowym, aż będzie sztywna, a następnie wymieszaj z czekoladową mieszaniną na jednolity krem.

4 Rozłóż porcje musu do czterech większych szklanek albo pucharków (175 ml pojemności) albo 6 mniejszych (125 ml) i wstaw do lodówki, zanim podasz. Im szybciej, tym lepiej!

4-6 porcji

---

* Marshmallow – popularne piankowe cukierki, w których skład wchodzą głównie cukier i żelatyna.

Deser czekoladowo-fistaszkowo-krówkowy

Zostawiłam go na koniec, i to nie bez przyczyny: oto absolutnie wyjątkowy deser lodowy. Oczywiście jeśli nie jadasz masła fistaszkowego, nie jest dla Ciebie, ale dla każdego innego to deser marzeń. Ostatnio, kiedy przygotowałam ten sos, musiałam robić niemal drugą porcję, bo tyle wyjadłam, zanim w ogóle wyjęłam lody z zamrażalnika.

Skoro o lodach mowa, powinnaś wybrać smaki, na jakie masz ochotę, ale nawet jeśli zostaniesz przy zwyczajnych, odwiecznych lodach waniliowych, czeka Cię prawdziwa uczta.

Podarowałam ostatnio przyjaciółce słoik tego specjału, aby podała go na deser po kolacji. Gdy tylko spróbowała, przysłała mi SMS-a: *Pakuj sos w butelki, zarobisz fortunę*. No, może... A na razie przepis dla Ciebie.

175 ml gęstej tłustej śmietany
100 g posiekanej czekolady mlecznej
100 g masła fistaszkowego
3 łyżki golden syrup (można zastąpić sztucznym miodem lub masą krówkową)

4 kulki lodów toffi albo karmelowych
4 kulki lodów czekoladowych
4 kulki lodów waniliowych
4 łyżki solonych orzeszków ziemnych, posiekanych albo w całości

1 Podgrzej w rondlu na niewielkim ogniu śmietanę, czekoladę, masło fistaszkowe i syrop, mieszając od czasu do czasu. Mniej więcej po 2 minutach powinnaś mieć gotowy sos.

2 Do czterech wysokich pucharków nałóż po jednej porcji lodów każdego smaku: karmelowych, czekoladowych i waniliowych.

3 Polej zawartość każdego pucharka sosem czekoladowo-fistaszkowo-krówkowym i posyp solonymi orzeszkami. Podaj stołownikom i czekaj, aż rozpłaczą się z wdzięczności.

Proporcje dla 4 szczęśliwców

USPOKAJAJĄCE

Wiem ze smutnego doświadczenia, że poprawianie sobie humoru jedzeniem nie polega na długotrwałych przygotowaniach, a raczej na szaleńczym ataku na lodówkę. Trudno naprędce przygotować coś kojącego. Kilka odważnie połączonych składników może zapewnić wspaniałą kolację, ale nie gwarantuje pociechy jakiej czasem potrzebujemy. Nie mogę zlekceważyć takiego jedzenia, ponieważ odgrywa w życiu bardzo istotną rolę.

Nietrudno wymyślić szybką przekąskę: gorący tost z dużą ilością masła, posypany cukrem i cynamonem; gigantyczna tabliczka czekolady; lody jedzone prosto z pudełka; kupny pudding – jednak pociecha, jaką przynoszą, jest ulotna. Potem tylko źle o sobie myślimy i dręczą nas wyrzuty sumienia, że daliśmy się skusić. Potrzebuję jedzenia, które przyniesie ukojenie, nasyci mnie po długim, męczącym dniu i sprawi, że będę się cieszyć życiem, a nie starać się od niego uciec.

Do tego, w każdym razie, dążę. Zdaję sobie oczywiście sprawę, że niektórych przepisów nijak nie da się włączyć do planu sensownej diety proponowanej przez specjalistów od zdrowego żywienia. Nie ma wytłumaczenia dla nadmiernych wartości odżywczych mojego pączkowego francuskiego tosta – po prostu wiem, że coś takiego musi istnieć.

Te przepisy są dla świata takiego, jaki jest – i dla nas takich, jacy jesteśmy. Nie mogę ciągle się martwić o to, jak żyjemy i co jemy. Jestem głodna.

Uspokajacze

Chowder* z azjatyckimi aromatami

To wspaniała zupa na dni, kiedy utrzymanie w rękach noża i widelca wydaje się zbyt trudne. Po zjedzeniu takiej zupy natychmiast ogarnia nas błogość, ale jej smak raczej ożywia niż przytępia zmysły. Jakkolwiek wielu osobom zastąpienie zwykłego mleka mleczkiem kokosowym i rezygnacja z zagęszczania zupy mąką z masłem – zasmażką – a także obranie kierunku południowo-wschodnioazjatyckiego zamiast tradycyjnego może wydać się odrażające, ja wolę tę zupę od o wiele bardziej pracochłonnego oryginału.

Dzieci raczej wolą chowder z mniejszą ilością soku z limonki i bez chili. Uważam, że ta zupa jest doskonała.

750 ml bulionu z kurczaka
   (nie z proszku)
500 g niewielkich ziemniaków
   albo 2 duże, obrane i pokrojone
   w 5 mm kostkę
100 g młodych, małych porów
   pokrojonych na centymetrowe
   kawałki
125 g miniaturowej kukurydzy,
   pokrojonej na kawałki grubości
   $1/2$ cm
2 liście laurowe
1 łyżeczka mielonego kwiatu
   muszkatołowca**

400 ml mleczka kokosowego
600 g filetu z wędzonego dorsza,
   pokrojonego w kostkę
   o boku $2 1/2$ cm
60 ml soku z limonki
250 g małych albo średnich
   mrożonych krewetek
300 g odsączonej kukurydzy z puszki
1 łyżeczka morskiej soli w kryształkach
   albo $1/2$ łyżeczki zwykłej soli
1 papryczka chili bez pestek,
   drobno posiekana
20 g świeżej kolendry,
   drobno posiekanej

1 Zagotuj bulion w średnim garnku. Gotuj w nim pokrojone ziemniaki, pory i małe kolby kukurydziane z dodatkiem liści laurowych i kwiatu muszkatołowca przez około 10 minut, aż będą miękkie.

2 Dodaj mleczko kokosowe, pokrojoną rybę i sok z limonki. Ponownie doprowadź do wrzenia i gotuj przez minutę.

3 Wrzuć krewetki oraz ziarno kukurydzy i ponownie zagotuj. Dopraw solą do smaku i podawaj.

4 Udekoruj każdą porcję posiekaną papryczką chili i aromatyczną kolendrą.

4 porcje

---

* Chowder – tradycyjna anglosaska gęsta zupa, zazwyczaj z rybą i owocami morza.
** Kwiat muszkatołowca – inaczej macis, czyli purpurowa osnówka nasienia muszkatołowca (gałki muszkatołowej). Ma intensywny, inny niż gałka, aromat.

Rosołek z makaronem dla potrzebujących

Uważam, że jeśli chodzi o gotowanie zupy z makaronem we wschodnim stylu, narzucanie jakichkolwiek norm jest sprzeczne z dobrym obyczajem. Kiedy nachodzi mnie chrapka na taką zupę, nie mam ochoty ważyć i mierzyć składników. Podgrzewam nieco bulionu, przygotowanego według takiego czy innego przepisu, wrzucam do niego rozmaite warzywa, które akurat plączą się po lodówce, a do tego jak najłagodniejszy w smaku makaron. Można dodać kawałki kurczaka albo – pod koniec gotowania – drobne cząstki surowego tuńczyka lub łososia. Ja jednak wolę rosół z warzywami i makaronem. Białko, choć tak istotne, nie jest tym razem dla mnie najważniejsze.

Tak czy inaczej, podaję wzór. Nie musisz się do niego za bardzo przywiązywać, ale możesz skorzystać, jeśli wyda Ci się użyteczny.

175 g makaronu udon* (suszonego, z paczki)
750 ml bulionu drobiowego, warzywnego albo dashi**
1 łyżeczka brązowego cukru
1 owoc anyżu gwiazdkowatego
1 łyżeczka zmiażdżonego kłącza imbiru

2 łyżki sosu sojowego
75 g kiełków fasoli mung lub sojowych
75 g groszku cukrowego
75 g grzybów shitake, pokrojonych w paski
2 główki młodej kapusty pak choi, pokrojonej w cienkie paski
2 łyżki posiekanej świeżej kolendry

1 Ugotuj makaron zgodnie z instrukcją na opakowaniu. W czasie, gdy woda na makaron się gotuje, wlej do garnka bulion i dodaj do niego cukier, anyż, imbir oraz sos sojowy. (Ugotowany makaron odcedź i rozłóż do dwóch misek).

2 Gdy bulion się zagotuje, dodaj warzywa. W niecałe dwie minuty powinny być gotowe.

3 Rozlej rosół do misek z makaronem i posyp posiekaną kolendrą.

2 porcje na kolację

---

* Udon – japoński makaron pszenny.
** Dashi – japoński bulion z wodorostów i specjalnie preparowanego mięsa tuńczyka, wykorzystywany do przygotowywania zup (np. miso). Można go kupić w sklepach z orientalną żywnością, w postaci pasty, w proszku albo w kostkach.

Zupa krem z dyni i słodkich ziemniaków

Kiedy wreszcie pokonałam własne uprzedzenia względem kupowania pokrojonych owoców i warzyw, moje życie w kuchni stało się o wiele prostsze. Muszę Ci powiedzieć, że na włoskich bazarach sprzedawcy bardzo często obierają warzywa, kroją je i pakują w torby, żeby ułatwić życie klientom.

Gotowa mieszanka dyni i słodkich ziemniaków pokrojonych w kostkę rzeczywiście ułatwia zadanie[*]; piętnaście minut gotowania w bulionie z przyprawami przydaje się, gdy nie masz cierpliwości, żeby czekać.

350 g mieszanki dyni i słodkich ziemniaków pokrojonych w kostkę
750 ml bulionu drobiowego albo warzywnego
$1/4$ łyżeczki mielonego cynamonu
$1/4$ łyżeczki mielonego kwiatu muszkatołowca[**]
duża szczypta świeżo mielonego pieprzu
4 łyżeczki maślanki

1 Zalej kawałki dyni i ziemniaków bulionem i dodaj przyprawy.

2 Doprowadź do wrzenia i gotuj około 15 minut, aż warzywa będą miękkie. Dodaj nieco pieprzu do smaku.

3 Zmiel zupę w blenderze na gładkie purée – wyjmując środkową część wieczka naczynia blendera i przytrzymując wieczko przez złożoną ścierkę, unikniesz wzrostu ciśnienia i zalania ścian zupą.

4 Rozlej krem do dwóch misek, dodaj po dwie łyżeczki maślanki i delikatnie zamieszaj, tworząc na powierzchni ozdobne nieregularne wzory.

Proporcje dla dwóch osób albo dla jednej, bardzo spragnionej ukojenia.

---

[*] Mowa o sytuacji Wielkiej Brytanii.
[**] Patrz przypis na str. 164.

Krzepiący stir-fry

To prawda, że wrzucając wszystko do woka, możemy bardzo szybko podać kolację, bywa jednak, że potrzeba nam czegoś o konsystencji bardziej zasadniczej, niż na to pozwala szlachetna tradycja orientalna.

W tej potrawie jest sporo mięsa – indyka albo kurczaka, używam ich zamiennie – i dorzucam raczej puszkę drobnej białej fasoli, a nie: gotuję i odlewam (mimo że doprawdy, nie są to zbyt wymagające czynności) makaron. O dziwo, to działa. Jedzenie z miski łyżką zawsze przynosi ulgę i odprężenie.

- 2 łyżki oleju do woka
- 300 g filetu z piersi kurczaka albo indyka, pokrojonego w paski 4x0,5 cm
- 300 g warzyw pokrojonych w paski (z torebki)
- 60 ml sosu sojowego
- 60 ml chińskiego wina do gotowania*
- 1 puszka drobnej białej fasoli, odlanej z zalewy
- 1 łyżka posiekanej świeżej kolendry albo natki pietruszki

1 Rozgrzej olej w woku i obsmaż mięso na dużym ogniu, mieszając.

2 Dodaj pokrojone warzywa i mieszaj, a gdy zaczną miękczeć, dolej sos sojowy i wino. Paski mięsa usmażone z sosem sojowym pięknie zbrązowieją.

3 Gdy zawartość patelni rozgrzeje się i zacznie skwierczeć, dodaj odsączoną fasolę i smaż mieszając, a następnie przełóż zawartość woka na dwa talerze.

4 Posyp porcje posiekaną zieleniną i od razu podawaj.

2 porcje

---

* Chińskie wino do gotowania (shaoxing) – wino z kleistego ryżu, drożdży i wody, używane w chińskiej kuchni. W Polsce dostępne w sklepach z orientalną żywnością; można je zastąpić wytrawnym sherry.

Szybkie ragù

Ku zgrozie mojego męża, kiedy czuję się bezbronna i potrzebuję otuchy, lubię zjeść na kolację porcję mielonego mięsa pokrytego warstewką stopionego sera – łyżką, prosto z miski.

Daruję sobie zwykłą siekaninę: używam pokrojonej w kostkę pancetty[*] (sprzedawanej w moim supermarkecie pod nazwą *cubetti di pancetta*) i odrobiny gotowej, smażonej cebuli. To wszystko, o czym człowiek marzy: zbawienne danie, tyleż niewymagające wysiłku, co urzekające.

2 łyżki oleju czosnkowego
125 g pancetty pokrojonej w kostkę
(lub chudego boczku)
500 g mielonej jagnięciny
75 g smażonej cebuli
80 ml wina Marsala

1 puszka krojonych pomidorów z puszki
75 g zielonej soczewicy
125 ml wody
50 g tartego sera red Leicester
albo cheddar[**] (opcjonalnie)

1. Rozgrzej olej na średniej patelni i podsmaż pancettę, aż zrobi się chrupiąca.

2. Dodaj jagnięcinę, rozgnieć wszystkie grudki widelcem i podsmaż na tłuszczu, który wytopił się z boczku, aż mięso zbrązowieje.

3. Dodaj cebulę, Marsalę, pomidory, groszek oraz wodę i zagotuj zawartość patelni.

4. Smaż ragù przez 20 minut, mieszając od czasu do czasu. Przed podaniem posyp startym serem (jeśli go używasz).

4 porcje

---

[*] Pancetta – włoski długo dojrzewający boczek, peklowany i suszony, nie wędzony.
[**] Red Leicester i cheddar – twarde angielskie sery z krowiego mleka.

Zapiekanka z grzybami i boczkiem

Już samo słowo „zapiekanka" brzmi kojąco. Trudno jej odmówić autentycznego uroku, zwłaszcza gdy wiesz, że po zanurzeniu w sosie delikatne pyszne ciasto smakowicie nasiąknie. Zdaję sobie jednak sprawę, że robienie domowego francuskiego ciasta to nie jest najszybsze rozwiązanie. Bez wahania sięgam zatem po kupne, już rozwałkowane.

Ułatwiam sobie zadanie jeszcze bardziej, za jednym zamachem podsmażając kurczaka i robiąc sos. Dwie złote zapiekanki w pół godziny to całkiem niezły wynik.

3 plastry boczku pokrojone na kawałki o szerokości 2½ cm
1 łyżeczka oleju czosnkowego
125 g pieczarek, pokrojonych w kostkę o boku ½ cm
250 g kurzych udek bez kości, pokrojonych w kostkę o boku 2½ cm

25 g mąki
½ łyżeczki suszonego tymianku
1 łyżka masła
300 ml gorącego bulionu drobiowego
1 łyżka wina Marsala
opakowanie rozwałkowanego francuskiego ciasta (23x40 cm)

1 Rozgrzej piekarnik do 220°C. Na patelni o ciężkim dnie smaż boczek, aż zrobi się chrupiący, dodaj pokrojone pieczarki i smaż je razem z boczkiem, aż zmiękną.

2 Obtocz kawałki kurczaka w mące i tymianku (możesz wrzucić składniki do mocnej foliowej torby i potrząsnąć). Na patelni z boczkiem i grzybami roztop masło i dodaj kawałki kurczaka razem z mąką, która została w torbie. Smaż, mieszając, aż mięso kurczaka zacznie się rumienić.

3 Zalej zawartość patelni winem i wodą, wymieszaj, żeby składniki się połączyły, a następnie podgrzewaj 5 minut, aż sos zgęstnieje.

4 Weź 2 trzystumililitrowe naczynia do zapiekanek (jeśli masz większe, nie szkodzi, po prostu będzie więcej powietrza między sosem a warstwą ciasta) i oklej obrzeże ciastem – mam na myśli pasek mniej więcej centymetrowej szerokości. Zmocz ciasto wodą, żeby się dobrze kleiło.

5 Wytnij z ciasta kółka nieco większe od obwodu naczyń do zapiekania, żeby zrobić z nich przykrywki, i rozłóż nadzienie do naczyń.

6 Jeszcze raz posmaruj ciasto wodą i przykryj zawartość naczynia wieczkami z ciasta, dociskając krawędzie palcami albo zębami widelca.

7 Wstaw zapiekanki do piekarnika na 20 minut – obróć je o 180 stopni w połowie pieczenia. Gotowe powinny pięknie urosnąć.

2 porcje

Risotto z cheddarem

Oto pierwsze ze świętej trójcy dań serowych poprawiających nastrój. W idealnie ciągnącym się, stopionym serze jest coś takiego, co koi duszę i wzmacnia ciało.

Włosi mogliby być zaskoczeni (dlatego między innymi przepis nie trafił do rozdziału *Presto! Presto!*), ale to się sprawdza: kleisty ryż i ostry cheddar doskonale kontrastują ze sobą.

Robię to danie w dni, kiedy mam potrzebę ucieczki do kuchni, gdzie mogę przez 20 minut odprężyć się, mieszając i gapiąc się bezmyślnie przed siebie. Gorąco polecam.

1 łyżka masła	125 ml białego wytrawnego wina
1 łyżka oleju	$1/2$ łyżeczki musztardy diżońskiej
młode małe pory (albo grube dymki), pokrojone w cienkie plasterki	1 litr gorącego bulionu warzywnego
	125 g cheddara, posiekanego
300 g ryżu do risotto	2 łyżki posiekanego szczypiorku

1 Masło z olejem rozgrzej na średniej patelni i podsmażaj pokrojone pory/dymki na niewielkim ogniu, aż zmiękną.

2 Dosyp ryż i mieszaj przez minutę, a następnie zwiększ ogień, dolej wino i dodaj musztardę. Mieszaj, aż ryż wchłonie wino.

3 Dolewaj bulion po jednej chochli, a po każdej wlanej porcji mieszaj i czekaj, aż ryż wchłonie płyn. Dopiero wtedy wlewaj następną chochlę.

4 Mieszając, gotuj ryż, aż będzie *al dente* (około 18 minut). Dodaj ser i mieszaj, aż się roztopi.

5 Zdejmij patelnię z ognia, ciągle mieszając, nałóż risotto na podgrzane talerze i posyp posiekanym szczypiorkiem.

2 porcje jako danie główne, 4 jako przystawka

Zapiekanka makaronowa

Jakżebym mogła pominąć przepis na zapiekankę makaronową w rozdziale o potrawach, które poprawiają nastrój? Ma on jednak pewną wadę: robienie zasmażki i białego sosu nie każdemu wyda się relaksujące; zdaję sobie sprawę, że taka terapia zajęciowa, którą sama sobie ordynuję, nie jest dobra dla wszystkich.

   Podam zatem skróconą wersję: bez sosu serowego, za to z dużą ilością sera zmieszanego z jajkami oraz mlekiem skondensowanym. Pycha.

250 g włoskiego makaronu rurki
250 g dojrzałego cheddara albo red Leicestera (albo jednego i drugiego)
250 g niesłodzonego mleka skondensowanego
2 jajka
szczypta świeżo startej gałki muszkatołowej
sól i pieprz

1 Rozgrzej piekarnik do 220°C. Ugotuj makaron zgodnie z instrukcją na opakowaniu, odsącz i wsyp z powrotem do gorącego garnka.

2 Gdy makaron się gotuje, zmiksuj ser z mlekiem i jajkami w malakserze albo zetrzyj ser i wymieszaj wszystko ręcznie.

3 Zalej makaron przygotowanym sosem serowym, wymieszaj i dopraw do smaku solą i pieprzem.

4 Przełóż zawartość garnka do żaroodpornego naczynia o średnicy $25^{1}/_{2}$ cm (najlepsze jest płaskie i szerokie) i zapiekaj przez 10-15 minut, aż zacznie bulgotać i zrumieni się z wierzchu.

4 porcje

Grillowany ser z surówką

Przez grillowany ser rozumiem, rzecz jasna, zapiekaną kanapkę z serem na gorąco. Dodaję do niego surówkę z dwóch powodów: jest bardzo smaczna, i dzięki niej nie czuję się już tak podle, podając coś takiego na kolację. Moim zdaniem to dobry pomysł. W innym wypadku zjadłabym kolację, a potem jeszcze grillowany ser.

Jest tak pyszny, że na pewno bym nie żałowała, nawet gdyby następnego dnia sukienka miała się okazać za ciasna.

Sposób wykonania jest może trochę dziwny, ale mnie się podoba.

4 kromki białego pszennego chleba
2 łyżeczki majonezu
½ łyżeczki sosu Worcestershire
75 g cheddara w cienkich plastrach

1 pomidor, pokrojony na cienkie plasterki
pieprz
2 łyżeczki oliwy (z pierwszego tłoczenia)

1 Rozgrzej patelnię grillową.

2 Rozłóż na blacie kromki chleba. Zmieszaj majonez z sosem Worcestershire i rozsmaruj na chlebie.

3 Na dwóch kromkach połóż ser i plasterki pomidora, oprósz pieprzem i przykryj dwiema pozostałymi kromkami.

4 Trzymając kanapkę w jednej dłoni, za pomocą pędzla posmaruj oliwą zewnętrzne powierzchnie kromek; to samo zrób z drugą kanapką.

5 Ułóż kanapki na gorącej patelni i przykryj je drugą patelnią, dociskając ją puszkami z zupą, słoikami z przetworami albo, dla śmiechu, hantlami. Smaż przygniecione tosty przez 2 minuty z każdej strony.

6 Przełóż kanapki na talerze. Podawaj z surówką, jeśli masz chęć (przepis poniżej).

2 porcje

Surówka do tostów

1 jabłko red delicjusz, przekrojone na ćwiartki, bez gniazda nasiennego, pocięte na plasterki
1 marchewka, pokrojona „w zapałkę"
75 g kapusty pekińskiej pokrojonej w cienkie paseczki

½ łyżeczki kminku
1 łyżka czatneja[*] z mango
2 łyżki majonezu
1 łyżka soku z cytryny
¼ łyżeczki morskiej soli w kryształkach albo szczypta zwykłej soli

---

[*] Czatnej (chutney) – gęsty słodko-ostry sos warzywny lub owocowy używany w kuchni indyjskiej. Gotowy czatnej z mango można kupić w supermarketach i sklepach z orientalną żywnością.

1 W dużej misce wymieszaj pokrojone jabłko, marchewkę i kapustę pekińską.

2 W drugiej, mniejszej misce, zmieszaj kminek z czatnejem z mango, majonezem, sokiem z cytryny i solą. Przełóż sos do miski z sałatką i starannie wymieszaj, zanim nałożysz na talerze z tostami.

2 porcje

Owocowy miszmasz pod kruszonką

Nigdy nie wiadomo, kiedy znowu przyda się kruszonka – dlatego przygotowuję zwykle cztery porcje i chowam do zamrażalnika, gdzie spokojnie czeka, aż przyjdzie na nią pora. Można ją pokruszyć na dowolne owoce, gdy jest zamrożona i zapiec. Proste, prawda?

Co do owoców, biorę mrożoną mieszankę, której można użyć także do zrobienia innego deseru albo dżemu (na przykład malin, jeżyn, jagód, wiśni, truskawek, porzeczek…) i mieszam z kruszonką.

KRUSZONKA
100 g mąki
$^1/_2$ łyżeczki proszku do pieczenia
50 g zimnego masła pokrojonego
  w małą kostkę
3 łyżki cukru demerara

1 Wsyp do miski mąkę oraz proszek do pieczenia i zagnieć palcami z kawałkami masła, aż mieszanina będzie miała konsystencję gruboziarnistego piasku. Ilość ciasta jest tak niewielka, że nie warto sięgać po ciężką maszynerię.

2 Dodaj cukier, zagnieć i włóż kruszonkę w foliowej torbie do zamrażalnika.

Wystarczy na 4 duże porcje (jak na zdjęciu z lewej strony) albo 8 małych.

1 DUŻA PORCJA (ok. 300 ml)
100 g mrożonych owoców
  (np. malin, jeżyn, jagód,
  porzeczek, truskawek, wiśni)
1 łyżeczka skrobi kukurydzianej
2 łyżeczki cukru waniliowego
  (albo zwykłego cukru z odrobiną
  ekstraktu waniliowego)
75 g mrożonej kruszonki

1 MAŁA PORCJA (ok. 125 ml)
50 g mrożonych owoców
$^1/_2$ łyżeczki skrobi kukurydzianej
$1^1/_2$ łyżeczki cukru waniliowego
  (albo zwykłego cukru z odrobiną
  ekstraktu waniliowego)
30 g mrożonej kruszonki

1 Rozgrzej piekarnik do 220°C. Włóż mrożone owoce do większego albo mniejszego naczynia do zapiekania, oprósz skrobią kukurydzianą i posyp cukrem, a następnie przemieszaj.

2 Pokrusz na owoce zamrożoną kruszonkę i zapiekaj – w większych naczyniach przez 20 minut, w mniejszych przez 15.

1 porcja

Zawijany pudding

Czuję się lepiej, gdy tylko o tym pomyślę: deser, który zwykle przygotowuje się przez wiele godzin, jest gotowy w 30 minut. Na dodatek niewiele się przy nim robi: rozwałkowuje się pół paczki dobrego kupnego ciasta, używa polewy golden syrup*, zawija jak roladę i wrzuca do naczynia, zalewając mlekiem przed wstawieniem do piekarnika.

Pudding można podać z lodami albo z bitą śmietaną: tak czy inaczej będzie to pyszny niedzielny deser. Jednak każdy powód jest dobry, żeby zrobić go także w tygodniu.

185 g dobrego kupnego kruchego ciasta, rozmrożonego

240 g golden syrup (ew. sztucznego miodu lub masy krówkowej)
125 ml pełnotłustego mleka

1 Rozgrzej piekarnik do 200°C. Rozwałkuj ciasto do wymiaru 18x32,5 cm.

2 Polej rozwałkowane ciasto syropem, zostawiając dookoła dwucentymetrowy margines.

3 Postaw w pobliżu wysmarowane masłem podłużne naczynie do zapiekania (dł. 28 cm) i zwiń ciasto wzdłuż dłuższego boku w gruby wałek.

4 Przełóż ciasto do naczynia krawędzią do dołu i zalej mlekiem – połową z jednej strony, a połową z drugiej.

5 Zapiekaj przez 30 minut.

4 porcje – lub jedna, w wyjątkowo stresujących okolicznościach

USPOKAJACZE

---
* Patrz przypis na str. 27.

Skrzydlate babeczki

To są pierwsze ciastka, które w życiu zrobiłam – małe bajkowe babeczki z krążkami wyciętymi z własnych wierzchołków (nie zawsze czubatych, jak widać na załączonym obrazku), przekrojonymi następnie na pół i zatkniętymi w kremie, żeby wyglądały jak skrzydełka. Nawet teraz robienie takich babeczek przedziwnie mnie uspokaja. (Mówię „przedziwnie", bo w byciu dzieckiem nie ma nic kojącego. Fałszywe poczucie bezpieczeństwa, które bierze się z okłamywania samego siebie, gdy myślimy o przeszłości, jest niechybnie złem koniecznym).

Ale o czym ja w ogóle mówię? Po prostu zrób babeczki. To bardzo łatwe. Zwykle nie robię maślanego kremu, tylko ubijam śmietanę z barwnikami spożywczymi. Bardzo mi się podobają ich pastelowe kolory.

125 g miękkiego masła
125 g cukru
2 jajka
125 g mąki
½ łyżeczki sody

1 łyżeczka proszku do pieczenia
1 łyżeczka ekstraktu waniliowego
500 ml gęstej tłustej śmietany
barwniki spożywcze w dowolnych kolorach (opcjonalnie)

1. Rozgrzej piekarnik do 200°C i blachę na 12 mufinek wyłóż papilotkami.

2. W misce utrzyj masło z cukrem na kremową masę, ręcznie albo mikserem.

3. Do puszystej masy dodawaj po jednym jajku z małą ilością mąki, stale mieszając.

4. Dosyp resztę mąki, sodę i proszek do pieczenia, a na koniec dodaj ekstrakt waniliowy.

5. Nałóż do każdej foremki równą ilość ciasta.

6. Wstaw do piekarnika i piecz przez 15-20 minut, aż ciasto będzie złociste. Wyjmij babeczki w papilotkach z foremek i odłóż na metalową kratkę do wystygnięcia.

7. Gdy babeczki wystygną, odetnij wierzchołki (pod warunkiem, że raczyły wyrosnąć) albo wykrój z góry kawałek w kształcie dysku, tak jak ja (zdjęcie po lewej stronie). Następnie przetnij wykrojone kółko z ciasta na pół, żeby zrobić skrzydełka. W każdej babeczce zrób nożem wgłębienie. Do środka nałożysz bitą śmietanę, w której zatkniesz skrzydełka. Jeśli Twoje babeczki nie wyrosną, będziesz musiała po prostu wykroić większe kółko i nieco głębiej wciąć się w głąb.

8. Ubij śmietanę, aż będzie sztywna, i dodaj barwniki, jeśli chcesz. Na każdą babeczkę nałóż około 2 łyżeczek kremu.

9. Zatknij w kremie skrzydełka.

12 babeczek

Francuskie tosty pączkowe

Zwykle kuszą mnie słone przekąski – na przykład chipsy z solą i octem lub chrupki albo krakersy z serem – ale czasem muszę zjeść pączka i już. Takie pragnienie potrafi nadejść pośród głębokiej nocy, kiedy wszystkie sklepy są zamknięte, a nawet gdyby nie były, w żadnym nie da się kupić pączków, o których marzę. Oto mój sposób na zaspokojenie apetytu, spełnienie pragnienia, czy raczej – odurzenie. Warto również wziąć pod uwagę gorącą czekoladę, ale i same tylko – tylko! – tosty przynoszą natychmiastową ulgę.

Jeśli chcesz, możesz zmienić je w niby-pączkowy deser, który można podać po obiedzie. Zmiel w blenderze 150 g truskawek bez szypułek z 4 łyżeczkami cukru pudru i odrobiną soku z cytryny i nałóż taki sos na tosty.

2 jajka
4 łyżeczki ekstraktu waniliowego
60 ml tłustego mleka
4 małe kromki białego chleba tostowego (albo 2 duże przekrojone na pół)

25 g masła + odrobina bezwonnego oleju do smażenia
50 g miałkiego cukru

1 W płaskim szerokim naczyniu roztrzep jajka z mlekiem i ekstraktem waniliowym.

2 Zamocz kromki chleba w jajecznej mieszaninie na 5 minut z każdej strony.

3 Rozgrzej masło z olejem na patelni i obsmażaj nasączone kromki chleba, aż będą złociste i miejscami mocniej przypieczone z obu stron.

4 Wysyp cukier na talerz i obtocz w nim tosty, aż pokryją się nim jak pączki.

2 porcje

Absolutnie czekoladowe ciasteczka

Równie kojąco jak czekolada, wpływa na mnie lektura książek kucharskich. Ten przepis łączy moje dwie pasje – ciastka zawierają obłędną ilość czekolady, a odkryłam je, czytając cudowną lekturę: *Big Fat Cookies* Elinor Klivans*. Robię ciastka z całej porcji ciasta (trudno zrobić mniej, bo taka porcja zawiera tylko jedno jajko), ale piekę tylko połowę, a połowę zamrażam. Mrożę je na niewielkiej blasze, a kiedy stwardnieją, przekładam do foliowej torebki, szczelnie zamykam i wrzucam z powrotem do zamrażalnika. Piekę je później nierozmrożone. Tym sposobem mam 6 ciasteczek, którymi mogę bez wysiłku uszczęśliwić siebie i rodzinę.

To się nazywa lokata. Warto zainwestować – na pewno nigdy nie jadłaś bardziej czekoladowych ciasteczek.

125 g gorzkiej czekolady (min. 70% zawartości miazgi kakaowej)
150 g mąki
30 g kakao, przesianego
1 łyżeczka sody
1/2 łyżeczki soli
125 g miękkiego masła

75 g brązowego cukru
50 g cukru
1 łyżeczka ekstraktu waniliowego
1 jajko z lodówki
350 g kawałków gorzkiej czekolady albo groszków lub płatków czekoladowych

1 Rozgrzej piekarnik do 170°C. Rozpuść 125 g gorzkiej czekolady w mikrofalówce albo w misce postawionej na garnku z parującą wodą.

2 Wsyp do miski mąkę, kakao, sodę i sól.

3 W drugiej misce utrzyj masło z oboma rodzajami cukru. (Ja robię to za pomocą wolno stojącego miksera, który sam w sobie stanowi źródło mojego psychicznego komfortu). Dodaj stopioną czekoladę i wymieszaj.

4 Dodaj do czekoladowej masy jajko oraz ekstrakt waniliowy i wymieszaj. Następnie dodaj sypkie składniki, wymieszaj i dodaj czekoladę w kawałkach lub groszkach.

5 Odmierz 12 równych porcji – najlepsze narzędzia to łyżka do lodów i wąska metalowa łopatka – i połóż je na blasze wyłożonej papierem do pieczenia, w odległości 5-6 cm od siebie. Nie rozpłaszczaj ciasta.

6 Piecz 18 minut, potem wbij w ciastko szpikulec. Po wyjęciu powinien być wilgotny, ale nie mokry i oblepiony ciastem. Jeśli trafisz w kawałek czekolady, spróbuj jeszcze raz.

7 Odstaw ciastka na blasze do pieczenia, żeby trochę przestygły, a po 4-5 minutach przełóż je na metalową kratkę, żeby stwardniały i wystygły całkowicie.

12 ciastek

---

* Patrz *Podziękowanie* na str. 380.

Szybkie przyjęcie

Czasem goście wpadają na kolację, a czasem trzeba urządzić przyjęcie. Sęk w tym, że chociaż przyjęcie zwykle się planuje, to nie zawsze jest czas, żeby je przygotować. Możesz się uważać za szczęściarę. Sztywne i oficjalne okazje darzę wyjątkowo silną niechęcią. Uważam przy tym, że nie mając zbyt wiele czasu, nie przesadzimy z przygotowaniami i uda nam się zorganizować przyjęcie, na którym wszyscy będziemy się dobrze bawić.

Kłopot z opracowanymi w najdrobniejszych szczegółach, perfekcyjnie przygotowanymi przyjęciami polega na tym, że goście spełniają rolę trybików w maszynie. Nie przejmujemy się tym, czy dobrze się bawią, tylko czy wszystko idzie zgodnie z planem. Brzmi znajomo?

Nie mam nic przeciwko wyjęciu najlepszej porcelany i przystrojeniu stołu, uważam tylko, że stół uginający się pod jedzeniem zawsze wygląda pięknie, niezależnie od urody zastawy. Jeśli zaś chodzi o party koktajlowe, w czasie którego raczej sięga się po drobne przekąski, a nie siedzi za stołem i zajada, to zgadzam się, że trzeba podjąć każdy wysiłek. Nie znaczy to jednak, że musisz się dwa dni wcześniej zwalniać z pracy, żeby przygotować mieszkanie na przyjęcie gości. Jestem za prostymi rozwiązaniami. Każdą wolną powierzchnię – półki, gzyms kominka, stoliki – ozdabiam winogronami i innymi owocami, by przywodziły na myśl przepych rzymskich bachanaliów. Chcę otoczyć gości obfitością dóbr, które mają się pysznić, wylewając się z każdego kąta.

Myślę, że kwiaty się przydają, ale w umiarkowanych ilościach: nie ustawiaj przykuwających uwagę drogich bukietów, wybierz raczej drobniejsze rośliny, które będą się dobrze prezentowały w niewielkich wazonach. Mówiąc „w wazonach", mam na myśli nieduże butelki, naczynia i dzbanki – każdy pojemnik, który wyda Ci się inspirujący. Mnie na przykład podobają się słoiczki po francuskich jogurtach i – choć może się to wydać dość ekscentryczne – puste puszki: po włoskich pomidorach, oliwkach, kasztanach, masie krówkowej, po rozmaitych egzotycznych składnikach, zwłaszcza jeśli na opakowaniach są napisy w obcych językach. To fantastyczne wazony na kwiaty, zwłaszcza gdy ustawi się ich naprawdę sporo. W kółko kupuję na eBay-u rozmaite słoiczki i naczynka i ustawiam je, przybrane gałązką lub dwiema to tu, to tam. To nie muszą być kwiaty: pomyśl o natce pietruszki, gałązkach rozmarynu i mięty, czy innych listkach, które akurat masz pod ręką. Cokolwiek by to było, warto powtykać roślinki do wielu małych naczynek. Dom przybrany owocami, kwiatami i innymi uroczymi drobiazgami wprowadza mnie w radosny nastrój.

Zmysł praktyczny również jest niezbędny, więc nie zapomnij o talerzykach na odpadki, popielniczkach – przepraszam, jeśli urażę lobby antynikotynowe – oraz serwetkach (wystarczą papierowe). Moja mama nie powstrzymywała się nawet przed podaniem miseczek do płukania palców, może więc warto pamiętać o niewielkich naczyniach napełnionych ciepłą wodą z plasterkiem cytryny albo kilkoma kroplami wody różanej, jeśli lubisz egzotykę. Jednakże w dzisiejszych czasach nie za często się ich używa, więc Twoja zapobiegliwość pewnie pójdzie na marne i okaże się, że rzucasz perły przed wieprze – jeśli mogę się tak wyrazić o Twoich znajomych.

Kingsley Amis[*] powiedział kiedyś, że najbardziej przygnębiające pytanie, które można zadać po angielsku, brzmi: „Białe czy czerwone?" – wspominam je za każdym razem, kiedy wydaję przyjęcie. Jemu akurat chodziło o whisky, ale nie trzeba wcale sięgać

---

[*] Kingsley Amis (1922-1995) – angielski poeta, prozaik i krytyk literacki.

po mocne trunki, wystarczy dodatek, który nada ton całemu przyjęciu. Jeśli spotkanie jest raczej kameralne, możesz zrobić coś takiego: weź dużo wytrawnego wina musującego, zadbaj o to, by było dobrze schłodzone, a obok postaw smakowe syropy – takie jakie barmani trzymają za barem. Nalej każdemu kieliszek wina i pozwól eksperymentować ze smakami. Syropy Monin – kupione przeze mnie dla wygody w sklepie internetowym www.thedrinkshop.com (u nas www.kuger.pl) tak samo jak większość likierów, których potrzebuję – wyglądają jak kolorowa armia maszerująca przez kuchnię. Ulubionymi (moimi i moich przyjaciół) dodatkami do musującego wina są syrop różany, arbuzowy, z granatów i marakui. Na bożonarodzeniowych przyjęciach podaję jeszcze inne (pomyśl o syropie żurawinowym, głogowym, orzechowym z nutą toffi albo piernikowym i zerknij na stronę 316 i 318). Co ciekawe, doskonale smakują też z piwem. A skoro o piwie mowa – jeśli je podajesz na przyjęciu (a powinnaś, zwłaszcza latem albo kiedy w grę wchodzą tańce), musi być zimne aż do bólu.

Co do jedzenia, moim zdaniem wcale nie trzeba przygotowywać całej masy różności. Zwykle wybieram trzy potrawy, ale robię je w dużych ilościach. Cokolwiek by to było, zawsze warto pomyśleć o tacach z pieczonymi kiełbaskami koktajlowymi. Przyjęcie bez kiełbasek się nie liczy. Wstawienie do piekarnika, a później wyjęcie blachy z kiełbaskami nie jest pracochłonne. Gdybyś jeszcze bardziej chciała sobie ułatwić zadanie, możesz użyć jednorazowych aluminiowych blaszek do pieczenia. Nie mam nic przeciwko rozstawieniu w pokoju drobnych kupnych przekąsek. Dopóki częstuje się gości prawdziwym jedzeniem, w podaniu zniewalających japońskich chrupków ryżowych nie ma nic złego. Ja najbardziej lubię małe okrągłe, pokryte wasabi, które można czasem kupić w specjalistycznych sklepach, tylko że one są naprawdę wściekle ostre, więc nie każdemu będą smakować.

Podejmowanie gości wyjątkowym obiadem, kiedy nie bardzo ma się czas na przygotowania, też nie musi nastręczać trudności. Jestem przekonana, że sens ma podanie czegokolwiek poza luzowanymi przepiórkami czy watą cukrową. Jedzenie powinno być proste, za to nastrój upojny. Mój pomysł na ugoszczenie przyjaciół nie polega na zrobieniu wrażenia za wszelką cenę, tylko na wyczarowaniu wieczoru, który zachwyci każdego przy możliwie małym nakładzie pracy.

Na koniec słówko o najtrudniejszym elemencie każdego półformalnego przyjęcia: zasadzie rozmieszczania gości przy stole. Nie cierpię planować, w jakim porządku mają siedzieć goście. Jeśli się go ustali, ludzie się boczą, że miejsce im nie pasuje. Jeśli się go nie ustali, wszyscy kręcą się nerwowo, nie wiedząc, co ze sobą zrobić, i nie siadają wcale, a ja i tak muszę szybko wymyślić jakiś harmonogram. Tak źle i tak niedobrze.

Mam sposób i na to. Numeruję po prostu wszystkie miejsca, a drugi komplet numerków na kartkach wkładam do kapelusza (kupuję bloczki bilecików albo robię je sama) i proszę, żeby każdy przy wejściu sięgnął po karteczkę. Dzięki temu wszyscy wiedzą, gdzie jest ich miejsce, i nie mają problemu z wyborem. Jeśli koniecznie chcesz posadzić na przemian mężczyzn i kobiety – chociaż muszę powiedzieć, że nie przykładam do tego wagi – przygotuj jeden plik karteczek różowych, a drugi niebieskich i ustaw przy wejściu w dwóch kapeluszach albo innych naczyniach. Trzeba przyjąć jakiś system, choćby na chybił trafił. Takie jest życie.

Martini Zielone Jabłuszko

To jest koktajl z biglem, a do tego zniewalająco pyszny. Muszę powiedzieć, że kieliszek wypity przed wyjściem na przyjęcie natychmiast wprowadza mnie w doskonały nastrój. Lepiej się czuję następnego dnia, jeśli wypiję drinka przed, a wodę (najchętniej gazowaną – a co tam, raz się żyje) w trakcie przyjęcia.

Chociaż to klasyczne *Sour Apple Martini*, zwykle mówię o nim *Kryptonit**. Jaskrawa zieleń płynu jest naprawdę nadzwyczajna.

Podaję proporcje na jeden kieliszek, bo lepiej przyrządzać każdy drink oddzielnie i wręczać gościom, gdy o niego poproszą. Nie polecam podawania koktajlu tłumowi gości, ale kiedy kilka osób wpada po całym dniu pracy, taki drink na początku przyjęcia pomaga im się rozluźnić. Jeśli wolisz przygotować większą ilość napojów, zrób dzbanek Białej Damy ze strony 57 albo koktajl *Ginger Pom* (przepis poniżej).

25 ml wódki albo ginu
25 ml likieru Sour Apple**
12 ml syropu (Monin) Green Apple
cząstka jabłka (np. Granny Smith)

1 W kieliszku do Martini zalej wódką albo ginem dużą ilość lodu, a następnie dodaj likier i syrop jabłkowy.

2 Odkrój cząstkę jabłka i usuń gniazdo nasienne. Natnij skórkę i miąższ pionowo i zatknij cząstkę na krawędzi kieliszka.

1 drink – i to jaki!

Koktajl Ginger Pom

Na początku był to bezalkoholowy drink dla abstynentów (oczywiście bez likieru) i nadal robię go w tej postaci. Trafiłam jednak na likier z granatów i od razu wiedziałam, że tu jest jego miejsce. Koniecznie zrób dwa dzbanki, jeden w wersji „z procentami", a drugi z samym sokiem z granatów i *Dry ginger ale****, jednak dla pewności jakoś je odróżnij – na przykład wrzucając plasterki limonki do dzbanka z odmianą bezalkoholową. Sprawdź, czy oba napoje są smaczne i zimne.

1 część likieru z granatów PAMA****
2 części soku z granatów
2 części *dry ginger ale*
kostki lodu

1 Cóż mogę powiedzieć? Wymieszaj składniki i wlej napój do dzbanka z lodem.

1 porcja

---

* Kryptonit – legendarna zielona substancja pochodząca z rodzinnej planety Supermana.
** Likier Sour Apple – kwaśny, w odróżnieniu od słodkiego likieru jabłkowego Manzanita.
*** *Dry ginger ale* – bezalkoholowy musujący imbirowy napój słodowy, czasem mylnie nazywany „piwem imbirowym".
**** Likier z granatów PAMA, produkowany w PAMA sprits Co. w Kentucky.

Placuszki ziemniaczane z wędzonym łososiem

Zrobiłam w życiu mnóstwo placków ziemniaczanych, ale te są chyba najłatwiejsze. Sama siebie zaskoczyłam, robiąc je z purée ziemniaczanego w proszku, ale kiedyś musi być pierwszy raz. Są naprawdę pyszne, więc nie ma sensu się obwiniać. Jeśli jednak samo posiadanie czegoś takiego w spiżarni sprawia, że czujesz się jak ostatnia łazęga, idź do drogiego sklepu ze zdrową żywnością i kup paczkę ekologicznych płatków ziemniaczanych. Całkowicie Cię rozumiem.

Jeśli zrobisz je ze 100 g błyskawicznego purée w proszku bez dodatku mąki i proszku do pieczenia, otrzymasz fantastyczne zwarte placuszki, w sam raz do smażonego śniadania. Idealnie wchłaniają wszelkie sosy i pozostały na talerzu tłuszczyk. Tutaj jednak przyda się wersja bardziej elegancka. Możesz nimi poczęstować gości na przyjęciu koktajlowym albo ułożyć na talerzu jako jedną z przekąsek, a obok postawić w miseczce trochę crème fraîche albo kwaśnej śmietany.

3 jajka
125 ml tłustego mleka
2 dymki, drobno pokrojone
2 łyżki oliwy
60 g purée w proszku
40 g mąki
1/2 łyżeczki proszku do pieczenia
1/2 łyżeczki soku z cytryny
300 g wędzonego łososia w plastrach
mały pęczek koperku

1 Zmieszaj w szerokim dzbanku jajka, mleko, posiekaną dymkę i oliwę.

2 Dodaj purée w proszku, mąkę i proszek do pieczenia, a na końcu sok z cytryny.

3 Rozgrzej patelnię i nakładaj łyżką małe porcje ciasta.

4 Smaż ok. 30 sekund z każdej strony, aż ciasto się zetnie i zezłoci.

5 Kiedy placuszki będą usmażone i nieco przestygną, podziel plastry łososia na niewielkie kawałki i ułóż je na placuszkach.

6 Zrób przybranie z małych gałązek koperku.

30 placuszków

Ekspresowe crostini* z humusem z zielonego groszku i awokado

Uwielbiam awokado, zwierzyłam się również z mojej słabostki względem konserwowego groszku. To całkiem naturalne, że pewnego dnia postanowiłam spróbować ich razem. Nie zabrzmi to zbyt skromnie, ale odniosłam pełen sukces. Nie masz pojęcia, jak szybko zniknęły wszystkie kanapeczki.

Zrobienie humusu z awokado i groszku to fraszka. Można sobie jeszcze dodatkowo ułatwić życie, używając paczki gotowych okrągłych kanapeczek z pumpernikla. Jeśli ich nie znajdziesz w sklepie, kup bagietkę i pokrój – tak jak podałam na stronie 239. Przede wszystkim jednak powinnaś spróbować pumpernikla.

Zieloniutkiego humusu możesz także użyć jako dipu. Powinnaś go wtedy zrobić naprawdę sporo (można dodać łyżkę-dwie twarożku Filadelfia) i podać z młodymi strączkami zielonego groszku, pokrojoną w długie paski słodką papryką i innymi surowymi warzywami.

Oczywiście możesz zastąpić groszek z puszki groszkiem mrożonym – albo świeżym – który trzeba ugotować, zmiksować i ostudzić przed wymieszaniem z miąższem awokado. W tej wersji humus jest równie pyszny, ale mniej ekspresowy.

1 dojrzałe awokado
łyżka soku z limonki
½ ząbka czosnku, zmiażdżonego
1 łyżeczka morskiej soli w kryształkach albo ½ łyżeczki zwykłej soli

1 puszka (300 g) zielonego groszku, odsączonego
30 okrągłych koktajlowych kromek pumpernikla albo 8 zwykłych prostokątnych, przeciętych na 4 części

1 Włóż do malaksera miąższ awokado, dodaj sok z limonki i zmiażdżony czosnek.

2 Dosyp sól oraz groszek i zmiel na gładkie, żabiozielone purée.

3 Posmaruj humusem kromki pumpernikla i podaj je na dużej tacy.

30 kanapeczek

---

* Crostini (wł.) – małe grzanki. Tu: niewielkie kanapeczki.

Wrapy z tuńczykiem i mięsem kraba

Nigdy się nie spodziewałam, że kiedykolwiek będę miała ochotę bawić się w zawijanie wrapów. Jednak kiedy spróbowałam, okazało się to całkiem w porządku – a nawet więcej niż w porządku. Taką przekąskę łatwo się przygotowuje, a goście są wniebowzięci. Wrapy urozmaicają przygotowania bez konieczności ślęczenia godzinami nad kuchenką.

Dodałam wersję krabową, bo rozumiem, że nie każdy lubi jeść i parać się przyrządzaniem dań z surowym tuńczykiem. Jednak bardzo Cię proszę, spróbuj: to nic strasznego. Poproś tylko sprzedawcę o doskonale świeżego tuńczyka i podaj go tego samego dnia.

W obu przepisach jednostką podstawową jest 1 wrap – składników wystarczy, żeby napełnić jedną tortillę, którą z kolei dzieli się na 3 porcje.

WRAP Z TUŃCZYKIEM
- 1 łyżeczka majonezu
- 1/2 łyżeczki pasty wasabi
- 1-2 krople oleju sezamowego
- 1 cienka pszenna tortilla
- 1/2 marchewki, obranej i pokrojonej „na zapałkę"
- 1/4 ogórka, przeciętego na pół, bez pestek, pokrojonego „na zapałkę"
- 75 g surowego mięsa tuńczyka, pokrojonego na prostokąty o wymiarach 2x3 cm

1 Wymieszaj majonez z pastą wasabi oraz olejem sezamowym w niewielkiej miseczce. Przygotowaną mieszanką posmaruj tortillę z jednej strony.

2 Ułóż marchewkowe słupki w poprzek całej tortilli, 2-3 cm od brzegu.

3 W ten sam sposób ułóż na marchewce słupki ogórkowe. Mogą trochę spadać na boki.

4 Przykryj warzywa kawałkami tuńczyka w ten sposób, żeby było łatwo wszystko zawinąć w tortillę.

5 Zwiń wrap najciaśniej jak zdołasz, zaczynając od swojej strony, tak by powstał naleśnik w kształcie grubego kubańskiego cygara.

6 Przekrój wrap w poprzek na 3 części.

WRAP Z KRABEM I AWOKADO
- 70 g białego mięsa z krabów
- 1 łyżeczka majonezu
- 1/2 łyżeczki pasty wasabi
- 1-2 krople oleju sezamowego
- 1/2 awokado
- 4 łyżki pokrojonej w cienkie paski sałaty lodowej
- odrobina soku z cytryny
- cienka pszenna tortilla

1. Włóż do miski mięso kraba, dodaj majonez, wasabi oraz olej i wymieszaj.
2. Nałóż przygotowaną mieszankę krabową w poprzek całej tortilli, 2-3 cm od brzegu.
3. Weź nieobraną połówkę awokado, wyjmuj kawałki miąższu łyżeczką, tak żeby miały kształt grubych wiórów, po czym ułóż na paście krabowej.
4. Posyp wszystko pokrojoną sałatą i spryskaj sokiem z cytryny.
5. Zwiń ciasno tortillę od swojej strony w kształt grubego kubańskiego cygara i przetnij w poprzek na 3 części.

Z obu przepisów otrzymasz 6 wrapów

Szaszłyki z soczystej wołowiny z dipem chrzanowym

To kolejne danie, które możesz zaproponować gościom na przyjęciu bufetowym albo jako przystawkę do obiadu jedzonego przy stole.

Świeży korzeń chrzanu można kupić bez trudu, ale do marynaty można w zamian użyć tej samej ilości tartego chrzanu ze słoika.

Jeśli chcesz podać także szaszłyki jagnięce, pokrój w kostkę mięso z udźca, zastąp chrzan w marynacie mieszanką składającą się z łyżeczki mielonego kminu rzymskiego oraz mielonych ziaren kolendry, i zrób dip z dobrego kupnego humusu zmieszanego z greckim jogurtem naturalnym. Następnie skrop mięso oliwą i posyp pestkami granatu.

500 g rumsztyku wołowego
1 1/2 łyżki dobrej jakości octu winnego albo balsamicznego
3 łyżki chrzanu – świeżo tartego albo gotowego ze słoika
2 łyżki listków świeżego rozmarynu (albo 1 łyżeczka suszonego) i pęczek świeżego rozmarynu do przybrania (opcjonalnie)

60 ml oliwy
2 łyżki sosu Worcestershire
2 łyżki porto
200 g crème fraîche albo kwaśnej śmietany
1/2 łyżeczki musztardy diżońskiej
1/4 łyżeczki morskiej soli w kryształkach albo duża szczypta zwykłej soli
4 łyżki posiekanego szczypiorku

1 Pokrój wołowinę w 2,5-centymetrową kostkę i włóż do foliowej torby razem ze świeżo startym chrzanem albo 1 łyżką chrzanu ze słoika. Dodaj 2 łyżki świeżego rozmarynu (albo 1 łyżkę suszonego) oraz oliwę, sos Worcestershire i porto. Odłóż mięso przynajmniej na 20 minut (a najlepiej na noc), do lodówki.

2 Kiedy mięso będzie się ogrzewać do temperatury pokojowej, namocz w wodzie drewniane szpikulce do szaszłyków.

3 Przygotuj dip, mieszając crème fraîche albo kwaśną śmietanę z pozostałymi dwiema łyżkami chrzanu, musztardą, solą i szczypiorkiem (zostaw nieco szczypiorku do posypania dipu przed podaniem).

4 Rozgrzej grillową albo żeliwną patelnię, nadziej po 3-4 kawałki mięsa na każdy szpikulec, połóż na gorącej patelni i przewróć po 2 minutach. Smaż 2 minuty z drugiej strony, a następnie przełóż na talerz wyłożony – ewentualnie – gałązkami rozmarynu. Nie podawaj mięsa prosto z patelni.

Około 10 szaszłyków

Czerwona sałata z figami i szynką Serrano*

Taką sałatę robi się zaledwie kilka minut, a jest przepiękna. Nie przesadzam; jest coś sugestywnego w widoku piętrzących się purpurowych liści, fig o czerwonym miąższu i ciemnoróżowych plasterków szynki. Uwielbiam ostry smak sera Manchego**, którego płatkami posypuje się sałatę. Nie wpadaj w popłoch, jeśli nie uda Ci się go kupić (chociaż u mnie w supermarkecie go sprzedają). Użyj wiórków pecorino*** albo parmezanu.

1 główka radicchio
200 g młodych listków botwinki
   (albo 2 paczki gotowej mieszanki
   sałat o czerwonawym odcieniu)
2 łyżeczki octu z sherry
   (albo czerwonego octu winnego)
2 łyżki oliwy z pierwszego tłoczenia
szczypta soli
8 świeżych fig przekrojonych na ćwiartki
275 g szynki Serrano
   w cieniutkich plastrach
50 g sera Manchego

1 Podrzyj radicchio na niewielkie kawałki i wymieszaj z pozostałymi liśćmi.

2 Zmieszaj w miseczce ocet, oliwę oraz sól i polej sałatę.

3 Najpiękniej jak potrafisz ułóż na sałacie ćwiartki fig i paseczki szynki. Następnie zetnij cieniuteńkie płatki sera obieraczką do warzyw i rozrzuć swobodnie tu i ówdzie na całej kompozycji.

8 porcji

---

* Serrano – hiszpańska szynka długodojrzewająca – solona i suszona, niewędzona.
** Manchego – hiszpański owczy ser z regionu La Mancha.
*** Pecorino – twardy dojrzewający ser owczy z włoskiego regionu Lazio.

Przegrzebki zapiekane na muszlach

Nie do wiary – takie proste, a takie pyszne. Po przegrzebki wolę chodzić do sklepu rybnego, zresztą nie wydaje mi się, żeby je sprzedawali w supermarkecie.

Nie trzeba odcinać koralu*, ale ja zwykle przyrządzam z przegrzebków dwa oddzielne dania. Smażę koral następnego dnia z odrobiną masła i oleju czosnkowego i zjadam na kromce świeżego chrupiącego chleba albo na toście, skropiony sokiem z cytryny i posypany posiekaną natką.

Przegrzebki to właściwie przystawka, ale według mnie wtrząchnięcie zawartości paru muszelek wieczorem to jeden z lepszych pomysłów na kolację.

6 muszli przegrzebków
18 przegrzebków (lub 24, jeśli są niewielkie), bez koralu
100 g porozrywanego miąższu świeżej bułki
6 łyżeczek masła
1 limonka, przecięta na pół
1 1/2 łyżeczki oleju czosnkowego
sól i pieprz

1. Rozgrzej piekarnik do 250°C (musi być naprawdę gorący). Muszle umyj, osusz i ułóż na blasze do pieczenia.

2. Włóż mięso przegrzebków do miski i posyp pokruszonym miąższem bułki. Wymieszaj, żeby małże dokładnie pokryły się bułką.

3. Na każdej muszli ułóż po 3 kawałki mięsa i posyp odrobiną bułki, która pozostała na dnie miski.

4. Na zawartości każdej muszli połóż łyżkę masła, skrop przegrzebki sokiem z limonki, polej 1/4 łyżeczki oleju czosnkowego i oprósz solą oraz pieprzem do smaku.

5. Wstaw przegrzebki do piekarnika na 15-20 minut – bułka musi być chrupiąca, a stopione masło wokół krawędzi muszli powinno ściemnieć.

6 porcji

---

* Koral – pomarańczowa ikra przegrzebka.

Pierś kaczki z pestkami granatu i miętą

Oto idealne danie obiadowe do podania na przyjęciu: łatwo się je robi, sposób podania nie jest skomplikowany, a wygląda – i smakuje – wybornie.

Kaczkę możesz usmażyć na grillowej patelni, zamiast ją obsmażać i piec, ale w czasie smażenia kuchnia jest strasznie zadymiona.

Radzę Ci, żebyś poprosiła kogoś o pomoc przy krojeniu. Rzecz jasna, pokrojenie kaczej piersi to nic trudnego, ale ponieważ pierwsze plasterki będą zimne, zanim ostatnie spoczną na półmisku, przyśpieszenie tego procesu ma sens. Chociaż właściwie nie jest to konieczne: temperatura podania plastrów kaczego mięsa ozdobionego klejnotami pestek granatu nie ma aż takiego znaczenia.

4 filety z kaczej piersi
200 g rukoli, rukwi wodnej albo młodych liści botwiny (lub mieszanki sałat)
1 owoc granatu
niewielki pęczek albo torebka mięty

1 Rozgrzej piekarnik do 220°C.

2 Rozgrzej na kuchence patelnię, którą można wstawić do piekarnika, i smaż na dużym ogniu około minuty filety z kaczej piersi ułożone skórą do dołu.

3 Odwróć filety na drugą stronę i wstaw patelnię do rozgrzanego piekarnika na ok. 15 minut.

4 Wyjmij mięso z piekarnika i odłóż na deskę do krojenia na czas, kiedy będziesz przygotowywać następne składniki. Jeśli chcesz, żeby filety pozostały dłużej na tym etapie, wyjmij je z piekarnika w trzynastej minucie pieczenia, owiń folią aluminiową i odłóż do momentu, aż będą Ci potrzebne.

5 Wyłóż liśćmi sałaty duży płaski półmisek do mięs.

6 Pokrój filety jak najcieniej po przekątnej, ułóż plastry na sałacie i polej mięsnymi sokami pozostałymi na patelni.

7 Przekrój owoc granatu na pół, wytrząśnij pestki z jednej połówki, a sokiem wyciśniętym z drugiej – tak po prostu, ręką – polej kaczkę.

8 Porwij garść liści mięty na niewielkie kawałki i posyp nimi mięso.

8 porcji

Smażona sarnina z różowym sosem jabłkowym na ginie i z zapiekanymi młodymi porami

To danie ma w sobie stonowaną elegancję, chociaż od Ciebie, czyli kucharza, nie wymaga zbyt wiele wysiłku. Wolę smażyć sarninę niż ją piec, bo mięso jest chude i przy smażeniu nie powstają kłęby dymu, ale jeśli chcesz ją wrzucić do piekarnika, proszę bardzo.

Do tego dania lubię podawać marynowaną czerwoną kapustę; jej pikantny smak świetnie współgra ze zwartym słodkawym mięsem. Nie trzeba nic więcej, zwłaszcza kiedy planuję także któryś z deserów opisanych dalej. Możesz jednak rozważyć podanie jakiegoś niezobowiązującego dodatku; dobre chipsy ziemniaczane, zagrzane w piekarniku, stanowią uzupełnienie, któremu – choć jest mało dietetyczne – nikt nie zdoła się oprzeć.

750 g combra z sarny
125 ml ginu
2 łyżeczki sosu Worcestershire
60 ml oliwy

2 łyżeczki ziaren czarnego pieprzu
1 cebula pokrojona w ćwiartki
2 owoce anyżu gwiazdkowatego
2 ząbki czosnku, zmiażdżone

1 Włóż sarninę do dużej mocnej torby foliowej i dodaj pozostałe składniki. Odłóż do lodówki przynajmniej na 20 minut lub, jeśli możesz, na 2 godziny, a nawet na noc.

2 Gdy przyjdzie pora smażyć mięso, bardzo mocno rozgrzej dużą, grubą patelnię.

3 Wyjmij sarninę z marynaty (pozostałości można wyrzucić), dokładnie otrząśnij z płynu, połóż na patelni i smaż mniej więcej 15 minut, często obracając mięso, aż pojawią się na nim ciemne ślady od przysmażania. Gdy mięso będzie gotowe, przełóż je na deskę, żeby chwilę poleżało pod luźnym namiotem z folii aluminiowej, zanim pokroisz je w cienkie plastry.

6 porcji

Różowy sos jabłkowy na ginie

Nie kupuj gotowego sosu jabłkowego w słoiku; właśnie ten dodatek czyni sarninę tak wyjątkową. Jeśli masz tarkę na korbkę (nie są zbyt drogie), zrobienie takiego przecieru jest śmiesznie łatwe.

5 dymek (tylko białe części), drobno posiekanych
2 łyżki masła
szczypta soli

3 jabłka red delicjusz
2 łyżki + 1 łyżeczka ginu
sok z 1 cytryny
1 czerwona papryczka chili w całości

1 W szerokim rondlu z pokrywką podsmaż na maśle posiekane dymki z odrobiną soli, żeby się nie przypaliły.

2 Pokrój jabłka na ćwiartki (nie zawracaj sobie głowy gniazdem nasiennym) i włóż do rondla razem z cebulą. Dolej 2 łyżki ginu oraz sok z cytryny, dodaj chili i dobrze wszystko wymieszaj.

3 Przykryj rondel pokrywką i gotuj na średnim ogniu, aż jabłka zmiękną (to nie powinno potrwać dłużej niż 20 minut).

4 Wyjmij chili z rondla i przetrzyj jabłka przez tarkę na korbkę albo przez sitko. Skórka zabarwi sos na kolor różu do policzków. Dodaj pozostałą łyżeczkę ginu, dopraw do smaku i wymieszaj.

5 Podaj różowy sos w oddzielnej miseczce albo nałóż go z jednej strony na półmisek z sarniną.

Dodatek do sześciu porcji

Zapiekane młode pory

Pory są pyszne jako dodatek, ale muszę Ci zdradzić, że doskonale smakują polane odpowiednim dressingiem, podane jako przystawka. Jeśli nie uda Ci się znaleźć młodych, cienkich porów – chociaż obecnie sprzedaje się zastraszające ilości młodych warzyw – możesz je po prostu zastąpić grubszymi dymkami.

> **300 g młodych cienkich porów**
> **3 łyżki oleju czosnkowego**
> **1 łyżeczka morskiej soli w kryształkach albo ½ łyżeczki zwykłej soli**
> **sok z ½ cytryny**

1 Rozgrzej piekarnik do 220°C.

2 Ułóż pory w podłużnym żaroodpornym naczyniu albo na blasze, dodaj olej oraz sól i poobracaj pory, żeby się nimi dobrze pokryły.

3 Zapiekaj warzywa w mocno rozgrzanym piekarniku przez 15 minut. Po tym czasie powinny miejscami zbrązowieć.

4 Zsuń pory na półmisek i spryskaj sokiem z cytryny.

6 porcji

Tarte fine aux pommes*

To jest szykowna wersja przyrządzanej na łapu-capu galette ze strony 156. Symetria zazwyczaj wydaje mi się doktrynerska i odstręczająca, ale równiutkie rządki jabłek są zbyt piękne, żeby się przed nią wzbraniać. Na dodatek tarta smakuje fantastycznie, a zrobienie jej to pestka. Czego chcieć więcej?

2 duże jabłka granny Smith (albo 3 mniejsze)
sok z 1 cytryny
gotowe ciasto francuskie rozmrożone i rozwałkowane na prostokąt o wymiarach 23x40 cm

2 łyżki cukru
1 łyżka masła
ewentualnie crème fraîche do podania

1 Rozgrzej piekarnik do 220°C.

2 Przekrój jabłka na połówki i wytnij gniazda nasienne. Wlej sok cytrynowy do płaskiego szerokiego naczynia i dopełnij wodą. Włóż połówki jabłek do przygotowanej wody cytrynowej – dzięki temu nie zbrązowieją.

3 Połóż rozwałkowane ciasto na dużej blasze wyłożonej papierem do pieczenia. Tępą stroną dużego noża albo metalową linijką zrób w odległości 1cm od brzegu długie nacięcia wzdłuż krawędzi okalających ciasto. Nie przecinaj ciasta, tylko je ponacinaj. Dzięki temu w czasie pieczenia dookoła jabłek wyrośnie ramka z ciasta.

4 Wyjmij jabłka z wody cytrynowej i osusz. Przetnij połówki jeszcze raz na pół i pokrój w plasterki cienkie jak opłatek.

5 Oprósz ciasto 1 łyżką cukru. Układaj plasterki jabłek wewnątrz ramki tak, żeby ciasno na siebie zachodziły, aż utworzą równiutkie rządki i całe ciasto będzie nimi pokryte.

6 Rozgrzej w rondelku masło z pozostałą łyżką cukru – niech się chwilę pogotuje, aż mieszanka nabierze delikatnie karmelowego koloru. Polej nią jabłka i wstaw tartę do piekarnika.

7 Piecz tartę 15-20 minut. W tym czasie ciasto dookoła jabłek urośnie, a owoce zmiękną i lekko się zrumienią. Gotową tartę pokrój w kwadraty albo wąskie paski.

6-8 porcji

---

* *Tarte fine aux pommes* (fr.) – cienka tarta z jabłkami.

Miętowa pianka z białej czekolady

Nie przepadam za białą czekoladą, ale dodatek mięty w tym deserze sprawia, że nie jest tak zabójczo ciężka. Tak czy inaczej, kiedy poczęstowałam mojego siostrzeńca tą pianką na urodziny, powiedział, że przypomina mu to jedzenie lukru bez ciasta. I tak dokładnie jest. Ponieważ deser jest niezwykle słodki, wyjątkowo podaję go w małych porcjach. Jak to mawiają w showbiznesie: lepiej pozostawić lekki niedosyt.

250 g białej czekolady, pokrojonej na niewielkie kawałki
250 ml śmietanki kremówki
białko 1 jajka
¼ łyżeczki ekstraktu miętowego
6 świeżych liści mięty (opcjonalnie)

1 Włóż kawałki czekolady do żaroodpornej miski, oprzyj ją na garnku z wodą gotującą się na małym ogniu i czekaj, aż się roztopi, od czasu do czasu delikatnie mieszając. Miskę z rozpuszczoną czekoladą postaw na zimnej powierzchni, żeby nieco przestygła.

2 W drugiej misce ubij – najlepiej, dla ułatwienia, elektryczną trzepaczką – śmietanę z białkiem i ekstraktem miętowym. Mieszanka powinna być raczej gęsta, nie sztywna.

3 Włóż dużą łyżkę śmietankowej mieszanki do miski z przestudzoną czekoladą, wymieszaj, a następnie delikatnie wmieszaj masę czekoladową do kremu śmietankowego.

4 Rozłóż piankę do sześciu małych, ale ładnych szklaneczek – takich jak te na zdjęciu – o pojemności 60 ml każda.

5 Wstaw porcje pianki do lodówki, żeby się schłodziły, albo do zamrażarki na 10-15 minut, żeby się szybko zamroziły. Możesz przed podaniem ozdobić je listkami mięty.

6 porcji

Szybkie przyjęcie

Lśniące deserki czekoladowe

Jeśli masz elektryczną trzepaczkę albo stacjonarny mikser, bez wysiłku przygotujesz ten przysmak, który zapiera gościom dech. Jest coś wyjątkowego w łakomym milczeniu, które zapada przy stole, gdy lądują na nim porcje tego deseru.

Deserki lśnią wewnętrznym blaskiem, ale także dzięki temu, że są ozdobione pokruszoną pianką karmelową. Jeśli nie chcesz używać pokruszonych batoników Crunchie*, możesz zrobić Hokus pokus (patrz str. 281) albo posypać deser drobno posiekanymi orzechami pistacjowymi. Nie zalśnią wprawdzie cukrowymi iskierkami, ale i tak uda Ci się stworzyć elegancki przysmak.

100 g gorzkiej czekolady o zawartości przynajmniej 70% miazgi kakaowej
100 g miękkiego masła
200 g cukru
4 jajka
50 g mąki
1/4 łyżeczki sody oczyszczonej
szczypta soli

POLEWA
150 g gorzkiej czekolady o zawartości przynajmniej 70% miazgi kakaowej
45 g masła
2 batoniki Crunchie lub podobne, z kruchym nadzieniem karmelowym (po 40 g), połamane na kawałki

1 Rozgrzej piekarnik do 180°C.

2 Połam czekoladę na kawałki i stop w misce razem z masłem w mikrofalówce albo w kąpieli wodnej. Kiedy się rozpuści, postaw miskę na zimnej powierzchni, żeby przestygła.

3 Ubij jajka z cukrem na gęstą jasnożółtą piankę (najlepiej mikserem stacjonarnym), a następnie delikatnie wymieszaj z mąką, sodą i solą.

4 Połącz masę jajeczną z roztopioną czekoladą, rozłóż do ośmiu kokilek i piecz 25 minut.

5 W tym czasie przygotuj polewę: rozpuść czekoladę z masłem w mikrofalówce albo kąpieli wodnej, intensywnie wymieszaj trzepaczką, aż polewa zrobi się gładka i błyszcząca, a następnie nałóż ją na upieczone deserki.

6 Posyp porcje pokruszonymi batonikami: ja wkładam batoniki do mocnej torby foliowej, rozbijam wałkiem i dekoruję nimi deserki.

8 porcji

---

* Crunchie Bar – batonik czekoladowy firmy Cadbury's wypełniony kawałkami chrupiącego bąbelkowego toffi; popularny w krajach anglosaskich, w Polsce rzadkość.

Tort lodowy

Uważam, że kucharz nie powinien oszukiwać, ale jest coś pociągającego w fakcie, że deser, który wygląda i smakuje jakby kosztował mnóstwo pracy, wymaga jedynie chwili mieszania. Trzeba jednak przygotować gorący sos, który stanowi ukoronowanie dzieła – naturalnie, podaję kilka opcji.

Oczywiście możesz wybrać całkiem inne herbatniki, orzechy i bakalie, które będą chrupać w lodowym kremie, nadadzą mu odpowiednią konsystencję i smak. Nie wydaje mi się jednak, żeby można było w jakikolwiek sposób ulepszyć ten deser. Bardzo mi przykro, ale taka jest prawda.

1,5 l lodów
100 g fistaszków prażonych w miodzie
200 g małych kawałków mlecznej czekolady albo groszków czekoladowych
1 batonik Crunchie, zgnieciony na drobne okruchy
150 g markizy czekoladowe, pokruszone
porcja sosu krówkowego (patrz strona 27) i 1 porcja gorącego sosu czekoladowego (patrz str. 51) lub 1 porcja sosu czekoladowo-fistaszkowego (patrz str. 160)

1 Wyjmij lody z zamrażalnika, żeby trochę zmiękły – wstaw je do lodówki albo zostaw na wierzchu.

2 Wyłóż folią plastikową dno i ścianki tortownicy o średnicy 20 cm tak, żeby na górze wystawał zapas folii.

3 Przełóż lody do miski i zmieszaj z fistaszkami, 150 g mlecznej czekolady w kawałkach lub groszkach, pokruszonym batonikiem Crunchie i 100 g pokruszonych markiz czekoladowych.

4 Przełóż lodową masę do przygotowanej tortownicy, wyrównaj powierzchnię jak przy robieniu ciasta, przykryj wystającym kawałkiem folii i wstaw do zamrażalnika, żeby stężała.

5 Podawaj tort prosto z zamrażalnika. Otwórz tortownicę i ostrożnie zdejmij folię, zanim przełożysz deser na talerz albo paterę. Odczekaj jakieś 5 minut przed pokrojeniem.

6 Posyp tort pozostałymi 50 g kawałków czekolady albo groszków czekoladowych oraz resztą pokruszonych markiz czekoladowych.

7 Pokrój tort na trójkątne kawałki i podawaj z sosami krówkowym i czekoladowym, pozwalając im smakowicie spływać na boki. Jeśli wydaje Ci się, że zrobienie dwóch sosów jest ponad Twoje siły – chociaż nie jest – zrób sos czekoladowo-fistaszkowy. Przeciw temu pomysłowi trudno znaleźć argument.

8-10 porcji

Jeżyny w galaretce z muscatu*

Deser inny niż wszystkie: ma delikatną konsystencję, czujesz, że już nie jest płynny, ale jeszcze nie całkiem ścięty. Kolejnym fortelem są kwaskowate jeżyny zatopione w słodkiej winnej galaretce.

Trzeba go przygotować rankiem, a wieczorem podać. Sposób przygotowania jest tak prosty, że uda Ci się go zrobić nawet wówczas, gdy będziesz jeszcze kompletnie nieprzytomna. Nie musi się tak długo zsiadać, ale tak jest najłatwiej.

250 g jeżyn
5 listków żelatyny
625 ml Baumes-de-Venise
  albo innego muscatu
125 ml wody
2 łyżki soku z limonki
100 g cukru waniliowego
  albo zwykłego drobnego
do podlania gęsta tłusta śmietana

1 Rozłóż jeżyny do sześciu kieliszków; ja używam klasycznych szerokich szampanek o pojemności ok. 200 ml.

2 Zanurz płatki żelatyny w wodzie na 5 minut.

3 Podgrzewaj wino i wodę z cukrem oraz sokiem z limonki na niewielkim ogniu i mieszaj, aż cukier się rozpuści. Doprowadź do wrzenia i gotuj przez minutę, a następnie zdejmij rondel z ognia.

4 Odciśnij żelatynę z wody i włóż do kubka. Zalej 100 ml gorącego syropu limonkowego i dokładnie wymieszaj, a następnie wlej żelatynową mieszankę do garnka z syropem i starannie wymieszaj. Odstaw, żeby galaretka nieco przestygła.

5 Zalej jeżyny ostudzoną płynną galaretką i wstaw do lodówki, żeby stężała: na 3-4 godziny, zależnie od temperatury w Twojej lodówce, albo na całą noc.

6 Śmietanę podaj oddzielnie, w dzbanku.

6 porcji

---

* Muscat – słodkie białe wino otrzymywane ze szczepu winnego o tej samej nazwie.

Trifle* imbirowy z marakują

Chyba jeszcze nie napisałam książki, w której nie znalazłby się przepis na trifle. Nie zamierzam tego zmieniać. To ten rodzaj deseru, który fantastycznie wygląda, a zrobienie go nie wymaga zbyt wiele wysiłku i czasu. Nawiasem mówiąc – „zrobienie" oznacza tu jedynie nałożenie składników do naczynia.

Smak ma za to cudowny, a przy takiej prostocie wykonania jest to nie byle gratka. Deser jest bardzo konkretny, więc zaspokoi apetyty tłumu gości – wystarczy podać każdemu niewielką porcję.

400-500 g kupnego biszkoptu (dwa ciasta albo tyle samo „kocich języczków" lub innych biszkoptów)
125 ml Stone's Original Green Ginger Wine**

500 ml gęstej tłustej śmietany
4 łyżeczki cukru pudru
5 owoców marakui

1 Pokrój albo połam ciasto na kawałki, ułóż połowę w płytkim naczyniu albo paterze z wyższym brzegiem, po czym zalej biszkopt połową wina. Rozłóż na wierzchu drugą połowę ciasta i polej pozostałym winem.

2 Ubij śmietanę z cukrem pudrem, żeby była gęsta, ale nie sztywna.

3 Przełóż łyżką miąższ 2 owoców marakui do naczynia ze śmietaną i przemieszaj, a następnie nałóż śmietanę na nasączone winem kawałki biszkoptu.

4 Wyjmij miąższ z pozostałych owoców marakui i rozłóż na śmietanowej zaspie, pozwalając smakowicie ściekać na boki upstrzonemu czarnymi pestkami złocistemu miąższowi.

8-10 porcji

Szybkie przyjęcie

---

* Trifle – wielowarstwowy deser, zwykle podawany w przezroczystej misie albo pucharkach, składający się z warstw kruszonych biszkoptów, owoców i kremu, zazwyczaj posypany tłuczonymi orzechami albo płatkami migdałów.
** Stone's Original Green Ginger Wine – dziewięcioletnie wino produkowane w Anglii i Australii, z suszonych winogron i kłącza imbiru. W polskich sklepach nie do kupienia. Można zastąpić ciężkim słodkim winem, np. malagą.

Czuję się lekko skrępowana, ale muszę z siebie zrzucić ten ciężar, zanim cokolwiek napiszę. Nie mam najmniejszych kwalifikacji, żeby opowiadać komukolwiek o meksykańskiej kuchni. Przykro mi to mówić, ale nawet nie byłam w Meksyku.

Nie powiem więc, że to meksykańska część tej książki, ale pisząc ją, na pewno inspirowałam się meksykańską kuchnią i kulturą. Wcale przy tym nie uważam, że w Meksyku jedzą wyłącznie awokado i tortille. Tak się jednak składa, że u mnie pojawia się ich sporo. Zawsze należałam do osób, które trzymają w domu zapas awokado, a teraz również paczka tortilli jest stałym gościem w mojej spiżarni. Nie ma mowy, żebym zapomniała o podstawowym składniku quesadilli.

Nie twierdzę, że moje dania są autentyczne, ale nie są też tragicznymi podróbkami. Na skutek napisania przeze mnie tego rozdziału nie ucierpiał żaden Meksykanin. Co więcej, kiedy się tylko dało, podpierałam się opinią moich meksykańskich znajomych i ich przyjaciół, każąc im próbować i krytykować. Mieli być moimi królikami doświadczalnymi, a to, że pochłaniali dania z apetytem, wiele dla mnie znaczy.

Być może na początku kusiło mnie samo brzmienie tytułu, ale eksperymentatorzy tak mnie zainspirowali, że sporo z poniższych przepisów weszło do kanonu moich ulubionych dań. I nie chodzi o pociąg do nowości. Jestem tradycjonalistką – przynajmniej w kuchni – i nie zawsze nęcą mnie innowacje. Lubię to, co znam. Jednak ten rodzaj niebanalnego i efektownego fast foodu sprawia, że przy stole panuje ożywienie i wstępuje w nas nowa energia.

Meksykańska jajecznica

To nie tylko najlepszy sposób na rozpoczęcie dnia, ale też świetny na zakończenie. Danie możesz urozmaicić, podając obok smażoną fasolkę, ale samo w sobie jest pyszne. Tak się składa, że meksykańska jajecznica to doskonałe lekarstwo na kaca. Czasem nawet wypijasz na przyjęciu o jeden kieliszek więcej, żeby mieć wymówkę i pochłonąć rano pełną patelnię. Zresztą zawsze znajdzie się dobry powód, żeby zjeść taką jajecznicę. Nie trzeba szukać wymówki.

2 łyżki oleju roślinnego
2 miękkie kukurydziane tortille
1 pomidor, obrany i pokrojony
1 dymka, posiekana
1 mały strąk zielonej papryki chili, bez pestek i posiekany

4 jajka, roztrzepane
$1/4$ łyżeczki morskiej soli w kryształkach albo szczypta zwykłej soli

1. Rozgrzej olej na patelni o grubym dnie. Zwiń tortille w rulonik, potnij je nożyczkami na paski i wrzuć prosto na rozgrzany olej.

2. Podsmażaj paseczki tortilli przez kilka minut, aż będą chrupkie i złociste, a następnie przełóż do miski.

3. Włóż na patelnię pokrojony pomidor, posiekaną dymkę oraz chili, i smaż wszystko mniej więcej przez minutę, mieszając drewnianą łyżką.

4. Dodaj podsmażone tortille, jajka i sól. Mieszaj drewnianą łyżką.

5. Kiedy jajka zaczną się ścinać, zdejmij patelnię z ognia i mieszaj, aż będą takie, jak lubisz najbardziej.

2 porcje

Meksykańska sałatka z kurczakiem i salsą pomidorowo-fasolową

Oto śniadanie godne bogów – a może boska kolacja w ciepły wieczór.

Jicama jest nazywana ziemniakiem meksykańskim – to trochę mylące, ponieważ można ją jeść na surowo. Wygląda jak rzepa w imbirowej skórce. Jeśli nie uda Ci się kupić jicamy, możesz ją zastąpić gruszką nashi* albo dwiema puszkami odsączonych kasztanów wodnych**, pokrojonych w zapałkę; chodzi o soczysty i chrupki dodatek. Nie pogardziłabym też jabłkiem Granny Smith, pokrojonym w dość grube słupki.

Muszę przyznać, że nie słyszałam o jicamie do czasu, kiedy poznałam ten przepis, ale zadzwoniłam do mojego dostawcy warzyw, który powiedział, że jicamy pojawiły się na rynku i żebym go uprzedziła, gdy będę ich potrzebować. Raczej nie uda się namówić kierownictwa supermarketu, żeby je sprowadzali, jeśli do tej pory nie nawiązali kontaktów z producentami z Ameryki Łacińskiej – chociaż nigdy nic nie wiadomo – ale ja lubię zaglądać do małych specjalistycznych sklepów, a to kolejny powód, żeby tam wpaść.

Od tego dressingu można się uzależnić. Czasem wstawiam słoik do lodówki na dzień-dwa; sok z limonki zapobiega ciemnieniu miąższu awokado.

DRESSING
1 dojrzałe awokado
125 ml kwaśnej śmietany
3 łyżki soku z limonki
1 ząbek czosnku, obrany
1 łyżeczka morskiej soli w kryształkach albo ½ łyżeczki zwykłej soli
duża szczypta świeżo zmielonego czarnego pieprzu

SAŁATKA
300 g gotowanego mięsa kurczaka, pokrojonego w cienkie paski
1 jicama (ok. 500 g), obrana i pokrojona w zapałkę, albo jej odpowiednik (patrz opis z lewej strony)
2 dymki, drobno posiekane
szklanka drobno posiekanej świeżej kolendry
125 g sałaty rzymskiej, pokrojonej w paski

1 Wyjmij łyżką miąższ z awokado i włóż do blendera wraz z pozostałymi składnikami dressingu.

2 Zmiksuj wszystko na gładki krem.

3 Włóż do miski składniki sałatki, zalej dressingiem i dokładnie wymieszaj.

4-6 porcji

Salsa pomidorowo-fasolowa

Trzymam w słoikach konserwowe zielone (łagodniejsze) i czerwone (ostrzejsze) papryczki jalapeño[***]. Do tego dania wolę używać bardziej pikantnych czerwonych, ale wybór należy do Ciebie. Jeśli wolisz świeże jalapeño, wolna wola.

1 puszka drobnej czarnej fasoli
2 pomidory, wypestkowane i pokrojone
1 łyżeczka morskiej soli w kryształkach albo ½ łyżeczki zwykłej soli
75 g marynowanych czerwonych jalapeño, posiekanych
1 łyżka soku z limonki

1 Odsącz fasolę z zalewy i wymieszaj w misce z posiekanymi pomidorami, solą, jalapeño i sokiem z limonki.

2 Sprawdź, czy salsa jest dobrze doprawiona, i podawaj ją z meksykańską sałatką z kurczakiem – w miseczce obok albo nałożoną na ten sam talerz.

4-6 porcji, jako dodatek do sałatki z kurczakiem

---

[*] Gruszka nashi – owoc pochodzący z Dalekiego Wschodu, obecnie uprawiany też w Australii i Oceanii. W smaku podobny do gruszki, choć nieco bardziej kwaskowaty. W Polsce nashi można kupić w supermarketach.
[**] Kasztany wodne – jadalne zgrubienia podziemnej części rośliny *Eleocharis dulcis*, uprawianej w Chinach; rośnie w wodzie tak jak ryż. Puszkowane kasztany wodne można kupić w polskich supermarketach i sklepach z orientalną żywnością.
[***] Jalapeño – niewielkie papryczki o bardzo ostrym smaku, używane w kuchni latynoskiej.

Chowder* kukurydziany z nachos

Jako dodatku do tego dania użyjemy chrupiących kukurydzianych trójkątnych chipsów, które zwykle jemy z przyjemnością i poczuciem winy. Mówię o poczuciu winy towarzyszącym jedzeniu, chociaż nie rozumiem tego, że można sobie żałować przyjemności. Raczej powinniśmy czuć się winni, kiedy przyjemności sobie skąpimy.

Zamierzając zrobić chowder, rano wyjmuję z zamrażarki wielką paczkę mrożonej kukurydzy, a wieczorem mogę przygotować superszybką, cudownie kojącą kolację.

Możesz wybrać ser, który lubisz najbardziej; ja zwykle sięgam po cheddar, ponieważ zawsze mam go w lodówce, ale z przyjemnością zużywam też resztki innych gatunków. Jeśli częstujesz zupą dzieci, radzę pominąć chili – chyba że Ci bardzo zalazły za skórę.

1 kg mrożonego ziarna kukurydzy (rozmrożonego)
3 dymki bez korzonków, przecięte na pół
1 ząbek czosnku, obrany
35 g semoliny**
1½ litra gorącego bulionu warzywnego z proszku albo kostki

400 g lekko solonych nachos
200 g tartego sera
2 długie czerwone papryki chili, bez pestek, drobno posiekane (opcjonalnie)

1 Rozgrzej piekarnik do 200°C.

2 Odsącz kukurydzę i wsyp ziarno do blendera razem z dymkami, czosnkiem i semoliną. Zmiel wszystko na kropkowane purée w kolorze pierwiosnkowym. Jeśli pojemnik Twojego blendera jest niewielki, zmiel składniki w dwóch turach.

3 Przełóż mus do dużego garnka, dolej gorący bulion i doprowadź do wrzenia. Zmniejsz ogień i podgrzewaj częściowo przykryty pokrywką chowder przez 10 minut.

4 W tym czasie rozłóż nachos na blasze do pieczenia wyłożonej folią aluminiową i posyp tartym serem. Podpiekaj chipsy przez 5-10 minut, aż ser się stopi.

5 Nałóż gęstą zupę do misek, a pośrodku każdej porcji ułóż garść serowych nachos. Posyp posiekaną chili, jeśli chcesz, i natychmiast podawaj uradowanym stołownikom.

6 porcji

---

* Patrz przypis na str. 164.
** Patrz przypis na str. 16.

Ekspresowe chili

To chyba danie bardziej z kuchni Tex Mex niż z samego Meksyku, ale równie charakterne. Poza tym nie bez kozery w dawnych książkach kucharskich tyle miejsca poświęcano daniom z mielonym mięsem: to sposób na prostą i szybką kolację.

Na szczęście w tym przepisie nie chodzi wyłącznie o wydajność. Takie danie trafia w samo sedno, kiedy ma się ochotę na coś ciepłego i smakowitego: jest jednocześnie kojące i ożywcze w smaku.

Jeśli jesteś posiadaczką maszynki do gotowania ryżu – a mówię otwarcie, że ja bez niej ryżu nie gotuję – wstaw go, zanim weźmiesz się za robienie chili. Pożywna kolacja będzie gotowa za parę minut, dokładnie tak jak trzeba.

- 150 g cienkiej kiełbasy chorizo (nie grubego, w stylu salami), przeciętej wzdłuż i pokrojonej na półcentymetrowe półksiężyce
- 500 g mielonej wołowiny
- ½ łyżeczki mielonego kminu rzymskiego
- ½ łyżeczki mielonych ziaren kolendry
- ½ łyżeczki mielonego cynamonu
- 3 owoce kardamonu, zmiażdżone
- 500 g dobrej jakości sosu pomidorowego z warzywami (ze słoika)
- 1 puszka (ok. 400 g) mieszanej drobnej pikantnej fasoli
- 60 ml słodkiego sosu chili
- ¼ łyżeczki płatków chili (opcjonalnie, w wypadku gdy fasola nie jest pikantna)

1 Podsmażaj pokrojoną kiełbasę w rozgrzanym rondlu, aż kawałki będą chrupkie i wytopi się z nich pomarańczowy tłuszcz.

2 Dodaj mielone mięso i smaż przez 5 minut, rozdzielając zbite grudki drewnianym widelcem, aż mięso zbrązowieje.

3 Dopraw mięso kminem, kolendrą, cynamonem i kardamonem, wymieszaj, a następnie dodaj sos, fasolę oraz sos chili. Ewentualnie dosyp płatki chili, jeśli chcesz, żeby danie było bardziej pikantne albo jeśli nie udało Ci się kupić pikantnej fasoli.

4 Doprowadź sos do wrzenia, zmniejsz ogień i gotuj przez 20 minut.

5 Możesz podawać sos z ryżem albo sam. Jeśli nie dodajesz ryżu, pomyśl o łyżce kwaśnej śmietany, tartym serze i posiekanej kolendrze. To danie jest pyszne w dowolnej wersji.

4 porcje

Ceviche i Mexicola

Nie przeczę, siekanie ryby na malutkie kawałeczki kłóci się z ideą szybkiego gotowania, ale żadne logiczne argumenty do mnie nie przemawiają. Dzięki temu nie trzeba długo moczyć mięsa w kwaśnej zalewie z soku z limonki, żeby ryba się „ugotowała", czy też raczej uległa denaturacji (tak się to nazywa). Chodzi także o to, że jedzenie dużych kawałków surowej ryby przyprawia niektórych o mdłości, obojętne czy mięso było marynowane w kwaśnej zalewie, czy nie. Za to pyszne rybne konfetti nie daje takiego efektu. Tak podaną rybę po prostu uwielbiam. Muszę się przyznać, że bardzo mi smakuje z miską nachos, jednak bardziej elegancko wygląda, kiedy nakładam ją na małe tosty, czyli tostady. Kroję bagietkę na cienkie kromki; jedna bagietka powinna wystarczyć mniej więcej na 40 kanapeczek. Smaruję pieczywo odrobiną oliwy i opiekam w gorącym piekarniku (200°C) przez 10 minut.

Wybierz taką rybę o zwartym mięsie, którą lubisz najbardziej. Moje meksykańskie źródła donoszą, że najlepsza jest *sierra*[*], ale dla mnie ta opcja jest zbyt odległa geograficznie. Zwykle używam antarktycznej nototenii złotosmugiej[**] albo żabnicy.

Do tego dania doskonale pasuje koktajl Mexicola. Nie mam na niego aptekarskiego przepisu, po prostu nalewam. Dla ułatwienia z grubsza podam składniki: wlewam do szklanki 25 ml tequili, wkładam kostki lodu, mnóstwo plasterków limonki i dopełniam bardzo zimną colą albo pepsi.

- 250 g filetu z nototenii albo żabnicy bez skóry, posiekanego najdrobniej jak się da
- 1/2 łyżeczki suszonego oregano
- 1 łyżka morskiej soli w kryształkach albo 1/2 łyżeczki zwykłej soli
- 80 ml soku z limonki
- 3 dymki, drobno posiekane
- 1 strąk jalapeño albo innej pikantnej zielonej chili, bez pestek i posiekanej
- 4 łyżki posiekanej kolendry i jeszcze trochę do posypania
- tostady albo nachos (ok. 40)

1 Włóż posiekane mięso ryby do płaskiego naczynia, posyp oregano, posól i zalej sokiem z limonki. Odstaw na 8 minut.

2 Odsącz rybę i wylej mlecznobiałą zalewę. Dodaj do ryby posiekane dymki, chili oraz kolendrę i delikatnie wymieszaj składniki.

3 Możesz nałożyć ceviche łyżeczką na małe tosty i posypać posiekaną kolendrą albo podać w misce, żeby każdy mógł sięgnąć i nałożyć sobie na kukurydziany chips.

Około 40 niewielkich tostów

---

[*] *Sierra* (*Scomberomorus sierra*) – gatunek makreli żyjący w wodach Pacyfiku u wybrzeży Meksyku.
[**] Nototenia złotosmuga (*Paranotothenia magellanica*) – ryba z rodziny okoniokształtnych.

Quesadille

Przekonałam się do wrapów, ale uważam, że poniższy sposób spożytkowania tortilli jest najlepszy. Po raz pierwszy jadłam coś takiego w Miami, a konkretnie w hotelu Raleigh przy South Beach. Tamtejsza restauracja należy do moich ulubionych – ukryta w cudownym ogrodzie, oświetlona migoczącymi światełkami... Jedzenie mają tak pyszne, że będąc w Miami, nie ośmielam się jeść gdzie indziej.

Śniadaniowa Quesadilla Raleigh składa się z miękkiej tortilli, która skrywa awokado oraz jajecznicę i jest grillowana. Kto by się spodziewał, że będzie taka pyszna. Jeśli zostało Ci trochę meksykańskiej jajecznicy z przepisu na str. 230, możesz zrobić własną wersję, kiedy jednak dodaję jeszcze awokado, nadzienie wypada ze środka, zanim doniosę tortillę do ust.

Poniższe quesadille z szynką i serem doskonale prezentują się podane obok ceviche z poprzedniej strony, ale często robię je po prostu na kolację. Są smaczne – i takie proste.

Podaję proporcje na 1 miękką pszenną tortillę; z każdej quesadilli wychodzą trzy trójkątne zapiekanki. To, ile ich zjesz, zależy wyłącznie od twoich możliwości. Nie chcę niczego sugerować...

NA KAŻDĄ TORTILLĘ
30 g długodojrzewającej suszonej szynki, pokrojonej w cienkie plastry
3 cienkie plasterki marynowanej zielonej jalapeño
50 g tartego sera
1 dymka, drobno posiekana

kilka listków kolendry
1 łyżeczka oliwy
(zwykłej, nie z pierwszego tłoczenia)

DO PODANIA
dowolna kupna salsa dobrej jakości

1 Rozgrzej karbowaną patelnię grillową.

2 Połóż tortillę na blacie, a na niej plastry szynki.

3 Na połowie rozłóż plasterki jalapeño, posyp startym serem, posiekaną dymką i listkami kolendry.

4 Ostrożnie złóż tortillę na pół, to znaczy przykryj nieposypaną połową tę drugą, posypaną, aby uzyskać kształt grubego półksiężyca.

5 Za pomocą pędzla posmaruj tortillę oliwą z obu stron, ostrożnie unieś i ułóż na rozgrzanej patelni. Grilluj po minucie z każdej strony.

6 Asekurując wolną ręką, przenieś quesadillę na blat za pomocą szerokiej łopatki i przekrój na 3 trójkątne części. Jedz z dodatkiem salsy. Możesz też przygotować inne, dowolne nadzienia.

1 quesadilla

Roquamole

Musiałam sobie dosłownie usiąść na rękach, żeby nie napisać o tym wcześniej. Wiem oczywiście, że roquefort nie pochodzi z Meksyku, ale tak cudownie stapia się z awokado, że nie mogłam się powstrzymać; myślę, że Ty też nie dasz rady. Nazwałam ten dip Roquamole, ale może nawet lepiej pasuje do niego mniej wyrazisty w smaku ser z niebieską pleśnią. Zawsze mam w lodówce trójkąt sera St. Agur na wypadek, gdybym chciała przyrządzić coś takiego.

Nie musisz koniecznie szukać po sklepach fioletowo-czarnych nachos; w ogóle nie musisz podawać kukurydzianych chipsów, chociaż jedne i drugie powodują wzrost czynnika pyszności. Jednak równie ochoczo szykuję duży półmisek innych pogryzaczy: rzodkiewek, marchewkowych słupków, niełuskanego słodkiego groszku – co dusza zapragnie.

Taki dip można podać do drinka, na szybki obiad albo kolację jedzoną łapczywie w samotności. Nie jadłam go jeszcze na śniadanie, ale to tylko kwestia czasu...

125 g roqueforta albo St. Agura
60 ml kwaśnej śmietany
2 dojrzałe awokado
35 g marynowanej zielonej jalapeño, pokrojonej na plasterki
2 dymki, drobno posiekane
$^1/_4$ łyżeczki papryki w proszku
1 paczka nachos

1 Zmieszaj w misce pokruszony ser ze śmietaną.

2 Ugnieć miąższ awokado razem z serem i śmietaną. Jeśli owoce są dojrzałe, powinnaś sobie poradzić widelcem.

3 Pokrój plasterki jalapeño na kawałki, dodaj do pozostałych składników razem z posiekaną dymką i wymieszaj.

4 Ustaw miskę pośrodku dużego talerza albo półmiska i obłóż nachos dookoła. Zajadaj.

4-6 porcji

Flan

Oto śmiesznie prosta wersja tradycyjnego meksykańskiego deseru, jednak nie jest mniej pyszna tylko dlatego, że łatwo ją zrobić. Nie zawsze trzeba cierpieć dla sztuki.

To w końcu crème caramel*, więc nic nie stoi na przeszkodzie, żeby zapiec go w małych porcjach, chociaż przygotowanie foremek zajmie o wiele więcej czasu. Po co sobie dokładać pracy? To, że flan piecze się 45 minut, zupełnie mi nie przeszkadza. W tym czasie nie trzeba nic robić. Potem deser potrzebuje jeszcze sporo czasu, żeby wystygnąć – wtedy też można poleniuchować.

Metoda polega na zredukowaniu mleka; może nie przepadasz za produktami z puszek, ale w sumie można pomyśleć, że ktoś inny zredukował mleko za Ciebie. Odkryłam, że połączenie skondensowanego słodzonego i niesłodzonego mleka to jest to, o co chodzi, więc proponuję, żebyś pozbyła się uprzedzeń i sięgnęła jednak po otwieracz.

Luis, meksykański operator, z którym współpracowałam, powiedział, że ten flan jest taki dobry, jak u jego mamy. Mam nadzieję, że ona o tym nie wie.

150 g cukru
3 jajka
2 łyżeczki ekstraktu waniliowego
1 puszka niesłodzonego mleka skondensowanego
1 puszka słodzonego mleka skondensowanego

1 Rozgrzej piekarnik do 170°C i zagotuj pełen czajnik wody.

2 Wsyp cukier do żaroodpornej, najlepiej miedzianej foremki do tart o ciężkim dnie (24 cm średnicy) i postaw ją na małym ogniu, żeby cukier się rozpuścił. Mieszaj delikatnie od czasu do czasu.

3 Cukier zacznie się karmelizować – zdejmij go z ognia, zanim osiągnie kolor syropu klonowego, i postaw na chłodnej powierzchni. Gdy foremka nieco przestygnie, zakołysz nią okrężnym ruchem, żeby karmel osadził się na ściankach, zanim się zestali.

4 Wlej do miski zawartość puszek z mlekiem i, ubijając trzepaczką, dodaj jajka oraz ekstrakt waniliowy.

5 Wlej mleczną mieszankę do foremki z karmelem i ustaw ją na blasze do pieczenia. Wlej wrzątek do zewnętrznej blachy na głębokość 2,5 cm.

6 Zapiekaj przez 40-45 minut, aż krem zastygnie. Ostrożnie wyjmij foremkę z kąpieli wodnej i odstaw do ostygnięcia.

7 Wstaw flan do lodówki na noc, a przynajmniej na 4 godziny. Przed samym podaniem przykryj foremkę dużym talerzem o dość wysokich krawędziach, żeby zatrzymały płynny karmel, i odwróć do góry dnem.

8-10 porcji

---

* Crème caramel albo flan – deser ze śmietankowo-jajecznego kremu custard z polewą z miękkiego karmelu (inaczej niż w crème brûlée, na wierzchu którego zapieka się twardą karmelową skorupkę).

Lody Margarita

Zrobienie tych lodów to betka, a pochłania się je z taką samą łatwością. Oto wersja lodów Margarita z książki *Lato w kuchni przez okrągły rok*, niewymagająca użycia maszynki do lodów. Jeśli chcesz, możesz je podać w pucharkach o krawędziach oblepionych cukrem z solą. Są tak dobre, że nawet będąc niespecjalną wielbicielką lodów i napojów wyskokowych, potrafię się na nie rzucić i jeść prosto z pojemnika, w którym się mroziły.

Innymi słowy, wszelkie ozdobniki są zbędne. To najszybsza droga, żeby wpaść w deserową ekstazę.

125 ml soku z limonki
3 łyżki tequili
3 łyżki cointreau albo triple sec

150 g cukru pudru
500 ml śmietany kremówki

1 Wlej do miski sok z limonki, tequilę oraz likier, wsyp cukier i zamieszaj, żeby się rozpuścił.

2 Dodaj śmietanę, po czym ubijaj, żeby zgęstniała, ale nie była sztywna.

3 Przełóż krem łyżką do szczelnie zamykanego pojemnika i wstaw na noc do zamrażalnika. Tych lodów nie trzeba zmiękczać przed podaniem, bo nie zamarzają na kość i szybko zaczynają się rozpływać.

6 porcji

Buñuelos

Buñuelo to rodzaj niewielkiego przepysznego pączka. Uważam, że smażone desery od razu zyskują na smaku, a posypanie ich cukrem pudrem dodatkowo poprawia sytuację. Chociaż smażone, są niezwykle delikatne. Olej jest bardzo gorący, więc *buñuelos* w ogóle nie są tłuste.

Jeśli masz wolno stojący mikser – który bardzo pomaga przy ekspresowym tempie życia – zrobisz je bardzo szybko, a usmażą się w okamgnieniu. Uwielbiam jeść je na deser z filiżanką gorącej kawy.

Jeśli zależy Ci na jeszcze większym pośpiechu, pokrój kilka miękkich kukurydzianych tortilli na trójkąty, szybko i intensywnie je usmaż w głębokim oleju i porządnie posyp cukrem pudrem.

60 ml mleka
1 jajko
150 g mąki
1 łyżeczka proszku do pieczenia
1/8 łyżeczki wodorowinianu potasu*
1 łyżka margaryny roślinnej
olej do smażenia
cukier puder

1. Wymieszaj w dzbanku mleko z jajkiem.

2. Wsyp do miski mąkę, proszek do pieczenia i winian potasu, dodaj margarynę i zagnieć ciasto ręcznie albo mikserem, aż osiągnie grudkowatą konsystencję.

3. Dolej do miski mleczno-jajeczną mieszaninę i wymieszaj całość, wyrabiając na gładką masę. Dodaj trochę mąki, jeśli ciasto za bardzo się klei.

4. Wlej olej do rondla na głębokość 2,5 cm i zagrzej na dużym ogniu.

5. Odrywaj od ciasta kawałki wielkości pomidorka koktajlowego i tocz z nich w dłoniach kulki. Wrzucaj je po kolei do oleju i smaż z obu stron na złocisty kolor.

6. Osusz *buñuelos* na kawałku papierowego ręcznika, ułóż na półmisku i oprósz cukrem pudrem, przecierając go łyżeczką przez sitko.

30 *buñuelos* wystarczy dla 4-6 osób, a nawet dla 8 jako ptifurki do kawy

---

* Patrz przypis na str. 136.

Meksykańska gorąca czekolada

To nie jest mój pierwszy pomysł na meksykańską czekoladę, ale chyba ostatni. Można rozpuszczać kawałki czekolady w gorącym mleku (dawniej tak robiłam), ale zasmakowała mi dobrej jakości gęsta gorąca czekolada rozpuszczalna. Do tego likier Kahlúa* i niczego więcej nie trzeba.

Bita śmietana nie jest niezbędna – chyba że podajesz czekoladę zamiast deseru i kawy (a uważam, że to całkiem niezła myśl).

Bita śmietana w sprayu będzie w sam raz, ale jeśli masz w sobie dość odwagi, kup urządzenie do ubijania śmietany za pomocą podtlenku azotu – będziesz mogła na zawołanie zrobić sobie świeżą śmietanę.

500 ml pełnotłustego mleka
6 łyżek najwyższej jakości czekolady rozpuszczalnej (albo tyle, ile zaleca instrukcja na opakowaniu)

4-5 łyżek likieru Kahlúa, do smaku
bita śmietana w sprayu (opcjonalnie)
4 długie kawałki kory cynamonowej

1 Podgrzej mleko w rondlu i przygotuj gorącą czekoladę zgodnie z instrukcją na opakowaniu.

2 Dodaj likier i zdejmij rondel z ognia, zanim płyn się zagotuje.

3 Podawaj z bitą śmietaną (jeśli chcesz) i kawałkiem cynamonu zatkniętym jak słomka, chociaż nie namawiam, żeby go używać w tej roli.

4 porcje

---

* Kahlúa – likier kawowy pochodzący z Meksyku, o 26-procentowej zawartości alkoholu.

Nie widzę sensu w przekonywaniu kogokolwiek, że jestem inna niż w rzeczywistości. Nie da się ukryć, że mam obsesję na punkcie jedzenia. Taka jestem i już, to jest mój sposób na życie i nic się w tym względzie nie zmienia. Czasem jednak z wrodzonej przyzwoitości zdarza mi się zawstydzić. Wiem, że ryzykuję śmieszność, ale muszę Ci się zwierzyć, że kiedy mój syn zaczął chodzić do szkoły, prowadziłam dziennik, w którym notowałam, co mu daję do jedzenia i – tak, tak! – jego opinię albo stan pudełka śniadaniowego po powrocie ze szkoły. Chciałam sprawdzić, co będzie jadł ze smakiem, a co pozostanie nietknięte.

Zdałam sobie sprawę z mojej obsesji dopiero, wówczas, gdy zostałam wyśmiana przez znajomych, za śledzenie postępów żywieniowych mojej latorośli. Zapomniałam się, i jak głupia zostawiłam dziennik na wierzchu, żeby go mieć pod ręką.

To nie trwało długo (dziennik leży teraz porzucony gdzieś w szufladzie) nie tylko dlatego, że śmiali się ze mnie znajomi, ale też rzecz straciła urok nowości. Zorientowałam się jednak, jak trudno dzień w dzień przygotować przyzwoite drugie śniadanie – kilka kęsów dla dzieci i dorosłych, które można pochłonąć w biegu, które muszą być dobrze zapakowane, żeby je można było przetransportować i zjeść bez większego zachodu. Poniższe przepisy to próba sprostania temu wyzwaniu. Proszę za mną...

Zupa krem z pesto i groszku

Zrobienie czegoś ciepłego na drogę to nie lada wyzwanie. Zabierając termos z zupą, można się oblać i narobić bałaganu, ale myślę, że warto zaryzykować. Ta zupa – moja ulubiona – ma tę zaletę, że można ją bez trudu zrobić w czasie porannej okołośniadaniowej krzątaniny.

Możesz ją ugotować, używając pesto w słoiku, ale naprawdę rewelacyjnie będzie smakować ze „świeżym" pesto, które można znaleźć w chłodziarkach z zieleniną w supermarkecie[*].

Kremy zmiksowane w blenderze smakują lepiej niż te z malaksera. Najlepiej, kiedy pokrywka blendera ma otwór, który można odetkać, żeby powstrzymać wzrost ciśnienia wewnątrz naczynia – dzięki temu zupa nie ochlapie ścian. Sama przyznasz, że to nie byłby dobry początek dnia.

750 ml wody
375 g mrożonego groszku
2 dymki, oczyszczone, ale w całości
1 łyżeczka morskiej soli w kryształkach
   albo $^1/_2$ łyżeczki zwykłej soli

$^1/_2$ łyżeczki soku z limonki
4 łyżki świeżego pesto

1 Najszybciej będzie, jeśli od razu wstawisz wodę w czajniku. Gdy zawrze, odmierz właściwą ilość, wlej do garnka i ponownie zagotuj na kuchence. Resztę wrzątku wlej do termosu.

2 Do garnka z gotującą się wodą wsyp groszek, dodaj dymki, sól i sok z limonki i gotuj na niewielkim ogniu przez 7 minut.

3 Wyrzuć ugotowane dymki, a resztę zmiksuj razem z pesto w blenderze.

4 Wylej wodę z termosu i napełnij go zupą, a następnie starannie i dokładnie zakręć.

2 duże porcje

---

[*] Jeśli nie znajdziesz w sklepie gotowego Pesto, możesz je zrobić z bazylii sprzedawanej w doniczkach przez cały rok. Trzeba zmielić w malakserze na gładką masę: 3 szklanki liści bazylii (bez łodyg) z 3 łyżkami orzeszków piniowych lekko uprażonych na suchej patelni, 2 posiekanymi ząbkami czosnku, $^1/_2$ szklanki tartego parmezanu albo innego twardego suchego sera (grana padano, pecorino), $^1/_2$ szklanki oliwy extra virgin i 2 szczyptami soli.

Cesarskie rożki z kurczakiem

To kolejne wcielenie wrapów – wyglądają inaczej nie bez powodu: ciasno zwinięte tortille nie przetrwają transportu, a luźne naleśniki prawdopodobnie tak. Nadal trzeba uważać, ale przynajmniej dajemy im pewną szansę.

Tak je lubię, że muszę się z całych sił powstrzymywać, żeby nie wyjadać wszystkim ich porcji z pudełek.

175 g zimnego gotowanego mięsa kurczaka, pokrojonego w paski
50 g majonezu (zmieszanego z $^1/_4$ łyżeczki zmiażdżonego czosnku do smaku)
50 g grubo tartego parmezanu
100 g pokrojonej w paski sałaty lodowej
$^1/_4$ łyżeczki sosu Worcestershire
sól i pieprz
4 miękkie tortille kukurydziane

1 Zmieszaj w misce wszystkie składniki poza tortillami.

2 Połóż tortillę na blacie i nałóż czwartą część nadzienia na $^1/_4$ powierzchni tortilli. Złóż tortillę na pół (przykrywając nadzienie pustą połową ciasta), a następnie jeszcze raz na pół, tworząc wypełniony nadzieniem rożek. To samo zrób z trzema pozostałymi tortillami. Zawiń je w folię przed podróżą.

4 rożki

Chrupiące batoniki Kostka brukowa

Nikt nie narzeka, kiedy znajdzie taki batonik w pudełku z drugim śniadaniem. Miło jest się czymś takim poczęstować o dowolnej porze dnia, kiedy potrzebny jest zastrzyk energii. Nie twierdzę, że to zdrowe jedzenie, ale kiedy jemy w biegu, mała kaloryczna przekąska jest jak najbardziej wskazana. Takie jest moje zdanie i całkowicie się z nim zgadzam.

125 g miękkiego masła
300 g dobrej gorzkiej czekolady (przynajmniej 70% zawartości miazgi kakaowej), połamanej na kawałki
3 łyżki płynnego golden syrup* (lub sztucznego miodu albo masy krówkowej)

200 g twardych maślanych herbatników
100 g małych pianek marshmallow (ew. „ptasiego mleczka")
2 łyżeczki cukru pudru do posypania

1 W rondlu o grubym dnie roztop masło oraz czekoladę i zmieszaj z syropem. Odlej 125 ml tego kremu i odstaw na bok.

2 Włóż herbatniki do mocnego worka foliowego i pokrusz je, uderzając wałkiem do ciasta. Mają się rozpaść na większe i mniejsze kawałki.

3 Zmieszaj pokruszone ciastka z czekoladowym kremem i dodaj pianki marshmallow.

4 Przełóż masę do jednorazowej foremki aluminiowej (kwadratowej, o boku 24 cm); wyrównaj powierzchnię najlepiej jak się da. Zalej masę „czystym" czekoladowym kremem i wygładź powierzchnię.

5 Wstaw do lodówki przynajmniej na 2 godziny, a najlepiej na całą noc.

6 Pokrój na 24 batoniki i oprósz cukrem pudrem przez sitko o drobnych oczkach.

24 batoniki

* Patrz przypis na str. 27.

Makaron z sezamem i masłem orzechowym

Zawsze robię wielką michę tej sałatki, bo świetnie się ją podjada z lodówki. Poza tym łatwo się robi – wystarczy kilka składników – wszystko jedno, czy przygotowujesz większą czy mniejszą ilość, więc można pójść na całość.

Kupuję preparowany chiński makaron, dzięki czemu sałatka jest gotowa w okamgnieniu.

DRESSING
1 łyżka oleju sezamowego
1 łyżka oleju czosnkowego
1 łyżka sosu sojowego
2 łyżki słodkiego sosu chili
100 g masła z orzechów ziemnych
2 łyżki soku z limonki

SAŁATKA
125 g groszku cukrowego (w strączkach)
150 g kiełków z fasoli mung, opłukanych
1 czerwona papryka bez pestek, pokrojona na wąskie paseczki
2 dymki, drobno posiekane
550 g chińskiego makaronu jajecznego (mien), przygotowanego wg instrukcji
20 g ziarna sezamowego
4 łyżki posiekanej kolendry

1. Wymieszaj wszystkie składniki dressingu w misce albo w dzbanku.

2. Do drugiej miski włóż groszek, kiełki, paski papryki, posiekane dymki oraz makaron.

3. Zalej składniki dressingiem i wszystko starannie wymieszaj.

4. Posyp sałatkę ziarnem sezamowym oraz kolendrą i zapakuj porcje do pudełek.

8 porcji

Babeczki (mufinki) bananowe

Często zdarza mi się piec desery z bananami. Nie spodziewałam się, że do tego dojdzie, ale ponieważ nie wyzbyłam się niechęci do wyrzucania jedzenia, jestem zmuszona szukać zastosowań dla bananów zbyt dojrzałych, żeby je zjeść na surowo. Tym mufinkom trudno się oprzeć, a na dodatek robi się je niezwykle szybko. Co więcej, dzięki swej wilgotności i sprężystości, bardzo dobrze sprawdzają się w podróży.

Zamiast kawałków toffi można użyć kawałków białej czekolady; moje dzieci przepadają za mufinkami w jednej i drugiej wersji. Ja lubię wariant z odłamkami gorzkiej czekolady.

3 bardzo dojrzałe banany	100 g drobnego cukru
125 ml oleju roślinnego	1/2 łyżeczki sody oczyszczonej
2 jajka	1 łyżeczka proszku do pieczenia
250 g mąki	150 g kawałków toffi (albo czekolady)

1 Rozgrzej piekarnik do 200°C i wyłóż papilotkami 12 foremek do mufinek.

2 Rozgnieć banany na gładką masę i odstaw na bok.

3 Wlej olej do dzbanka, dodaj jajka i ubij.

4 Wsyp do dużej miski mąkę, cukier, sodę oczyszczoną i proszek do pieczenia, a następnie dodaj mus bananowy.

5 Dodaj kawałki toffi (albo czekolady), wymieszaj i nałóż równe porcje ciasta do przygotowanych foremek – ja robię to łyżką do lodów i łopatką. Piecz 20 minut.

12 mufinek

Chrupiąca sałatka z ostro-kwaśnym dressingiem

Podobnie jak makaron z sezamem i masłem orzechowym (str. 261), lubię tę sałatkę podjadać z lodówki – jednak przeciwnie niż makaronowa, ta sałatka jest niskokaloryczna. Z uwagi na intensywny aromat oraz konkretną konsystencję, jest o wiele bardziej sycąca, niżby się mogło wydawać. Zaspokoi Twój głód aż do następnego posiłku, co może być wskazane w połowie długiego dnia pracy.

DRESSING
- 1-2 łyżeczki pasty tom yum* (do smaku)
- 1 łyżeczka oleju sezamowego
- 2 łyżki octu ryżowego
- 1 łyżeczka miodu
- 2 łyżki oleju rzepakowego
- duża szczypta morskiej soli w kryształkach albo mała szczypta zwykłej soli

SAŁATKA
- 125 g brokułów podzielonych na różyczki albo pokrojonych na 2,5-centymetrowe kawałki
- 125 g fasolki szparagowej, każdy strąk pokrojony na 4 kawałki
- 125 g mini kukurydzy, każda kolba przekrojona na 4 części
- 75 g niewielkich pieczarek, pokrojonych na plasterki
- 100 g kapusty pekińskiej, pokrojonej w cienkie paski
- 150 g kiełków sojowych

1 Zmieszaj w dzbanku składniki dressingu.

2 Obgotuj we wrzątku brokuły, fasolkę i kukurydzę – 2 minuty. Odsącz je i przelej zimną wodą.

3 Włóż do miski pokrojoną kapustę pekińską, kiełki oraz plasterki pieczarek i dodaj odsączone i zahartowane warzywa.

4 Starannie wymieszaj wszystkie składniki

4-6 porcji, zależnie od tego, czy jesz sałatkę jako lunch, czy jako przystawkę

---

* Pasta tom yum – koncentrat do przyrządzania tajskiej zupy o tej samej nazwie. W jej skład wchodzi między innymi trawa cytrynowa, galangal, sól, cukier i sos rybny.

Mniamniaki na drogę

To jest właśnie to: chrupiące, kruche, słodkie i apetyczne kąski. Jako rodzice czujemy się wspaniale, mogąc poczęstować dzieci jakimś zdrowym przysmakiem. Zawierają znikomą ilość mlecznej czekolady, a mnie robi się ciepło koło serca na myśl o dobrodziejstwach i odżywczych właściwościach słodu, płatków jęczmiennych i ziarna sezamu. Te kuleczki mają smak dzieciństwa; są jak batonik Lion domowej roboty.

50 g mlecznej czekolady
150 g syropu *rice malt**
55 g masła
60 g śniadaniowych płatków ryżowych
30 g płatków kukurydzianych
40 g błyskawicznych płatków jęczmiennych
75 g ziarna sezamu

1 W rondlu o grubym dnie roztop na małym ogniu czekoladę, masło i syrop.

2 Dodaj pozostałe składniki i starannie wymieszaj.

3 Rękami (odzianymi w lateksowe rękawiczki rodem z serialu *CSI – kryminalne zagadki...*) formuj z masy kulki wielkości orzechów włoskich. Powinno ich wyjść około 25; można też zrobić większe babeczki, nakładając masę do 12 wyłożonych papilotkami foremek do mufinek.

4 Wstaw mniamniaki na godzinę do lodówki – można się nimi później raczyć przez tydzień.

25 kulek albo 12 babeczek

---

* Rice malt syrup – syrop wytwarzany z brązowego ryżu i słodu jęczmiennego, czyli skiełkowanych i ususzonych nasion jęczmienia. Słodki, w smaku lekko orzechowy z nutą toffi. Używany w kuchni japońskiej.

Sałatka makaronowa z mortadelą

Względem sałatek makaronowych miewam mieszane uczucia, jednak przy tej emocjonalnej huśtawce przeważają raczej argumenty za. Szczerze mówiąc, dawniej mój stosunek do sałatek z makaronem był dość pogardliwy, ale co poradzić – moje dzieci tak je polubiły, że zaczęłam dostrzegać ich walory.

U mnie w domu ta sałatka należy do ulubionych dań, jednak nikt z grona znajomych w moim wieku nie znosi zieleniny. Jeśli Ciebie również dotyczy ten problem, nie wrzucaj natki od razu, tylko postaw na stole, żeby dorośli lubiący natkę mogli posypać swoje porcje.

250 g makaronu świderki
2 łyżki oliwy extra virgin
2 łyżki soku z cytryny
1 łyżeczka morskiej soli w kryształkach albo $1/2$ łyżeczki zwykłej soli
$1/2$ łyżeczki łagodnej musztardy
ok. 150 g mortadeli w kawałku, pokrojonej w kostkę o boku $1/2$ cm
1 mały pęczek (ok. 20 g) natki pietruszki o karbowanych liściach, drobno posiekanej
25 g wiórków parmezanu
sól i pieprz

1 Ugotuj makaron w osolonym wrzątku zgodnie z instrukcją na opakowaniu.

2 W tym samym czasie wymieszaj trzepaczką dressing z oliwy z sokiem cytrynowym, solą i musztardą.

3 Odlej ugotowany makaron, wrzuć do dużej miski, polej dressingiem i starannie wymieszaj.

4 Kiedy makaron wystygnie, dodaj pokrojoną mortadelę, wiórki parmezanu i ewentualnie posiekaną natkę pietruszki. Dopraw do smaku solą i pieprzem, jeśli jest taka potrzeba.

4 porcje „na wynos"

Klopsiki

Zrób je i spróbuj, a zobaczysz, jakie są pyszne; wiem, że nie wyglądają za pięknie, ale nie przejmujmy się tym. Są nie tylko bardzo smaczne, to prawdziwe dobrodziejstwo: robię całą blachę, a te, których nie zjemy od razu, zamrażam. Fantastyczna oszczędność czasu.

Klopsy najlepiej smakują na zimno, zanurzone w majonezie, keczupie, sosie do steków albo musztardzie, albo pokrojone w plasterki i włożone do sandwiczy z różnymi sosami. Czasem daję do nich borówki do mięsa. Wrzuć do kanapki ogórek konserwowy i jakieś marynowane warzywa, a zaznasz pełni szczęścia za stołem. Tylko nie zapomnij o serwetkach.

500 g mielonej wieprzowiny
500 g mielonej wołowiny
80 g błyskawicznych płatków owsianych
70 g gotowego sosu do steków

2 jajka, roztrzepane
2 łyżeczki sosu Worcestershire
1 łyżeczka morskiej soli w kryształkach albo ½ łyżeczki zwykłej soli

1 Rozgrzej piekarnik do 200°C.

2 W dużej misce dokładnie wymieszaj wszystkie składniki rękami albo widelcem.

3 Podziel mięsną masę na 12 porcji i uformuj z nich podłużne klopsy.

4 Ułóż klopsy w niewielkich odstępach na blasze do pieczenia i piecz przez 30 minut.

5 Możesz je podać na gorąco, ale lepsze są ostudzone i schłodzone, pokrojone w plasterki i włożone do sandwiczy albo zanurzone w majonezie.

12 klopsów

Hiszpański omlet

Złocisty trójkątny kawałek omletu z ziemniakami i papryką, zapakowany na drugie śniadanie albo piknik, jaśnieje słonecznym blaskiem. Wykonanie jest proste, tylko trzeba go upiec odpowiednio wcześnie, żeby ostygł, bo najlepiej smakuje w temperaturze pokojowej.

Zwykle słyszy się, że jedyne dopuszczalne składniki hiszpańskiego omletu (oczywiście poza jajkami) to cebula i ziemniaki, ale mnie się podoba czerwień siekanej papryki, olé! Można dodać drobno krojoną smażoną paprykę ze słoika albo kupić duże kawałki pieczonej papryki w słoiku i grubo pokroić.

Przykro mi, jeśli ktoś poczuje się urażony – i nie mam na myśli wyłącznie Hiszpanów – ale będzie szybciej, jeśli dodamy odsączone z zalewy młode ziemniaki z puszki[*], zamiast je gotować.

225 g młodych ziemniaków, przekrojonych na połówki
4 jajka
75 g pokrojonej smażonej /pieczonej papryki ze słoika
3 dymki, drobno posiekane
75 g tartego sera Manchego[**] albo cheddara
1 łyżeczka masła
odrobina oleju
sól i pieprz

1 Mocno rozgrzej górną grzałkę piekarnika (grill) w czasie, kiedy będziesz przygotowywać omlet.

2 Gotuj ziemniaki we wrzątku przez 15 minut, aż będą miękkie, i odlej wodę.

3 W misce roztrzep jajka trzepaczką, a następnie dodaj pokrojoną paprykę, dymkę oraz tarty ser i dopraw do smaku solą i pieprzem. Dodaj odparowane ziemniaki.

4 Na małej patelni o grubym dnie i żaroodpornej rączce rozgrzej masło z odrobiną oleju, wlej na nią jajeczną mieszankę i smaż przez 5 minut na niewielkim ogniu.

5 Gdy omlet jest ścięty od dołu nie odwracaj go, tylko wstaw na kilka minut do piekarnika pod gorącą grzałkę, żeby ściął się wierzch.

6 Przełóż omlet na talerz i zostaw do ostygnięcia. Nie martw się, jeśli w środku jest jeszcze trochę luźny – „dosmaży" się, zanim ostygnie.

7 Gdy omlet ostygnie, pokrój go na 4 duże albo 8 małych trójkątnych porcji.

4 porcje albo więcej – zależnie od tego, co jeszcze podajesz

---

[*] W krajach anglosaskich rzeczywiście można kupić młode ziemniaki w puszce. W Polsce – niekoniecznie.
[**] Patrz przypis na str. 206.

Kurczak w maślance

Od dawna lubię podawać maślankowego kurczaka na kolację na świeżym powietrzu. Zwykle piekłam kurczaka – a raczej kilka kurczaków – na ruszcie, kroiłam w apetyczne ćwiartki i układałam na półmiskach. Potem postanowiłam przyśpieszyć i ułatwić przygotowanie dania i zaczęłam kupować same podudzia z kurczaka. Tak czy inaczej, do kurczaka doskonale pasuje nowoorleańska sałatka coleslaw z przepisu podanego na kolejnej stronie.

12 podudzi z kurczaka, ok. 1,25 kg łącznie
500 ml maślanki
60 ml + 2 łyżki oleju roślinnego
2 ząbki czosnku, zgniecione nożem i obrane
1 łyżka świeżo zmiażdżonych ziaren pieprzu
1 łyżka morskiej soli w kryształkach albo 1$^{1}/_{2}$ łyżeczki zwykłej soli
1 łyżeczka mielonego kminu rzymskiego
1 łyżka syropu klonowego

1 Włóż mięso do dużej mocnej torby foliowej i zalej maślanką oraz 60 ml oleju.

2 Dodaj ząbki czosnku, pieprz i sól.

3 Oprósz mięso kminem rzymskim, dodaj syrop klonowy i dokładnie obtocz mięso w marynacie.

4 Włóż torbę z mięsem do lodówki na całą noc albo zostaw na blacie na 30 minut – do 2 godzin.

5 Rozgrzej piekarnik do 220°C. Wyjmij mięso z torby, dokładnie otrząsając je z nadmiaru marynaty, i ułóż na blasze wyłożonej folią aluminiową.

6 Pokrop kawałki kurczaka pozostałymi 2 łyżkami oleju i piecz przez 30 minut, aż mięso będzie rumiane, miejscami przypieczone i soczyste w środku.

6 porcji

Nowoorleańska sałatka coleslaw

Moim zdaniem to najlepszy dodatek do kurczaka w maślance z poprzedniego przepisu. Dzięki niej udało mi się przekonać do sałatek najzagorzalszych antykolesławowiczów. Nie pamiętam już, skąd wziął się pomysł na tę nazwę (tego rodzaju sałatki robię od dość dawna), ale pewnie ma to coś wspólnego z pięknymi orzesznikami*, które widziałam w Nowym Orleanie.

Jeśli chcesz, oprócz kurczaka i sałatki coleslaw możesz podać sałatkę ziemniaczaną: na str. 123 zobaczysz młode ziemniaki, doprawione oliwą zmieszaną z solą, odrobiną soku z limonki i musztardą.

1 główka kapusty włoskiej (ok. 1 kg)
2 marchewki
2 łodygi selera naciowego
4 dymki
200 g dobrego majonezu
  (najlepiej ekologicznego)
4 łyżki maślanki
2 łyżki syropu klonowego
2 łyżeczki octu jabłkowego
100 g orzechów pekan, posiekanych
sól i pieprz do smaku

1 Obierz i poszatkuj kapustę, ręcznie albo malakserem.

2 Obierz i utrzyj marchew oraz drobno pokrój seler naciowy i dymki.

3 Wymieszaj majonez, maślankę, syrop klonowy oraz ocet i starannie wymieszaj warzywa z sosem.

4 Dopraw sałatkę i wymieszaj z siekanymi orzechami.

6 porcji

---

* Orzesznik – drzewo; jedna z jego odmian rodzi orzechy pekan - podobne w smaku do orzechów włoskich, najpopularniejsze w Ameryce Północnej.

Lemoniada z chmurką na słoneczny dzień

Myślę, że dzbanek lemoniady postawiony na stole w ogrodzie da się zaliczyć do przenośnego jedzenia; ponieważ ciągle się śpieszę, pić też muszę w biegu. Można oczywiście wlać tę prostą, staroświecką lemoniadę do termosu i zabrać na drogę.

Zależnie od nastroju rozważ dodanie do blendera garści malin – lemoniada zrobi się wtedy różowa.

1 litr zimnej wody gazowanej
2 całe cytryny starannie umyte ciepłą wodą, pokrojone na ósemki
4 łyżki drobnego cukru (albo inna ilość, do smaku)
kostki lodu

1 Do naczynia blendera włóż (na dwa razy) cytryny, zasyp cukrem, zalej wodą i zmiksuj, aż z cytryn zrobi się purée.

2 Przecedź lemoniadę przez sitko do dzbanka i podawaj w szklankach z kostkami lodu.

4-6 porcji

Hokus pokus

Najpierw chciałam napisać, że to nie jest aż takie zabawne, jak się wydaje, ale zastanowiłam się głębiej. Hokus pokus* to kornwalijska nazwa tradycyjnego deseru znanego w krajach anglosaskich jako honeycomb, takiego jak *Cinder Toffee* z mojej książki *How to be a Domestic Goddess*** w wersji rodem z Tyneside w Północnej Anglii. Ten deser cudownie smakuje chrupany po małym kawałku albo pokruszony i zmieszany z pysznymi lodami waniliowymi. Możesz nim zastąpić batoniki Crunchie w przepisie na błyszczące deserki czekoladowe ze str. 221. Włączam go do przepisów jako świetny gościniec, który można zabrać na proszone przyjęcie. To lepszy prezent niż kwiaty, na które trzeba znaleźć wazon, i czekoladki, na widok których gospodarze uprzejmie się uśmiechną, a potem wsuną je do szuflady. Wiem z własnego doświadczenia, że nikt się nie oprze kawałkowi słodkiego hokus pokus.

Z podanych proporcji wyjdzie nie za wielka ilość – wystarczy, żeby napełnić puszkę o średnicy 12 cm i głębokości 6 cm – aliści odrobina więcej i Twój dentysta pozwie Cię do sądu.

> **100 g drobnego cukru**
> **4 łyżki płynnego golden syrup***** **(ewentualnie sztucznego miodu lub masy krówkowej)**
> **1 1/2 łyżeczki sody oczyszczonej**

1 Zmieszaj w rondlu cukier z płynną melasą. W czasie podgrzewania już nie trzeba mieszać.

2 Postaw garnek na ogniu i podgrzewaj, aż cukier się stopi i zmieni w płynną masę, a następnie w bąblujący karmel o kolorze syropu klonowego – to zajmie około 3 minut.

3 Zdejmij rondel z ognia, dodaj sodę, zamieszaj i obserwuj, jak syrop zmienia się w pienistą złotą chmurę. Natychmiast wylej hokus pokus na arkusz papieru do pieczenia powlekanego silikonem albo na posmarowaną olejem folię aluminiową.

4 Odczekaj, aż masa zastygnie, a potem uderz w kilku miejscach, żeby rozpadła się na lśniące odłamki.

125 g przysmaku

---

* W oryginale hokey pokey.
** *How to be a Domestic Goddess* (czyli w wolnym tłumaczeniu: Jak zostać boginią domowego ogniska) – książka Nigelli Lawson wydana w Wielkiej Brytanii w 2001 r.
*** Patrz przypis na str. 27.

Sporą część życia, właściwie większość, spędziłam, udając sama przed sobą, że jestem Włoszką. Skoro jednak nie mam szczęścia być nią naprawdę, muszę to sobie wynagrodzić – a jest tylko jeden sposób. Mogę to zrobić, beztrosko igrając z włoską tradycją kulinarną. Szanuję ją, wręcz za nią przepadam, ale jaki sens miałoby podawanie tutaj przepisów, którymi Włosi posługują się od wieków jak każe zwyczaj? W głębi duszy mam na to ochotę (i pewne plany, jeśli wolno mi odpłynąć myślami ku odległemu *futuro*, ale na razie postaram się w moich wersjach przepisów być tak włoska jak tylko potrafię, nie traktując ich jednocześnie z poddańczą wiernością.

Zaletą włoskiej kuchni jest szybkość i prostota, których nie należy mylić z niedbałością. Wiem jednak, że wielu Włochów z mojego pokolenia i młodszych nie gotuje, ponieważ żyją w pędzie i zajmują się pracą zawodową o wiele intensywniej niż ich rodzice czy dziadkowie. Poniższe przepisy to próba przybliżenia włoskich potraw wszystkim, którzy biorą się za gotowanie po długim dniu spędzonym w biurze – moja przyjaciółka, włoska dziennikarka, posłużyła za królika doświadczalnego, żeby stwierdzić, czy ta próba się powiodła i czy nie obraża uczuć prawdziwych Włochów.

Zamieszałam nieco w tych przepisach, bo to urozmaica gotowanie. Uwielbiam takie jedzenie, a odrobina zabawy w kuchni zawsze poprawia mi humor. Najtrudniej było ograniczyć ten rozdział, żeby nie przytłoczył całej książki. To będzie kwintesencja mojego repertuaru – coś, bez czego nie umiem i nie mogłabym żyć. Mam nadzieję, że Twoje odczucia są podobne.

Tuńczyk z fasolką

Oto tradycyjne włoskie antipasto. Chociaż przeważnie podaje się *tonno* z cannellini*, to ja lubię na talerzu plamistą fasolkę borlotti w kolorze terakoty – barwy Toskanii.
Jeśli podchodzisz do sprawy mniej formalnie, danie nadaje się na szybką kolację dla dwojga we włoskim stylu; wszystko, czego bym do niej potrzebowała, to kromka dobrego chleba.

½ czerwonej cebuli, drobno posiekanej
4 łyżki soku cytrynowego
2 puszki fasolki borlotti po 400 g
puszka 250 g dobrej jakości tuńczyka
   (200 g po odsączeniu)
2 łyżki oliwy z pierwszego tłoczenia
sól i pieprz
2 łyżki posiekanej natki pietruszki
   do przybrania

1 Włóż do miseczki posiekaną cebulę i zalej sokiem cytrynowym na czas, kiedy będziesz przygotowywać resztę składników.

2 Odlej fasolkę z zalewy, przepłucz zimną wodą i wsyp do miski.

3 Odsącz tuńczyka z zalewy, rozdrobnij mięso i dodaj do fasolki.

4 Dodaj oliwę i odrobinę soli do cebuli, dokładnie wymieszaj, zalej tuńczyka z fasolką gotowym dressingiem i przełóż sałatkę do naczynia, w którym ją podasz.

5 Przemieszaj wszystko widelcem, dopraw do smaku solą i pieprzem oraz posyp natką pietruszki. Jeśli wolisz podać sałatkę na półmisku zamiast w misce, pomyśl o ozdobieniu go dookoła rukolą albo inną zieleniną.

4-6 porcji jako przystawka albo część posiłku

---

* Cannellini – drobna biała łuskana fasola.

Mozzarella z szaloną gremolatą

Nie ma złego sposobu podania dobrej mozzarelli. Mnie zupełnie wystarczy szczypta soli i zielona kałuża oliwy, ale to jest coś naprawdę wyjątkowego. Gremolata – albo gremolada – to tradycyjny przyprawowy dodatek do *ossobuco*[*] z tartej skórki cytrynowej, czosnku i natki. Moja wersja, nieco bardziej żywiołowa i zwariowana w smaku, ogniście kontrastuje z mleczną łagodnością mozzarelli.

2 kulki mozzarelli z bawolego mleka
1 długa czerwona chili bez pestek, drobno posiekana
6 czarnych oliwek, drobno posiekanych
starta skórka z 1 cytryny umytej ciepłą wodą
½ ząbka czosnku przeciśniętego przez praskę
½ łyżeczki morskiej soli w kryształkach albo ¼ łyżeczki zwykłej soli
3 łyżki oliwy z pierwszego tłoczenia
2 łyżki posiekanej natki pietruszki

1 Pokrój mozzarellę na plastry i ułóż na talerzu.

2 Wymieszaj w misce posiekaną chili z kawałeczkami oliwek, startą skórką cytrynową i czosnkiem.

3 Dodaj sól, oliwę, posiekaną natkę i wymieszaj składniki sza-sza-szalonej gremolaty.

4 Nałóż gremolatę na plastry mozzarelli.

6 porcji jako część przystawki

---

[*] Ossobuco – duszona gicz cielęca.

Pappardelle z escarole*

To najprostszy przepis, jaki można sobie wyobrazić, co jedynie przemawia na jego korzyść. Uwielbiam włoski zwyczaj podawania gotowanej zieleniny do makaronu, chociaż takie dania rzadko robią furorę poza granicami Włoch, pewnie przez niezbyt szykowny wygląd. Rzeczywiście nie-Włosi muszą się zwykle chwilę zastanowić, zanim wrzucą sałatę do garnka. Jeśli nie trafisz na escarole, użyj endywii kędzierzawej albo liści cykorii. Gorzkawy smak twardych liści pasuje do grubego makaronu. Najbardziej lubię szerokie wstążki pappardelle, ale mogą też być rigatoni.

- 1 łyżka oliwy czosnkowej
- 1 łyżeczka suszonych płatków chili
- 1 duża główka escarole, pokrojona w szerokie paski
- 250 ml białego wytrawnego wina
- 250 ml wody
- 500 g jajecznego makaronu pappardelle
- mały pęczek natki, posiekanej
- 50 g parmezanu w grubych wiórkach
- sól i pieprz
- długa czerwona chili bez pestek, drobno posiekana (opcjonalnie)

1. Zagotuj duży garnek osolonej wody na makaron.

2. W drugim – szerokim – rondlu rozgrzej oliwę na małym ogniu, a następnie dodaj pokrojone liście escarole i blanszuj, mieszając, aż zmiękną.

3. Zalej sałatę winem, częściowo przykryj i gotuj przez 6 minut w czasie, gdy gotuje się makaron.

4. Odlany makaron wymieszaj w rondlu z ugotowaną sałatą (sos będzie dość rzadki), posyp siekaną natką i tartym parmezanem, dopraw do smaku; udekoruj danie posiekaną chili, jeśli chcesz nadać mu nieco ostrzejszy smak i kolor.

4-6 porcji

---

* Escarole – rodzaj sałaty endywii, podobnej w smaku do cykorii.

Linguine z cytryną, czosnkiem i tymiankowymi pieczarkami

Oto jeden z moich lepszych pomysłów i przykładów dań, które nie pochodzą z Włoch, ale spokojnie można je zaliczyć do włoskiego kanonu kulinarnego. Wydaje mi się nawet, że nic nie stoi na przeszkodzie, żeby nazwać je *linguine ai fungi crudi*. Wykonanie jest tak szybkie, jak tylko można sobie wyobrazić: pieczarki kroi się w plasterki, wrzuca do oliwy z czosnkiem, cytryną i tymiankiem, a na koniec miesza z ugotowanym makaronem. Obawiam się, że w czasie zdjęć trzeba mi będzie siłą zabrać talerz z makaronem, bo zjem wszystko, zanim danie zostanie sfotografowane.

Grzyby z tymiankiem to również doskonała sałatka, trzeba jedynie wziąć 375 g plasterków pieczarek (pomijając makaron, ale przy zachowaniu podanych proporcji pozostałych składników).

225 g pieczarek
80 ml oliwy z pierwszego tłoczenia
1 łyżka morskiej soli w kryształkach albo 1 1/2 łyżeczki zwykłej soli
1 mały ząbek czosnku, przeciśnięty przez praskę
starta skórka i sok z 1 cytryny
listki z 4 gałązek świeżego tymianku (1 łyżeczka)
500 g makaronu linguine
1 pęczek natki pietruszki, posiekanej
2-3 łyżki świeżo startego parmezanu
świeżo zmielony pieprz

1 Pokrój pieczarki na cienkie plasterki i zmieszaj w misce z oliwą, solą, czosnkiem, sokiem, skórką z cytryny i pięknie pachnącymi listkami tymianku.

2 Ugotuj makaron zgodnie z instrukcją na opakowaniu i z grubsza odsącz, zostawiając trochę wody. Szybko przełóż makaron do miski z pieczarkami.

3 Wszystko starannie wymieszaj, posyp natką pietruszki, parmezanem i pieprzem, przemieszaj jeszcze raz i zajadaj z lubością.

4-6 porcji

Spaghettini z krewetkami i chili

Podaję to danie, kiedy szybko i bez wysiłku chcę ugotować coś, co będzie wszystkim smakowało. Rozmrażam przez noc krewetki, które trzymam w zamrażarce (albo wyjmuję je w porze śniadania, żeby były gotowe na popołudnie), ostatecznie rozmrażam je szybko po powrocie do domu. Zwykle mam w lodówce słoik podsuszanych pomidorów do sałatek, sosów albo makaronu, takiego jak ten.

200 g obranych krewetek, rozmrożonych
250 g spaghettini
2 łyżki oliwy czosnkowej
4 dymki, drobno posiekane
½ łyżeczki pokruszonych suszonych płatków chili

200 g podsuszanych pomidorów w oliwie
125 ml białego wytrawnego wina
50 g rukoli, podartej na kawałki
garść natki pietruszki o płaskich liściach, posiekanej

1 Odsącz rozmrożone krewetki i odstaw na chwilę na bok.

2 Zagotuj dużą ilość wody, wrzuć makaron, posól i gotuj zgodnie z instrukcją na opakowaniu albo nieco krócej.

3 W rondlu (wystarczająco dużym, żeby później pomieścił makaron), rozgrzej oliwę czosnkową i podsmażaj posiekaną dymkę i chili przez 2 minuty, a następnie włóż do rondla pomidory razem z oliwną zalewą i krewetki.

4 Kiedy wszystko się zagrzeje, wlej wino i gotuj przez chwilę. Dodaj rukolę i mieszaj, aż liście zmiękną.

5 Odlej makaron, zostawiając 125 ml wody, w której się gotował, i wymieszaj makaron z krewetkami i chili.

6 Przełóż wszystko do ogrzanej miski, jeszcze raz przemieszaj, w razie potrzeby dodając odrobinę wody z garnka, oliwy albo czosnku.

7 Posyp siekaną natką i podawaj.

4 porcje jako przystawka, 2 jako danie główne

Czarny makaron z barweną

Chociaż kolorowy makaron – nawet czarny, barwiony sepią kałamarnic – najczęściej je się poza granicami Włoch, natchnienie do tego przepisu znalazłam, jedząc latem pyszny makaron z rybą w małej restauracyjce La Fontanina przy drodze wijącej się w górę z Porto Santo Stefano na toskańskim wybrzeżu. Przygotowuję ten wyjątkowy smakołyk na kolację dla dwojga, ale jeśli chcesz, możesz go zrobić na przystawkę – musisz tylko podać po nim coś bardzo, bardzo lekkiego.

Używam *rosé*, bo takie wino piję latem – z lodem i wodą sodową – ale białe będzie równie dobre i o wiele bardziej na włoską modłę.

Podaję rodzaj świeżego makaronu, którego zwykle używam (kupuję go w supermarkecie), bo jest delikatniejszy niż suszony. Możesz jednak swobodnie sięgnąć po inny, byle cienki i nie za twardy. A jeśli nie ma barweny, filet z leszcza będzie odpowiedni. Okoń morski to doskonałe, choć nieco bardziej kosztowne wyjście.

- 2 łyżki oliwy czosnkowej
- 2 dymki, drobno posiekane
- 250-300 g filetu z barweny (albo leszcza)
- 250 g *rosé*
- ½ łyżeczki morskiej soli w kryształkach albo ¼ łyżeczki zwykłej soli
- duża szczypta świeżo zmielonego pieprzu
- 2 pomidory, przecięte na połówki, bez pestek, pokrojone w kostkę
- 2 łyżki kaparów
- 1 łyżka masła
- 250 g świeżego czarnego makaronu tagliolini
- garść świeżych liści bazylii

1. Zagotuj wodę na makaron.

2. Rozgrzej olej na patelni, podsmażaj dymkę przez minutę i połóż na tłuszczu rybę, skórą do dołu.

3. Po minucie, dwóch przewróć filety na drugą stronę, zalej winem i oprósz solą i pieprzem.

4. Kiedy ryba się usmaży, czyli mniej więcej po minucie, zdejmij filety z patelni i zawiń w folię aluminiową, żeby nie utraciły ciepła.

5. Gotuj winny sos przez dalsze 3 minuty, a następnie dodaj pokrojone pomidory, kapary, oraz masło i wymieszaj.

6. Ugotuj makaron – to potrwa 2 minuty – i odlej. Włóż go do sosu i delikatnie, ale dokładnie wymieszaj.

7. Podziel filety na drobne kawałki, zostawiając trochę czerwonej skóry, i delikatnie wymieszaj z makaronem. Część bazylii dodaj od razu, a część przed samym podaniem.

2 porcje jako danie główne, 4 jako przystawka

Pollo alla cacciatora

To stary dobry przepis na kurczaka „po myśliwsku", który wymaga jednak odrobiny wprawy w kucharzeniu. Moja wersja jest dość tradycyjna, tylko przyśpieszona i uproszczona. Niespodziewaną odmianę przynosi puszka drobnej białej fasolki, która zmienia danie w szybką, jednogarnkową kolację. Lubię je – tak samo jak moje dzieci – z gotowanym ryżem. Tak czy inaczej, wiem, że kolacja będzie na stole w mniej niż pół godziny.

1 łyżka oliwy czosnkowej
75 g pancetty* pokrojonej w kostkę
6 dymek, drobno posiekanych
1 łyżeczka listków rozmarynu, drobno posiekanych
500 g kurzych udek bez skóry, pokrojonych na 4 części

½ łyżeczki soli selerowej
125 g białego wytrawnego wina
1 puszka pomidorów w kawałkach (400 g)
2 liście laurowe
½ łyżeczki cukru
400 g drobnej białej fasolki (opcjonalnie)

1 Rozgrzej olej w rondlu o grubym dnie i podsmażaj pancettę, dymkę i rozmaryn przez 2 minuty.

2 Dodaj kawałki kurczaka, dobrze wymieszaj i oprósz solą selerową.

3 Zalej wszystko winem, dodaj pomidory, liście laurowe i cukier. Przykryj rondel pokrywką i podgrzewaj przez 20 minut na małym ogniu.

4 Odlej fasolkę (jeśli używasz) i dodaj do rondla. Kiedy się zagrzeje, można jeść.

4 porcje

---

* Patrz przypis na str. 172.

Kotlety jagnięce z chili i czarnymi oliwkami

Nikt nie przyrządza kotletów jagnięcych lepiej niż Włosi, a ten przepis, który notabene dostałam od Anny del Conte, jest tego najlepszym przykładem. Różowe kawałki mięsa są tak delikatne i smaczne, że chce się ogryźć do kości każdy najmniejszy kęs.

Proponuję możliwie proste dodatki – na przykład młode ziemniaki gotowane na parze i zieloną fasolkę szparagową albo groszek cukrowy – nic nie powinno odwracać uwagi od jagnięciny.

Nie masz pojęcia, jakie pyszne są te kotlety, kiedy przy odrobinie szczęścia (co jest mało prawdopodobne) coś zostanie i można je podjadać następnego dnia.

12 kotletów jagnięcych z kostką
4 łyżki oliwy + 2 łyżki do smażenia
3 ząbki czosnku, obrane i pokrojone na plasterki
1 łyżeczka suszonych płatków chili
1 łyżeczka suszonego oregano
skórka i sok z 1 małej cytryny
1 łyżeczka morskiej soli w kryształkach albo 1/2 łyżeczki zwykłej soli
15 czarnych oliwek bez pestek, pokrojonych na plasterki
1 długa czerwona papryka chili bez pestek, drobno posiekana (opcjonalnie)

1 Przykryj kotlety folią plastikową i lekko rozbij wałkiem albo tłuczkiem. Zdejmij folię i ułóż je pojedynczą warstwą na dnie dużego płaskiego naczynia.

2 Polej mięso 4 łyżkami oliwy oraz sokiem z cytryny i posyp plasterkami czosnku, płatkami chili, oregano, tartą skórką cytrynową. Oprósz solą i dodaj pokrojone oliwki, a następnie obróć kotlety na drugą stronę, żeby dokładnie pokryły się marynatą.

3 Przykryj miskę folią i zostaw w temperaturze pokojowej, żeby mięso się marynowało 20 minut.

4 Na dużej patelni z grubym dnem rozgrzej 2 łyżki oleju. Zeskrob z mięsa marynatę i ułóż je na patelni. (Zachowaj marynatę). Obsmażaj kotlety przez 2 minuty z każdej strony na sporym ogniu, żeby się zrumieniły.

5 Zmniejsz ogień i wlej marynatę na patelnię ze zrumienionymi kotletami. Dodaj ok. 2 łyżek wody i podgrzewaj na średnim ogniu przez 5 minut, jeśli kotlety mają być krwiste, a nieco dłużej, jeśli chcesz, żeby były dobrze wysmażone (wszystko zależy też od grubości kotletów).

6 Przełóż kotlety na półmisek, polej marynatą z patelni i posyp posiekaną świeżą ostrą papryczką, jeśli masz ochotę wzmocnić smak suszonych płatków chili.

4 porcje

Wątróbka z boczkiem i smażoną cebulką

Nie każdy lubi wątróbkę, to prawda, i nie polecałabym jej na przyjęcie. Ale niektórzy za nią przepadają i wówczas doskonale nadaje się na kolację dla dwojga. Wątróbka z cebulą to przysmak znany Włochom i Brytyjczykom (chociaż inaczej przyrządzany), a ja dodaję jeszcze boczek, bo na wytopionym słonym tłuszczu wątróbka doskonale się przysmaża, a jej słodkie gąbczaste mięso zyskuje odpowiednią przeciwwagę. Podobają mi się zgaszone odcienie różowawych brązów mięsa, boczku i poskręcanych pasków usmażonej cebuli. Podaję do nich – w hołdzie *fegato alla veneziana* i jako niezbędny świeży gorzkawy dodatek – sałatkę z purpurowych liści *radicchio di Treviso*[*].

Jeśli chciałabyś pogłębić atmosferę renesansowego malowidła, posyp danie pestkami granatu.

4 plastry boczku
1 łyżeczka oliwy czosnkowej
1 mała czerwona cebula, obrana, przekrojona na cienkie półplasterki
350 g wątroby cielęcej, pokrojonej w cienkie plasterki (ok. 4 podłużnych kawałków)

2 łyżki octu balsamicznego
2 łyżki wody
1 łyżka posiekanej natki pietruszki

1 Podsmaż boczek na oliwie czosnkowej, aż będzie chrupiący, przełóż plasterki na kawałek papierowego ręcznika, żeby je osuszyć, i szczelnie ale luźno owiń w folię aluminiową.

2 Podsmaż cebulę na tej samej patelni – na tłuszczu wytopionym z boczku – aż zmięknie i miejscami ściemnieje, a następnie przełóż do miski.

3 Obsmażaj wątróbkę przez półtorej minuty z każdej strony albo dłużej, jeśli plasterki nie są bardzo cienkie.

4 Rozłóż wątróbkę na dwa talerze, wlej ocet i wodę na gorącą patelnię i odparuj, żeby zrobił się z nich gęsty sos o konsystencji syropu.

5 Polej wątróbkę sosem i nałóż na nią cebulkę. Pokrusz plasterki boczku na mięso i posyp je posiekaną natką pietruszki.

2 porcje

---

[*] Patrz przypis na str. 70.

Włoskie kiełbaski z gorącym sosem pomidorowym i polentą

Włoskie kiełbaski szybko się gotuje – a do tego są bardzo smaczne. Jagnięce kotlety ze strony 299 doskonale nadają się na wiosenny albo letni gorący posiłek, a zimą dzięki kiełbaskom poczujesz się jak pod ciepłym kocem. Zużywam do nich dwa słoiki dobrej jakości sosu pomidorowego z chili. Zwykły pomidorowy nie wystarczy; sos musi mieć wyjątkowy, zdecydowany smak.

1 łyżka oliwy chili
1 kg włoskich kiełbasek
4 łyżki wina Marsala
2 słoiki sosu pomidorowego z chili (po 340 g)
250 ml wody
500 g błyskawicznej polenty (kaszki kukurydzianej)
wrzątek i bulion z kurczaka w proszku albo kostce (do ugotowania polenty)
2 łyżki oliwy

1 Rozgrzej w rondlu olej chili i podsmażaj kiełbaski przez 5 minut, aż zbrązowieją.

2 Dodaj marsalę i podgrzewaj przez minutę, a następnie zalej kiełbaski sosem pomidorowym i 250 ml wody.

3 Gotuj przez 15 minut; w tym czasie ugotuj polentę zgodnie z instrukcją na opakowaniu, ale w bulionie z kurczaka (z proszku albo kostki), a nie w samej wodzie.

4 Gdy polenta będzie gotowa, wymieszaj ją z 2 łyżkami oliwy i rozłóż na 6 podgrzanych talerzy, nałóż na nią kiełbaski i polej sosem. Jeśli sosu jest więcej, wlej go do niewielkiego dzbanka i postaw na stole, żeby każdy mógł sobie dolewać w miarę potrzeby.

6 porcji

Gruszki w miodzie i winie Marsala z gorgonzolą

Z całym szacunkiem dla generała De Gaulle'a i jego współziomków, bez trudu zrezygnowałabym ze wszystkich 246 gatunków francuskich serów dla jednego kawałka gorgonzoli. To król i królowa, najwyższa władczyni wśród serów. Poniższy przepis to hołd dla niej, chociaż z powodzeniem mogę jeść gorgonzolę bez dodatków (i z nikim się nie dzieląc). Jeśli chcesz podać ser po daniu głównym, oto najlepszy sposób.

Przepis nie jest włoski, ale inspiracja owszem. Moim zdaniem to kulinarne wcielenie jesieni w Mediolanie.

2 łyżki oliwy (nie z pierwszego tłoczenia)
2 gruszki (ok. 500 g łącznie, nieobrane, z gniazdami nasiennymi)
3 łyżki wina Marsala
2 łyżki miodu
50 g połówek łuskanych orzechów włoskich
500 g doskonałej dojrzałej gorgonzoli (nie powinna wcześniej trafić do Twojej lodówki)

1 Rozgrzej oliwę na dużej patelni i pokrój gruszki w ósemki – najpierw na ćwiartki, a potem każdą ćwiartkę na pół.

2 Podsmażaj gruszki na oliwie po 3 minuty z każdej strony i w tym samym czasie zmieszaj w kubku marsalę z miodem.

3 Gdy gruszki są gotowe, dodaj winno-miodową mieszankę, żeby intensywnie pogotowała się razem z gruszkami, a następnie przełóż zbrązowiałe gruszki na talerz.

4 Do pozostałego na patelni sosu wrzuć orzechy i podgrzewaj je przez minutę, aż skórka pociemnieje i będzie lepka od miodu. Przełóż orzechy na talerz z gruszkami i dodaj czynnik X, gorgonzolę.

6-8 porcji

Brzoskwinie w muskacie

Włosi znają sposoby na wyjątkowe, a nieskomplikowane desery z prostych składników. Mają do tego talent. Weźmy na przykład *affogato*, czyli po prostu porcję lodów waniliowych nadtopionych przez zalanie filiżanką gorącego espresso. Albo *sgroppino* – kieliszek z sorbetem cytrynowym (ewentualnie z pięćdziesiątką wódki) i musującym Prosecco. Cały deser można kupić w sklepie, a i tak będzie wyśmienity: wystarczy sięgnąć po butelkę Vin Santo i opakowanie cantuccini*, do zanurzania w winie.

Uwielbiam też włoski sposób podawania owoców: umyte winogrona, czereśnie i brzoskwinie wkłada się do mis i zalewa lodowatą wodą. Ten przepis nie wymaga wiele wysiłku, a jeśli nie chce Ci się niczego wcześniej przygotowywać, postaw na stole butelkę muskatu, miskę brzoskwiń i rozdaj wszystkim ostre noże i szklanki, żeby mogli sobie pokroić owoce i zalać winem.

4 dojrzałe brzoskwinie
250 ml słodkiego muskatu albo innego wina deserowego
gęsta tłusta śmietana albo lody do podania (opcjonalnie)

1 Pokrój brzoskwinie w plasterki nad miską (żeby złapać soki).

2 Pokrojone brzoskwinie zalej winem tak, żeby były zanurzone. Przykryj miskę folią plastikową i wstaw do lodówki najwyżej na 6 godzin; czasem lepiej wcześniej przygotować owoce.

3 Przełóż brzoskwinie do ładnej salaterki albo pojedynczych pucharków i podawaj – schłodzone – z dzbankiem gęstej śmietany albo lodami waniliowymi.

6 porcji

---

* Cantuccini – albo biscotti – z wł. „pieczone dwa razy" – kruche ciasto pieczone w kształcie bochenka, a następnie pokrojone w ukośne kromki i jeszcze raz dopiekane.

Syllabub* amaretto

To angielsko-włoska hybryda: typowo brytyjski syllabub nabiera niebywałej włoskości przez dodanie likieru migdałowego. Chrupiące okruchy ciasteczek amaretti kontrastują z nasączonym biszkoptem i kremem śmietankowym. Niewymownie pyszny i mało pracochłonny deser śmiało można podać po przyjęciu.

80 ml likieru amaretto	250 ml tłustej gęstej śmietany
25 g drobnego cukru	250 g amaretti morbidi
1 łyżka soku cytrynowego	(miękkich biszkoptów migdałowych)

1 Wlej likier do miski z cukrem i sokiem cytrynowym, po czym dokładnie wymieszaj.

2 Mieszając, dolej śmietanę i ubijaj, aż zgęstnieje, ale nie będzie zbyt sztywna.

3 Połam po 2 ciasteczka amaretti do każdego z 4 pucharków (każdy o pojemności 150 ml).

4 Rozłóż syllabub do szklanek na pokruszone ciasteczka.

5 Pokrusz jeszcze jeden czy dwa biszkopty i posyp nimi krem. Pozostałe ciasteczka podawaj w całości obok naczyń z kremem.

4 porcje

---

* Syllabub – typowy angielski śmietankowy deser kremowy, bardzo popularny w XVII-XIX wieku.

Budino di cioccolato

...czyli budyń czekoladowy, ale po włosku jakoś lepiej brzmi. Jednak język jest mało istotny, kiedy mowa o czystej, wszechogarniającej błogości. Na zimno jest jak gładki czekoladowy krem, szokujący intensywnością smaku. Lubię go wyjadać prosto z garnka – najsmaczniejszą na świecie gorącą czekoladę na gęsto. Łyżeczka na zdjęciu na stronie 313 też jest czekoladowa. Jak powiedziała kiedyś Mae West: „Nadmiar przyjemności to dopiero przyjemność!".

250 ml tłustego mleka
125 ml gęstej tłustej śmietany
60 g miałkiego cukru
1 łyżka skrobi kukurydzianej
35 g kakao w proszku
2 łyżki wrzątku

2 żółtka
1 łyżeczka ekstraktu waniliowego
60 g gorzkiej czekolady (przynajmniej 70% zawartości miazgi kakaowej), drobno posiekanej

1 Nastaw czajnik z wodą i podgrzej mleko ze śmietaną w rondlu albo w misce, w mikrofalówce.

2 Do drugiego rondla wsyp cukier i skrobię kukurydzianą i przesiej do niego kakao. Dodaj dwie łyżki wrzątku i wymieszaj na gęstą pastę.

3 Mieszaj, dodając po 1 żółtku i dolewając podgrzane mleko ze śmietaną oraz ekstrakt waniliowy.

4 Zdejmij łyżką masę ze ścianek rondla i podgrzewaj na niewielkim ogniu, mieszając przez 3-4 minuty, aż krem zgęstnieje do konsystencji majonezu.

5 Zdejmij budyń z ognia i wymieszaj z posiekaną czekoladą, a następnie rozlej do 4 filiżanek albo pucharków o pojemności ok. 150 ml każdy.

6 Przykryj naczynia folią aluminiową tak, żeby dotykała powierzchni budyniu, zapobiegając powstawaniu sztywnej skórki, odstaw do wystygnięcia i wstaw do lodówki. Nie podawaj lodowatego budyniu prosto z lodówki. Możesz na wierzch nałożyć łyżkę gęstej śmietany. Zwróć też uwagę na ciasteczka z następnej strony.

4 porcje

Ciasteczka czekoladowe

Nie trzeba koniecznie podawać amaretti scuri do *budino di cioccolato*, ale musiałam jakoś spożytkować białka, które mi zostały, kiedy go robiłam – i oto sposób. Zresztą lubię te ciasteczka tak bardzo, że nie potrzebuję wymówki, żeby je upiec. Są oszałamiająco czekoladowe, o cudownie konkretnej konsystencji, a przez to niebezpiecznie uzależniające. Na szczęście (albo nie, zależy od Twojego punktu widzenia) szybko i łatwo się je robi.

2 białka
200 g mielonych migdałów
30 g kakao w proszku
175 g cukru pudru

1 Rozgrzej piekarnik do 200°C i wyłóż blachę papierem do pieczenia, najlepiej pokrytym warstwą silikonu.

2 Wymieszaj białka (nieubite) z mielonymi migdałami, sproszkowanym kakao i cukrem pudrem, aż masa będzie lepka i jednolita.

3 Napełnij dużą miskę zimną wodą, zanurzaj w niej dłonie i formuj z masy kuleczki wielkości małych orzechów włoskich. Pewnie będziesz musiała raz po raz płukać ręce, tocząc kolejne kuleczki.

4 Układaj kulki na przygotowanej blasze, spłaszcz je i wstaw do piekarnika na 11 minut. Trudno orzec, kiedy są w sam raz, bo nadal wyglądają na miękkie, ale twardnieją w miarę stygnięcia. W środku powinny być wilgotne, bo dzięki temu mają lekko kleistą konsystencję, więc nie przejmuj się, że od spodu ciasteczka są lepkie.

Około 25 ciasteczek

Często przed Bożym Narodzeniem ludzi ogarnia lęk i gorączka oczekiwania. Zastanawiam się, czy więcej w tym przerażenia, czy nadziei – najpewniej jest to mieszanina jednego i drugiego – ale często wydaje nam się, że w tym czasie musimy stać się cudownymi gospodyniami i wytrwałymi kucharkami, w każdej chwili gotowymi podać koktajle i wydać przyjęcie. Najlepiej w pół godzinki. Chciałybyśmy być odprężone, cudownie zorganizowane i opanowane. Czy to w ogóle możliwe? Do pewnego stopnia.

O dziwo, nie jest to najtrudniejszy czas w roku, jeśli chodzi o szybkie gotowanie. Oczywiście żadną miarą nie da się upiec indyka w pół godziny, ale umówmy się, że ponieważ dość miejsca poświęciłam na omówienie świątecznych dań głównych, teraz zajmę się nie mniej istotnymi, a równie stresującymi kwestiami pobocznymi. A na razie, mam jedną szybką radę w sprawie Świątecznego Obiadu. Nie rób nadzienia do indyka, tylko kup dobrą mieloną wieprzowinę (ja czasem używam mięsa z mojej ulubionej białej kiełbasy Cumberland), delikatnie oderwij skórę od piersi indyka i wciśnij tam mielone. Innymi słowy, zamiast nadziewać indyka w środku, nadziej go na wierzchu (pod skórą) i upiecz w wysokiej temperaturze. Możesz go wtedy naprawdę porządnie przypiec, bo mielone chroni indyczą pierś przed nadmiernym wysuszeniem. Nie chcę się chwalić, ale udało mi się w ten sposób upiec indyka ważącego 8,25 kg (bez mielonego mięsa) – w bardzo gorącym piekarniku (250°C) – w dwie i pół godziny.

Wracając do tematu: chciałabym, żebyś z przyjemnością zaczęła myśleć o dużych przyjęciach i kameralnych kolacyjkach, które zaczniesz wydawać bez zbędnych ceregieli, o posiłkach dla niespodziewanych gości – przyjezdnych znajomych i dalekich krewnych.

Cała tajemnica, jeśli to w ogóle tajemnica, tkwi we wrażeniu obfitości. Zachęcający efekt można uzyskać stosunkowo niewielkim wysiłkiem. Najbardziej męczące byłoby wydanie przyjęcia, na którym królują tace z tysiącami kanapeczek. Moja mantra to „dużo małym kosztem, a nie mało – dużym". Innymi słowy – zastanów się, co chcesz podać, i zrób tego dużo, a nie ślęcz nad drobiazgami, w przekonaniu, że na stole musi stanąć okupiony ciężką pracą wybór przekąsek, które nie wyglądają efektownie, bo wszystkiego jest za mało.

Tak samo jest z wystrojem wnętrza. W czasie świąt nie potrzebuję niczego, co daje wrażenie przepychu, a raczej przytulności. Chętnie sięgam po świeczniki. Nie muszą być kosztowne i wyszukane – wklepuję w wyszukiwarkę hasło „świeczki" i zamawiam w ilościach hurtowych. Kiedy pokój rozświetla mnóstwo tea-lightów, każdy w małym czerwonym albo pomarańczowym świeczniku, nie ma znaczenia, że były tanie – to nawet lepiej. I pamiętaj, że choć pojedynczo mogą wyglądać tak sobie, w masie będą urocze. Brzmi dziwnie, ale to prawda.

Ta pora roku nie sprzyja ascezie, więc nie przejmuj się, że z czymś przesadzisz, i śmiało idź za odruchem serca. Obawy niweczą urok przyjęcia. Nie będę jednak robić irytujących uwag i nakłaniać Cię, żebyś się nie przejmowała. Po prostu podam Ci przepisy, wtedy na pewno wszystko się uda.

W świątecznym chuchu

Moim zdaniem nie ma potrzeby oferowania gościom dużego wyboru drinków, za to koniecznie należy zatroszczyć się i o tych, którzy nie piją alkoholu. Warto jednak mieć pod ręką kilka przepisów na sezonowe koktajle. *Kula śnieżna* [*Snowball*] trochę wyszła z mody, wiem, ale to duża szkoda: trudno znaleźć bardziej zimowy napitek. *Kula śnieżna* smakuje jak śmietankowa lemoniada dla dorosłych, a o wiele łatwiej ją zrobić niż *Eggnog**. *Święta w szklance* – ta nazwa mówi sama za siebie. Prosecco przeniknięte aromatem cynamonu to kwintesencja świąt. Ja używam francuskiego syropu Monin. Teraz zresztą na każdym rogu ulicy mamy kawiarnie i nietrudno kupić syrop cynamonowy, którym doprawiają tam swoje cafe latte.

Jeśli idzie o *Bellini z granatem*, to po prostu Prosecco (albo inne wytrawne wino musujące) z nektarem z granatów zamiast brzoskwiń. Jeśli nie uda Ci się znaleźć musu z granatów (też kupuję go przez Internet), możesz użyć naturalnego soku z granatów, który jest o wiele łatwiej dostępny. Sok jest mniej intensywny w smaku niż owocowe purée, więc dopraw go syropem z granatów (grenadine). Nie wrzucaj do koktajlu całych pestek granatu (można się udławić), ale pomyśl o udekorowaniu tacy z napojami albo okolic barku połówkami tych owoców.

Na koniec kilka słów o *Czerwonej lemoniadzie*, drinku, który w Paryżu jest nie całkiem *comme il faut***, ale chętnie się go pija za miastem. To właściwie lekki szprycer z czerwonego wina, tylko zamiast wody sodowej dodaje się kwaskowaty napój gazowany. Nie otwieraj zbyt dobrego wina – dzięki temu *Czerwoną lemoniadę* możesz podawać na każdym przyjęciu. Nie chodzi mi oczywiście o wino najtańsze, tylko o lekkie, stołowe czerwone winko. Duża dolewka gazowanego napoju zatuszuje jego ewentualne braki. Koktajl nie jest zbyt wyszukany, ale doskonale gasi pragnienie – i ma piękny, nasycony, świąteczny kolor.

Kula śnieżna

kostki lodu
1 część adwokata

3 części schłodzonej lemoniady,
(najlepiej z limonek, gazowanej)
sok z limonki do smaku

1. Wypełnij lodem sporą okrągłą szampankę lub szklaneczkę.

2. Wlej do szklanki adwokata i dopełnij lemoniadą.

3. Dodaj sok z limonki do smaku.

0,7 litra adwokata wystarczy, żeby zrobić ok. 14 *Kul śnieżnych*

---

* *Eggnog* – koktajl alkoholowy na bazie mleka i jajek, podobny w smaku do ajerkoniaku, ale to nie to samo. Tradycję przyrządzania *Eggnoga* przypisuje się krajom anglosaskim.
** *Comme il faut* (fr.) – w dobrym tonie.

ŚWIĘTA W SZKLANCE

4 części schłodzonego Prosecco albo innego białego wytrawnego wina musującego
1 część syropu cynamonowego

1 Wlej wino do kieliszków.

2 Dodaj aromatyczny syrop.

Butelka wina (0,75 l) wystarcza na 5 kieliszków

BELLINI Z GRANATEM

1 część schłodzonego nektaru albo soku z granatów
3-4 części schłodzonego Prosecco albo innego wytrawnego białego wina musującego

1 Wlej do kieliszka nektar z granatów albo sok.

2 Dopełnij kieliszki winem.

Butelka wina (0,75 l) wystarcza na 6 koktajli *Bellini*

CZERWONA LEMONIADA

3 części schłodzonego czerwonego wina
1-2 części schłodzonej gazowanej lemoniady

1 Wlej wino do wysokiej szklanki.

2 Dopełnij lemoniadą zależnie od smaku (i jakości wina) – tak samo jak w szprycerach z białego wina.

Butelka wina (0,75 l) powinna wystarczyć na 5-6 szklanek

Oliwki Martini

Przyjęcie nie obejdzie się bez drobnych przekąsek, a cóż może być lepszego niż oliwki? Pomysł na Oliwki Martini zaczerpnęłam z książki *Dinner for Eight*[*] autorstwa Denise Landis, mojej koleżanki z „New York Times'a". Nadają się nie tylko na przyjęcie; oliwki można zamykać w słoiczkach i rozdawać w prezencie.

> 4 słoiki po 240 g zielonych oliwek nadziewanych papryką (550 g samych oliwek)
> 60 ml ginu (albo wódki, jeśli wolisz)
> 1 łyżka wermutu
> 1 łyżeczka oleju chili

1 Odsącz oliwki z zalewy i wymieszaj w misce z ginem, wermutem i olejem chili.

2 Odstaw na pół godziny albo do czasu przyjęcia (niezjedzone aromatyzowane oliwki włóż z powrotem do słoika i szczelnie zamknij. Można je przechowywać przez kilka dni – albo dłużej, chociaż nie sądzę, żeby do tego doszło).

550 g oliwek

Paprykowe orzechy pekan w syropie klonowym

Nie mogę próbować, kiedy je przygotowuję, bo wiem, że nie ostanie się ani jeden na przyjęcie. Najlepiej smakują lekko ciepłe (nie podawaj gorących orzechów, bo ktoś może się poparzyć), ale na zimno też są doskonałe. Podobnie jak oliwki, można je komuś podarować zapakowane w słoik ozdobiony wstążeczką.

Bardzo odpowiada mi ostry posmak, który daje pieprz kajeński, ale jeśli wolisz bardziej neutralne przekąski, zastąp go słodką papryką.

> 50 g masła
> 125 ml syropu klonowego
> 1 1/2 łyżeczki soli
> 1 łyżeczka pieprzu kajeńskiego
> 350 g łuskanych połówek orzechów pekan

1 Na patelni roztop masło na małym ogniu i zmieszaj z syropem klonowym, solą i pieprzem kajeńskim. Wsyp na patelnię połówki pekanów, wszystko wymieszaj i podgrzewaj jeszcze przez 2-3 minuty.

2 Rozłóż orzechy na arkuszu papieru do pieczenia pokrytego warstwą silikonu albo na kawałku folii aluminiowej, żeby przestygły.

3 Nałóż lepkie pekany do miseczek.

350 g

---

[*] *Dinner for Eight* (w wolnym tłumaczeniu: Kolacja dla ośmiorga) – 40 propozycji menu na przyjęcie dla rodziny i przyjaciół. Książka wydana w 2005 r. przez New York Times Book.

Party popcorn

Robi się go śmiesznie szybko; z tego wniosek, że przygotowywanie przekąsek na przyjęcia to nie duży kłopot (można sobie zatem pozwolić na ekstrawagancję i przygotować pekany ze strony 319). Prażona kukurydza jest dość pikantna i aromatyczna, co może zaniepokoić przechodzące nieopodal dziecko, które ma nadzieję na tradycyjne słodkie przysmaki. Okazuje się jednak, że popcorn ma ogromne wzięcie, dlatego zawsze robię solidną porcję.

- 2 łyżki oleju do woka
- 200 g (nieuprażonego) ziarna kukurydzy
- 50 g masła
- 2 łyżeczki mielonego cynamonu
- 2 łyżeczki mielonego kminu rzymskiego
- 2 łyżeczki ostrej papryki
- 4 łyżeczki soli
- 4 łyżeczki drobnego cukru

1 Wlej olej na możliwie największą patelnię z pokrywką i ustaw na dużym ogniu. Wsyp ziarna kukurydzy i szybko przykryj patelnię pokrywką.

2 Niech kukurydza się praży, a Ty potrząsaj patelnią od czasu do czasu, żeby ziarenka były w ruchu. Usłyszysz strzelanie, ale nie zaglądaj do środka, jeśli nie chcesz dostać w oko ziarenkiem kukurydzy. Gdy tylko kukurydza przestanie strzelać – po jakichś dwóch minutach – zdejmij patelnię z ognia.

3 Roztop masło na drugiej patelni, zmieszaj z solą i cukrem i pozostałymi przyprawami, zalej popcorn, wymieszaj i wsyp wszystko do dużej papierowej torby.

4 Potrząsaj torbą z całych sił, aż prażona kukurydza będzie dokładnie powleczona masłem z przyprawami.

5 Wsyp popcorn do kilku misek.

3 litry popcornu

Kiełbaski koktajlowe

Jeśli masz ochotę podać jakąś gorącą przekąskę, kiełbaski koktajlowe będą w sam raz. Żadna sztuka, nie mogą się nie udać, a wszyscy bardzo je lubią. To nie są byle jakie koktajlowe kiełbaski: olej sezamowy, miód i sos sojowy nadają im pikantno-słodką lepkość, której nikt się nie oprze.

1 kg (75) kiełbasek koktajlowych
2 łyżki oleju sezamowego
125 ml miodu płynnego
2 łyżki sosu sojowego

1 Rozgrzej piekarnik do 220°C.

2 Rozdziel kiełbaski, jeśli są połączone, i rozłóż na dużej płytkiej blasze do pieczenia.

3 Dokładnie zmieszaj olej z miodem i sosem sojowym, polej kiełbaski i rękami – albo dwiema łyżkami – starannie wszystko wymieszaj, aż kiełbaski pokryją się lepką glazurą.

4 Zapiekaj kiełbaski przez 25-30 minut; przemieszaj je mniej więcej w połowie pieczenia, jeśli akurat będziesz przechodzić koło piekarnika.

75 kiełbasek

Kąski halloumi*

Przy tej przekąsce trochę się śmieci, więc lepiej podać ją gościom siedzącym przy stole, a nie do podskubywania na stojąco. Jeśli zrobisz makaron (patrz kolejny przepis), postaw go obok. Świetnie do siebie pasują, a goście będą je mogli wygodnie nałożyć na talerz. Kawałki halloumi nie nadają się do jedzenia palcami, chyba że zaopatrzysz się w duży zapas serwetek. Wprawdzie do kiełbasek (z poprzedniego przepisu) należałoby chyba podać wilgotne chusteczki dla dzieci, ale nie przejmowałabym się tym za bardzo.

80 ml oleju czosnkowego
2 łyżki soku z limonki
duża szczypta świeżo zmielonego pieprzu
3 łyżki posiekanej natki pietruszki
3 bloki po 250 g odsączonego z serwatki sera halloumi

1 W dużym płaskim naczyniu zmieszaj olej z sokiem z limonki, pieprzem i natką.

2 Pokrój odsączony ser na niewielkie kawałki. Nie martw się, jeśli kawałki będą się trochę rozpadać w czasie krojenia.

3 Rozgrzej suchą patelnię o grubym dnie i smaż partiami kawałki sera, aż będą złociste z obu stron – smażenie na dobrze rozgrzanej patelni trwa mniej więcej minutę.

4 Włóż usmażone kęsy halloumi z powrotem do naczynia z olejową zaprawą, przemieszaj i przełóż na półmisek.

10-12 porcji do kolacji, więcej jako koktajlowa przekąska

---

* Halloumi – owczo-kozi (nieraz z dodatkiem mleka krowiego) ser podpuszczkowy pochodzący z Cypru. Można go zastąpić pokrojonym w plastry niewędzonym oscypkiem.

Świąteczne fusilli

Możesz je podać na przyjęciu jako danie dla wytrwałych, którzy są w stanie jeszcze coś zjeść albo jako niekłopotliwą świąteczną kolację, którą da się przyrządzić na spotkaniu z przyjaciółmi lub po powrocie z jakiejś imprezy. Do makaronu pasują kąski halloumi z poprzedniej strony, ale sam zupełnie wystarczy, żeby się najeść. Musisz wiedzieć, że jeśli szczęśliwie zostanie Ci trochę świderków, z rana po przyjęciu cudownie się je podjada prosto z lodówki.

Jeśli chodzi o pomidory, mam na myśli te podsuszane na słońcu, zanurzone w aromatycznej oliwie, które można kupić w delikatesach.

600 g podsuszanych pomidorów w oliwie
80 ml wódki
2 łyżeczki morskiej soli Maldon w kryształkach albo 1 łyżeczka zwykłej soli
2 łyżeczki cukru

1 kg makaronu fusilli (świderki) albo innego krótkiego makaronu
250 g serka mascarpone
40 g posiekanej natki pietruszki
parmezan tarty w grube wiórki do posypania

1 Zagotuj wielki garnek z wodą na makaron.

2 Drobno posiekaj ok. 150 g pomidorów. Używam do tego łukowatego siekacza do ziół (Mezzaluna), bo można nim porządnie rozdrobnić pomidory.

3 Włóż do miski posiekane pomidory i resztę pomidorów, zalej wódką i dopraw solą i cukrem. Zostaw, żeby się zamarynowały, w czasie gdy makaron się gotuje.

4 Ugotuj makaron zgodnie z instrukcją na opakowaniu, odsącz, wrzuć z powrotem do garnka i starannie wymieszaj z serkiem mascarpone, podgrzewając na średnim ogniu.

5 Dodaj namoczone w wódce pomidory oraz połowę posiekanej natki i dokładnie wymieszaj.

6 Przełóż danie do misy i posyp tartym parmezanem i pozostałą natką.

10-12 porcji

Garnek owoców morza

We Francji, Włoszech i wielu krajach kontynentalnej Europy na Wigilię tradycyjnie podaje się owoce morza przed mającą się rozpocząć mięsną ucztą. Nie musisz się przejmować zwyczajami, ale pamiętaj, że to wspaniały pomysł na szybką, rozgrzewającą i elegancką kolację. Sałatka z kopru włoskiego przed albo po byłaby pyszna, ale tak naprawdę nie potrzeba nic poza kawałkiem chleba do maczania w bulionie. Na deser podaj pudding z kremem ajerkoniakowym (strona 344) i masz fantastyczne zakończenie wieczoru w świątecznym nastroju.

750 g niedużych małży
750 g filetu z żabnicy
750 g filetu z łososia
750 g oczyszczonych kalmarów
2 łyżki masła
odrobina oleju do woka

125 g białego wytrawnego wina
60 ml sherry Pedro Ximenez
    albo innego słodkiego sherry
2 łyżki posiekanego szczypiorku
    (opcjonalnie)

1 Zanurz małże w zimnej wodzie i pokrój ryby (zobacz punkt 2), następnie wyrzuć te muszle, które się otworzyły, a resztę odcedź.

2 Pokrój mięso żabnicy i łososia w centymetrowe plastry, a kalmary w krążki o podobnej szerokości.

3 Rozgrzej masło z olejem w dużym garnku z pokrywką i obsmaż kawałki ryb oraz kalmarów, mieszając, aż mięso zmatowieje.

4 Dodaj małże, zalej winem, przykryj garnek pokrywką i gotuj jeszcze 3 minuty, potrząsając garnkiem nad ogniem.

5 Podnieś pokrywkę, uważając na parę i wlej do garnka sherry. Przykryj z powrotem i gotuj jeszcze jakieś trzy minuty, potrząsając garnkiem od czasu do czasu.

6 Podaj na stół w garnku; ewentualnie posyp potrawę posiekanym szczypiorkiem.

6-8 porcji

Krem brokułowy z serem Stilton

O tej porze roku dobrze jest ogrzać ręce miską gęstej zupy, a ta zupa naprawdę się do tego nadaje. Jest też spore ułatwienie: używam mrożonych brokułów – no dobrze, ekologicznych mrożonych brokułów, jeśli to poprawi Ci humor. Zupa z mrożonych brokułów jest smaczniejsza i można ją przygotować bez głębszego zastanowienia. (Mrozi się świeże brokuły, a te, które leżą zimą w mojej lodówce, zwykle są przywiędnięte i niezbyt smaczne). Poza tym w okresie świątecznym lodówka raczej pęka w szwach; miło jest wtedy znaleźć kluczowe składniki w zamrażarce.

To również dobry sposób, żeby zmienić zwykłe plastry indyka na zimno w rozgrzewające danie.

3 łyżki oleju czosnkowego
6 dymek, drobno posiekanych
2 łyżeczki suszonego tymianku
1 kg mrożonych brokułów
1¼ litra gorącego bulionu warzywnego (z proszku albo kostki)

200 g pokruszonego albo pokrojonego na małe kawałki sera Stilton
świeżo zmielony pieprz
1 długi strąk czerwonej papryki chili bez pestek, drobno posiekany (opcjonalnie)

1 W dużym rondlu z pokrywką rozgrzej olej czosnkowy na średnim ogniu i podsmażaj posiekane dymki przez dwie minuty.

2 Dodaj tymianek oraz mrożone brokuły i podgrzewaj, mieszając, mniej więcej przez minutę.

3 Zalej brokuły gorącym bulionem, dodaj kawałki sera i doprowadź do wrzenia. Przykryj rondel pokrywką i gotuj przez 5 minut.

4 Zmiksuj wszystko w blenderze (a jeśli nie masz, w malakserze) – partiami – a następnie wlej zupę z powrotem do rondla, podgrzej, jeśli zanadto wystygła w czasie miksowania i dopraw pieprzem do smaku.

5 Posyp świątecznym konfetti z posiekanej chili, jeśli masz ochotę.

4 porcje jako kolacja, 8 jako przystawka

Dynia piżmowa* z pekanami i niebieskim serem pleśniowym

Takie danie ma wiele zalet: to wegetariański zamiennik świątecznego indyka albo interesujący dodatek do półmiska plastrów indyka na zimno, który także podnosi smak zwykłych zimowych potraw. Jest też doskonałe samo w sobie, kiedy nie masz ochoty na nic więcej.

2 kg dyni piżmowej
3 łyżki oliwy
6 łodyżek świeżego albo $^1/_2$ łyżeczki
    suszonego tymianku
100 g łuskanych orzechów pekan
125 g roqueforta albo innego sera
    z niebieską pleśnią
sól i pieprz do smaku

1 Rozgrzej piekarnik do 220°C.

2 Przetnij dynię na pół, nie obierając, usuń pestki i pokrój miąższ w kostkę o boku 2,5 cm. Nie musi być bardzo dokładnie, ale kawałki powinny być w miarę równe.

3 Rozłóż kawałki dyni na blasze, polej oliwą. Oderwij listki z 4 gałązek tymianku i posyp nimi dynię. (Jeśli nie masz świeżego tymianku, użyj suszonego). Piecz dynię przez 30-45 minut, aż kawałki zmiękną.

4 Upieczone kawałki dyni przełóż do miski, posyp połówkami pekanów, pokrusz ser i delikatnie wszystko przemieszaj.

5 Sprawdź, czy danie jest dobrze doprawione, i posyp je dla ozdoby pozostałym tymiankiem.

6-8 porcji

---

* Dynia piżmowa – jedna z odmian dyni; podłużna, zielono-pomarańczowa albo pomarańczowa; popularna na zachodzie Europy i w Ameryce Północnej. W Polsce rzadkość, a ma tę zaletę, że jej skóra jest miękka i nie wymaga obierania. Miąższ delikatnie pachnie piżmem. Można ją zastąpić zwykłymi odmianami dyni, które jednak lepiej obrać przed podaniem.

Tonnato z indyka

Oto zimowa (a do tego szybka) wersja klasycznego włoskiego *vitello tonnato*: zamiast gotowanej cielęciny z tuńczykowym majonezem podaję pokrojonego w cienkie plasterki indyka, który został po świętach, i szybko mieszam majonez z dobrej jakości mięsem tuńczyka. Szczególnie lubię kawałki z brzucha ryby, sprzedawane w słoiczkach pod nazwą *ventresca*. Wprawdzie duch mojej matki mógłby mnie przekląć za to, że kupuję „świeży" majonez, zamiast utrzeć go samodzielnie, ale tak właśnie robię. Ale nie używam byle jakiej bladej mazi.

Tonnato doskonale smakuje z zimową sałatką z radicchio; gorzkawy posmak sałaty równoważy zawiesistość różowawego majonezowego dressingu. Jeśli masz czas, możesz upiec ziemniaki, które też zdumiewająco dobrze do tego pasują.

170 g świeżego majonezu
190 g doskonałej jakości tuńczyka, odsączonego z zalewy
4 łyżeczki soku z cytryny
5 łyżek kwaśnej śmietany
½ łyżeczki papryki

500-600 g filetu z piersi indyka pokrojonego w cienkie plasterki
1 łyżeczka kaparów
8 filecików anchois, przeciętych wzdłuż na pół

1 Zmiksuj w blenderze na gładki sos majonez z tuńczykiem, sokiem z cytryny, śmietaną i papryką.

2 Ułóż plasterki indyka na dużym półmisku i polej je sosem tak, żeby pokrył prawie wszystko.

3 Ułóż na sosie kratkę z połówek anchois (albo inny wzór) i posyp kaparami.

6 porcji

Korzenne brzoskwinie

To mój nieodzowny świąteczny dodatek. Przepis na niego, jak na wiele innych dobrych rzeczy, dostałam od mojej towarzyszki broni, Hettie Potter. Próbowałam połówek brzoskwiń ze słoja i z puszki – ich pochodzenie zupełnie nie ma znaczenia. Obawiam się jednak, że powinnaś powstrzymać się od kupienia owoców w lekkim syropie, zdrowszych od tych w normalnym syropie. Jeśli znajdziesz w sklepie plastry, też mogą być. To cudowny dodatek do pieczonej szynki na gorąco albo na zimno; równie świetnie pasuje do sera. Świąteczna kuchnia pachnie tak jak należy, a brzoskwinie to także prosty prezent, który uroczo wygląda w staroświeckim słoiku.

- 2 puszki połówek brzoskwiń w syropie (po 400 g każda)
- 1 łyżka octu ryżowego albo białego octu winnego
- 2 krótkie kawałki kory cynamonowej
- 4 cm kłącza imbiru, obranego i pokrojonego na cienkie plasterki
- ½ łyżeczki suszonych płatków chili
- ½ łyżeczki morskiej soli Maldon w kryształkach albo ¼ łyżeczki zwykłej soli
- ¼ łyżeczki całych ziarenek czarnego pieprzu
- 3 goździki

1 Przełóż do rondla zawartość puszek razem z syropem.

2 Dodaj ocet, cynamon, plasterki imbiru, chili, sól, pieprz i goździki.

3 Doprowadź do wrzenia i gotuj przez minutę, a następnie zdejmij rondel z ognia. Zostaw brzoskwinie w rondlu, żeby nie ostygły.

4 Podaj brzoskwinie do szynki na gorąco – niech goście nakładają sobie połówki owoców razem z odrobiną korzennego syropu. (To, co zostanie, należy włożyć do słoika i podawać na zimno do zimnej szynki).

Mniej więcej 8 porcji

Czekoladowe krówki z pistacjami

Mam nieodparte wrażenie, że cukiernik nie uznałby ich za prawdziwe krówki, chociaż smakują bosko. Nie będziesz potrzebowała termometru, żeby sprawdzić, czy masa ma odpowiednią temperaturę i konsystencję. Dla mnie są najlepsze, kiedy ich smak jest mniej wyrazisty – ten efekt osiąga się bez trudu, wrzucając krówki do zamrażalnika. Dzięki temu robią się kruche i chrupiące. Jeśli nie podaję ich na przyjęciu albo po obiedzie, do kawy, wrzucam połowę do zamrażalnika, a połowę pakuję do pudełeczka albo dwóch jako świąteczne podarki. Powinny być jednak przechowywane w chłodzie.

350 g gorzkiej czekolady (przynajmniej 70% zawartości miazgi kakaowej), posiekanej
1 puszka (ok. 400 g) słodzonego mleka skondensowanego
30 g masła
szczypta soli
150 g łuskanych (niesolonych) orzechów pistacjowych

1 W rondlu o grubym dnie zmieszaj czekoladę, mleko skondensowane, masło oraz sól i podgrzewaj, mieszając, aż składniki się połączą.

2 Włóż orzechy pistacjowe do mocnej foliowej torby i pokrusz je, uderzając wałkiem, na małe i większe kawałki.

3 Dodaj orzechy do czekoladowej masy i starannie wymieszaj.

4 Przelej krem do płaskiej jednorazowej aluminiowej kwadratowej foremki o boku 23 cm i wyrównaj powierzchnię.

5 Odstaw masę do ostygnięcia, a później wstaw do lodówki, żeby się zestaliła. Możesz ją wtedy pokroić na niewielkie kawałki o wymiarach około 3x2,25 cm. Najłatwiej podzielić masę, krojąc ją na 8 części wzdłuż i 10 w poprzek, co daje 80 kawałków.

6 Pokrojone krówki można trzymać w zamrażalniku – nie trzeba ich rozmrażać, można od razu jeść.

80 krówek

Spacerkiem na Mont Blanc

Oto klasyczny kasztanowo-czekoladowo-śmietankowy deser Mont Blanc w wersji dla leniuchów. Mała lekcja gastrogeografii: czekolada to ziemia, purée z kasztanów to góra, bita śmietana – lodowiec, a okruchy bezy – świeży śnieg. Brzmi niedorzecznie, ale gdy poczujesz ten smak, nie będziesz się przejmować.

Jeśli o tej porze roku, tak jak ja, nigdy nie masz dość kasztanów, możesz pomyśleć o wariancie naleśników z Nutellą ze strony 374 i zastąpić ją kremem kasztanowym, a likier Frangelico* rumem. Zamiast siekanych orzechów laskowych możesz dać kawałki *marrons glacés*** albo darować sobie jedno i drugie.

100 g gorzkiej czekolady (przynajmniej 70% zawartości miazgi kakaowej)
500 ml śmietany kremówki
2 bezy (o średnicy 7-8 cm)
500 g kremu kasztanowego***

1 Posiekaj czekoladę ostrym nożem albo zmiksuj w malakserze na dość drobne okruchy. Rozłóż czekoladę do 6 niewielkich pucharków albo szklaneczek o pojemności 125 ml.

2 Ubij śmietanę tak, żeby nie była zbyt sztywna, a następnie pokrusz jedną bezę i zmieszaj ją ze śmietaną.

3 Do każdej szklanki nałóż krem kasztanowy na czekoladę. Na wierzch nałóż bitą śmietanę i posyp okruchami drugiej bezy.

6 porcji

---

* Frangelico – 24-procentowy likier z orzechów laskowych produkowany w Północnych Włoszech.
** *Marrons glacés* – kandyzowane kasztany.
*** W niektórych polskich delikatesach można kupić krem kasztanowy z dodatkiem wanilii w słoiku albo puszce (np. firmy Bonne Maman albo Clément Faugier).

Francusko-angielskie ciastka z masełkiem burbonowym

O tej porze roku nie należy zapominać o słodkościach – oto cudowny, superszybki *mince pie**. Kup dwa opakowania rozwałkowanego ciasta francuskiego, rozwiń jedną warstwę, nałóż na nią porcyjki nadzienia *mincemeat*, przykryj drugą płachtą ciasta i wytnij foremką niewielkie kwadratowe ciasteczka. Następnie ciastka należy upiec, ale mogą przedtem trochę poleżeć w lodówce.

      Niekiedy w czasie pieczenia ciasteczka rozkładają się jak akordeon, ale wystarczy je lekko przycisnąć, żeby odzyskały kształt, co jest i łatwe, i przyjemne. Aha, masełko burbonowe to nie jest opcjonalny dodatek, a raczej coś nieodzownego, dla czego warto żyć. Wystarczy utrzeć 100 g masła z 200 g jasnobrązowego cukru – mikserem, malakserem albo ręcznie, stopniowo dodając 2-3 łyżki burbona. Zrobiłam sobie dużo takiego masełka, bo o tej porze roku warto je mieć pod ręką, i to nie tylko do świątecznego ciasta czy puddingu. Można je nałożyć na owoce, które będziesz zapiekać w piekarniku. Można je również z powodzeniem jeść łyżką.

> **2 opakowania rozwałkowanego ciasta francuskiego**
> **(prostokąt o wymiarach ok. 25x40 cm), rozmrożonego**
> **150 g nadzienia *mincemeat***
> **1 jajko**

1 Rozgrzej piekarnik do 220°C. Ostrożnie rozpakuj i rozwiń warstwy ciasta.

2 Kwadratową foremką do wycinania ciastek (ja użyłam foremki o ząbkowanych brzegach) „narysuj" kwadraciki, nie przecinając ciasta, żeby je rozplanować na całej powierzchni i żeby nie zostały wolne miejsca.

3 Nałóż na wyznaczone miejsca po ok. 1/2 łyżeczki nadzienia.

4 Palcem unurzanym w roztrzepanym jajku obwiedź wewnętrzne krawędzie kwadratów.

5 Dokładnie przykryj warstwę ciasta z nadzieniem drugą warstwą i dociśnij w miejscach, gdzie nie ma nadzienia, tak żeby wstępnie uformować nadziewane ciasteczka.

6 Za pomocą tej samej foremki tym razem wytnij ciasteczka w kształcie ravioli. Upewnij się, że warstwy ciasta są posklejane, zanim ułożysz ciasteczka na blasze wyłożonej papierem do pieczenia, robiąc między nimi niewielkie odstępy.

7 Piecz ciasteczka 15 minut. Nie wpadaj w panikę, jeśli porozchylają się jak akordeony. Po wyjęciu z piekarnika górną warstwę ciasta można docisnąć z powrotem. Rozłóż ciastka na metalowej kratce, żeby trochę przestygły, i podawaj na ciepło z dodatkiem masełka burbonowego.

35 ciastek

---

* *Mince pie* – tradycyjny angielski świąteczny deser. Między dwie warstwy kruchego ciasta nakłada się mincemeat – nadzienie z posiekanych suszonych i kandyzowanych owoców, brandy, przypraw i tłuszczu (dawniej w jego skład wchodziło siekane mięso i wołowy łój, stąd nazwa) – piecze i podaje na ciepło. W Polsce nadzienie mincemeat można czasem kupić w luksusowych delikatesach, ale to wielka rzadkość.

Pudding z kremem ajerkoniakowym

To świątecznie doprawiona wersja niezwykłego deseru, który wygląda na jakiś żart, kiedy się go przygotowuje, zalewając ciasto wrzątkiem. Po upieczeniu okazuje się niezbyt ładnym, gąbkowatym biszkoptem z gęstym sosem pod spodem. Jednak wygląd to nie wszystko, a imbirowo-krówkowy aromat biszkoptu i sosu sprawiają, że każdy ma na niego ochotę. I to zanim doda się krem ajerkoniakowy. To cudowny dodatek do świątecznego puddingu, gorącej czekolady, każdego ciasta i placka – po prostu wszystkiego. Nie widzę najmniejszego powodu, żeby go nie dodawać.

150 g mąki
100 g + 200 g brązowego cukru Muscovado (lub innego brązowego)
1 łyżeczka proszku do pieczenia
2 łyżeczki mielonego imbiru
2 łyżeczki mieszanki przypraw korzennych
125 ml tłustego mleka
60 ml oleju roślinnego
1 jajko
6 łyżeczek masła
500 ml wrzątku

1. Rozgrzej piekarnik do 220°C, włóż do niego blachę do pieczenia i zagotuj wodę w czajniku.

2. Zmieszaj w misce mąkę, 100 g cukru, proszek do pieczenia, 1 łyżeczkę imbiru, 1 łyżeczkę mieszanki przypraw, mleko, olej i jajko.

3. Przełóż ciasto do natłuszczonej foremki (23 cm średnicy x 6 cm głębokości).

4. W drugiej misce zmieszaj pozostałe 200 g cukru z pozostałą łyżeczką imbiru i przypraw i posyp nim ciasto w foremce. Rozłóż na całej powierzchni ciasta porcyjki masła i zalej wszystko wrzątkiem. Zdaj się na mnie.

5. Ustaw foremkę na blasze w piekarniku i piecz przez 30 minut. Odstaw na 10 minut przed podaniem i nakładaj porcje biszkoptu, koniecznie razem z sosem.

6-8 porcji

Krem ajerkoniakowy

350 ml gęstej tłustej śmietany
125 ml adwokata

1. Wlej do miski śmietanę z adwokatem.

2. Ubij śmietanę elektryczną trzepaczką, żeby była gęsta, ale niezbyt sztywna.

3. Podawaj z puddingiem albo innym świątecznym deserem.

Ok. 500 ml

Chrupiące kwadraciki marshmallow*

Można pomyśleć, że ten przysmak został wymyślony specjalnie dla dzieci i pewnie rzeczywiście tak jest, ale to właśnie dorosłym trudno się oprzeć, żeby nie sięgnąć po następny kawałek. Kiedy mamy uszczęśliwiać swoje wewnętrzne dziecko, jeśli nie o tej porze roku?

Jeśli akurat mam w szafce jadalny brokat do ozdabiania deserów, posypuję kwadraciki, póki jeszcze są lepkie, ale same z siebie też są perłowo-błyszczące.

Ślicznie wyglądają ułożone na paterze, z wbitymi urodzinowymi świeczkami. Możesz je także pokroić na drobniejsze kęsy, które goście będą mogli od razu włożyć do ust.

45 g masła
300 g małych pianek marshmallow (lub „ptasiego mleczka")
180 g ryżowych chrupek do mleka
jadalny brokat (opcjonalnie)

1 Na małym ogniu roztop masło w rondlu o grubym dnie.

2 Dodaj pianki marshmallow i podgrzewaj, stale mieszając, aż zupełnie się rozpłyną.

3 Zdejmij rondel z ognia, natychmiast wsyp chrupki i delikatnie, ale starannie wymieszaj.

4 Przełóż masę do natłuszczonej foremki i ugnieć ją dokładnie – mogą Ci się do tego przydać silikonowe rękawiczki à la CSI, bo jest bardzo lepka. Wyrównaj powierzchnię i posyp jadalnym brokatem, jeśli masz chęć.

5 Gdy deser całkowicie ostygnie, pokrój go w foremce na 24 kwadraciki.

24 kwadraciki

* Patrz przypis na str. 159.

Świąteczne owoce w sherry

Wydaje się, że to deser dla niezbyt pracowitych, ale choć wygląda tylko na dodatek, w rzeczywistości jest główną wygraną dla zabieganych i wyczerpanych. Coś nam się od życia należy. Zwykle zalewałam owoce brandy, potem próbowałam z rumem, a teraz zdecydowanie jestem w fazie sherry Pedro Ximenez. Jeśli nigdy nie piłaś tego bursztynowego, słodkiego, rodzynkowego sherry, błagam: zrób to. Pomysł na owoce w sherry to już dość ekspresowa wersja, ale można jeszcze bardziej uprościć sprawę, polewając takim sherry porcje lodów waniliowych.

Umówiłyśmy się z moją siostrą Horatią, że nie dajemy sobie prezentów na Boże Narodzenie (zaraz później obie mamy urodziny), ale zwykle omijam ten zakaz i wręczam jej słoik owoców w sherry.

500 g dobrych suszonych owoców
(mieszanka rodzynek sułtańskich i koryńckich oraz kandyzowanych wiśni)
400 ml sherry Pedro Ximenez albo innego słodkiego sherry

1 Wsyp owoce do słoja o objętości 1,25 l albo do kilku mniejszych słoików.

2 Zalej je sherry tak, żeby owoce były całkowicie zatopione; z czasem będą puchły, wypełniając słoik.

3 Odstaw owoce na tydzień, a w stanie desperacji przynajmniej na jedną noc. W obu przypadkach dolewaj sherry, żeby owoce były całkowicie zanurzone.

4 Podawaj z lodami waniliowymi albo z czym chcesz.

1,25 litra owoców

Zimowa sałatka owocowa

O tej porze roku zwykle przeszukuję szafkę z alkoholami nieco niższego sortu. Znalazłam już zastosowanie dla adwokata, a teraz muszę sięgnąć po tuacę. Ten wybitnie bożonarodzeniowy toskański likier przypomina smakiem słodką brandy z wanilią i pomarańczą; to właściwie panettone* w płynie. Nie każdy musi mieć w domu butelkę tego trunku, chociaż ja kupuję go bez namysłu (można powiedzieć: bez koniecznego namysłu). Są gorsze rzeczy niż popijanie likierów w czasie świąt. Dla ułatwienia dodam, że można go zastąpić mieszaniną brandy i cointreau albo innego słodkiego likieru pomarańczowego. Nie wykluczam użycia samej brandy, tyle że wtedy trzeba dodać do syropu dwa razy więcej cukru.

Tak samo jak w przypadku owoców w sherry ze strony 348 (spójrz na świątecznie nastrojowe zdjęcie ze str. 349), ekspresowość sałatki nie polega na tym, że można ją zrobić i podać w pięć minut – wymaga dłuższego nasączania alkoholem – ale KOMPLETNIE NIE WYMAGA WYSIŁKU. To się liczy zawsze, a teraz nawet jeszcze bardziej.

6 klementynek albo innych bezpestkowych mandarynek
250 g likieru Tuaca albo mieszaniny brandy i cointreau
100 g drobnego cukru
nasiona z 1 owocu granatu albo 75 g nasion granatu z puszki

1 Obierz mandarynki i podzielone na cząstki włóż do miski.

2 Zalej owoce likierem Tuaca i odstaw na kilka godzin, a najlepiej na noc.

3 Odsącz mandarynki nad niewielkim rondlem, żeby zachować likier, i dosyp do niego cukier. Wymieszaj, żeby cukier się rozpuścił, doprowadź do wrzenia i gotuj 5 minut na małym ogniu, nie mieszając.

4 Odstaw syrop, żeby nieco przestygł i ponownie zalej płynem mandarynki. Dodaj pestki granatu i wymieszaj przed podaniem.

6-8 porcji

---

* Panettone – tradycyjna włoska babka drożdżowa, pieczona na Boże Narodzenie i Nowy Rok.

Hot Toddy

Święta to czas powszechnej życzliwości, ale też mrozów i przejmujących wichrów. Każdemu należy się coś na rozgrzewkę i ogólną poprawę samopoczucia.

60 ml burbona
  (albo rumu, jeśli wolisz)
60 ml wody
1 łyżeczka soku z cytryny

1 łyżka miodu
kawałeczek skórki cytrynowej
1 goździk

1 Wlej burbona, wodę, sok z cytryny i miód do rondelka i zagrzej.

2 Przebij skórkę cytrynową goździkiem i wrzuć do rondelka.

3 Kiedy wszystko się zagrzeje, przelej do szklanki i wypij.

1 porcja

Wszystkim się chyba wydaje, że są jakieś sekretne sposoby, które – raz zastosowane – sprawią, że już nigdy nie będzie trzeba robić zakupów, a wszystko samo się ugotuje. Tak nie jest i być nie może. We wszystkich przepisach są składniki, które trzeba kupić – bez względu na to, czy są rzadko używane, czy pospolite. Stwierdzam oczywisty fakt, ale odnoszę wrażenie, że nie bez potrzeby.

Oczywiście można robić duże zapasy i ja je robię. Trzeba jednak wypośrodkować między kupowaniem takich ilości produktów, żeby nie trzeba było codziennie biegać po zakupy, a zastawianiem półek w szafkach masą puszek, które rzadko kiedy się przydają. Mam okropną skłonność do gromadzenia rzeczy i wiem, jak bezużyteczna może się okazać szafka pełna produktów.

Prawda jest taka, że dieta nie powinna się składać wyłącznie z produktów o długim terminie przydatności do spożycia. A jeśli się składa, to jest okropnie niezdrowa. Lubię wiedzieć, że mam pod ręką składniki na szybki makaron z sosem dla dzieci i nie muszę robić wyprawy do sklepu, że kiedy kupuję kurczaka do upieczenia, znajdę w spiżarni białą fasolkę na purée i olej czosnkowy albo truflowy, dzięki któremu potrawa zmienia się z byle jakiej w genialną. Jeśli ktoś mnie niespodziewanie odwiedzi, wiem, że mogę zrobić szybki niezaplanowany deser. Jednak jeszcze trochę i zacznę odnosić wrażenie, że nie robię zakupów, tylko gromadzę prowiant, z którym będę się mogła zamknąć w bunkrze. Mogę oczywiście powiedzieć, co moim zdaniem warto mieć na podorędziu; większość tych składników pojawiła się już w książce. W końcu na co dzień nie sposób posługiwać się szybkimi i prostymi przepisami bez odpowiedniego zabezpieczenia.

Większość moich pomysłów wymaga użycia **aromatyzowanego oleju** albo oliwy: zwłaszcza **oliwy czosnkowej**, **oleju do woka** i **oleju chili** na trzecim, ale również medalowym miejscu. Można je spokojnie kupić – w supermarketach jest ich pod dostatkiem – ale jeśli chcesz, bez trudu zrobisz je sama. Na **oliwę czosnkową** posiekaj 8 ząbków czosnku i dodaj do $^1/_2$ litra zwykłej oliwy. Odstaw na 48 godzin, żeby naciągnęła, i przecedź do butelki (przez lejek, bo inaczej Twoja praca pójdzie na marne). **Olej do woka** robi się z 450 ml oleju roślinnego, na przykład słonecznikowego, 50 ml oleju sezamowego, 4 pokrojonych na plasterki ząbków czosnku oraz pokrojonego na plastry 6-centymetrowego kawałka imbiru. Przecedza się go i zlewa po 48 godzinach. Do przygotowania **oleju chili** potrzeba $^1/_2$ litra oleju roślinnego. Sieka się 4 czerwone papryczki chili i wrzuca do oleju razem z pestkami, zanim się go zleje po 48 godzinach tak samo jak inne oleje. Każdy olej możesz dowolnie aromatyzować i chociaż właściwie nie trzeba odcedzać dodatków – nie zepsują się, dopóki olej jest dobry – ja jednak wolę to zrobić od razu, żeby później nie musieć o tym myśleć.

Trzymam w domu mnóstwo fasoli oraz innych warzyw strączkowych. Dzięki temu nigdy nie brakuje mi warzywnego dodatku, półproduktów na przystawki, zupy i białkowego zamiennika mięsa dla wegetarian. Myślę, że warto potraktować zamrażarkę jako przedłużenie spiżarni. Nie traktuję jej jako źródła mrożonych gotowych dań, tylko jako schowek na warzywa. Nie kręć nosem: warzywa z zamrażarki mają więcej wartości odżywczych niż te, które radośnie przechowujesz w szufladzie lodówki.

Mogłabym dalej pisać w tym duchu, ale nie chcę Cię zamęczać swoimi radami na to, co powinnaś trzymać w lodówce i na półkach spiżarni: spis produktów okazałby się wysoce nieprzydatny. Poniższe przepisy dają przyzwoity obraz tego, czego można użyć, kiedy szybko trzeba nakarmić domowników i gości. Powodzenia!

Trzy dressingi, które lubię najbardziej

Nietrudno zrobić za każdym razem dressing do sałaty – równie dobrze można ją oprószyć solą oraz skropić sokiem z cytryny i jakąś dobrą oliwą tuż przed podaniem – ja jednak trzymam w słoikach moje trzy ulubione i najczęściej używane sosy. Nie przechowuję ich w lodówce, chociaż sanepid na pewno by mnie do tego nakłaniał.

Takimi dressingami z powodzeniem można polać gotowane warzywa albo użyć ich jako marynaty, chociaż w tym wypadku dolałabym więcej oliwy.

Złocisty dressing miodowo-musztardowy

Świetnie smakuje z każdą sałatą, ale najlepiej z gorzkawymi liśćmi cykorii albo radicchio. Jeśli nie masz akurat oleju rzepakowego, użyj innego, chociaż wtedy dressing nie będzie taki złocisty.

4 łyżki musztardy dijońskiej
2 łyżki miodu
80 ml soku z limonki

250 ml oleju rzepakowego
1 łyżeczka morskiej soli w kryształkach albo ½ łyżeczki zwykłej soli

1 Włóż i wlej wszystkie składniki do słoika po dżemie, dobrze dokręć pokrywkę i mieszaj jak opętana.

330 ml

Dressing z czerwonego wina z anchois

Ten sos też pasuje do twardych gorzkawych sałat, ale naprawdę rewelacyjny jest z łagodną i słodką grillowaną papryką. Trzymam w zamrażarce opieczone papryki, zamrożone wkładam do piekarnika, a upieczone zalewam tym dressingiem.

8 filecików anchois
60 ml czerwonego octu winnego

60 ml oliwy czosnkowej
175 ml oliwy

1 Wszystkie składniki utrzyj blenderem na gładki dressing.

2 Przechowuj w szczelnie zamykanym słoiku.

295 ml

Dressing limonkowy z wasabi

Ten śliczny zieloniutki dressing ma wielką moc: uwielbiam go z rukwią wodną, sałatką z awokado – doprawdy ze wszystkimi łagodnymi w smaku potrawami, którym chcemy dodać odrobinę zadzierzystości.

    3 łyżki soku z limonki
    4 łyżki oleju arachidowego
    1 łyżka pasty wasabi z tubki
    ½ łyżeczki morskiej soli w kryształkach albo ¼ łyżeczki zwykłej soli

1 Zamknij wszystkie składniki w słoiku i mocno potrząśnij, żeby je wymieszać.

105 ml

Hummus z czerwoną papryką

Zdarzają Ci się dni, kiedy zupełnie nie spodziewasz się gości na kolacji i nagle po południu odbierasz telefon w tej sprawie? To jest szybka przekąska, która zmieni zwykłego pieczonego kurczaka, albo cokolwiek innego, w elegancką kolacyjkę dla czterech osób. W sytuacji, kiedy musisz coś podać, a nie masz czasu tego zaplanować, pieczony kurczak prawie zawsze jest dobry: łatwiej wymyślić fikuśne dodatki na przed, po i w trakcie, niż od podstaw opracować główne danie.

Hummusem można posmarować crostini (malutkie tosty, do kupienia w delikatesach) albo podać go jako dip. Sprawdza się też w roli sosu o ciekawym smaku i pięknym kolorze do łagodnych grillowanych mięs.

1 słoik pieczonej papryki w oliwie
1 puszka ciecierzycy
1 łyżeczka słodkiej papryki w proszku
2 łyżki twarożku typu Filadelfia

2 łyżki oliwy czosnkowej
1 łyżeczka soku z limonki
sól do smaku

1 Odsącz paprykę i ciecierzycę z zalewy. Włóż je do naczynia malaksera.

2 Dodaj paprykę w proszku, serek Filadelfia, oliwę i sok z limonki.

3 Zmiksuj wszystko na gładkie purée, posól i ewentualnie dolej jeszcze trochę soku z limonki do smaku.

500 ml

Złote dukaty z koziego sera

Zawsze warto mieć pod ręką domową tartą bułkę (przechowuję całe torby w zamrażarce), ale ja jestem absolutną wielbicielką panko, japońskiej panierki, którą można kupić w sklepach z orientalną żywnością. Włóż otwartą paczkę do zamrażalnika – panierki wcale nie trzeba rozmrażać przed użyciem.

Przepis kwalifikuje się do niniejszego rozdziału, ponieważ opakowania plasterków koziego sera mają zadziwiająco długi termin przydatności, więc można je przechowywać na wypadek nagłej potrzeby podania czegoś wyjątkowego.

Panierowany ser ma ładniejszy kolor po usmażeniu, ale pieczenie wymaga mniej zachodu. Wybór należy do Ciebie.

1 jajko	30 g panko
duża szczypta świeżo zmielonego pieprzu	4 krążki koziego sera

1 Rozgrzej piekarnik do 220°C.

2 Wymieszaj roztrzepane jajko z pieprzem i wsyp panierkę do płaskiego naczynia.

3 Zanurz krążki sera w jajku i starannie obtocz w panko. Delikatnie wciśnij go w panierkę z obu stron i nie zapomnij o bocznej krawędzi.

4 Panierowane krążki sera ułóż na blasze wyłożonej papierem do pieczenia i wstaw na 10 minut do piekarnika. Po tym czasie ser zacznie się w środku rozpływać, ale krążki zachowają kształt. Ser możesz także usmażyć – w tym wypadku rozgrzej na patelni tyle oleju, żeby przykrył serowe krążki. Dukatom wystarczy minuta smażenia z każdej strony.

4 porcje

Sałatka z soczewicy i orzechów włoskich

Nie trzeba jej koniecznie podawać do dukatów z koziego sera, ale razem bez większych ceregieli stworzą wyjątkową przystawkę.

400 g brązowej soczewicy w puszce	4 łyżeczki oleju z orzechów włoskich
15 g posiekanego szczypiorku	2 łyżeczki octu sherry
50 g grubo siekanych orzechów włoskich	sól i pieprz do smaku
½ łyżeczki morskiej soli w kryształkach albo ¼ łyżeczki zwykłej soli	

1 Odsącz i przepłucz soczewicę, a następnie wsyp ją do miski razem z posiekanym szczypiorkiem i kawałkami orzechów.

2 Starannie wymieszaj trzepaczką ocet z solą i pieprzem, zalej sałatkę, wymieszaj i sprawdź, czy jest dobrze przyprawiona.

2 porcje albo 4 jako dodatek do złotych dukatów z koziego sera

Sałatka nicejska

Każdy ma swój pomysł na to, co należy, a czego nie powinno się dodawać do sałatki nicejskiej. Na wstępie pragnę zaznaczyć, że nie będę próbowała przewalczyć żadnej opcji. Wrzucam do sałatki wszystko z generalnie akceptowanego kanonu, co akurat mam w domu, ale niekoniecznie to, co spodobałoby się purystom. Zamiast niezbyt aromatycznych świeżych pomidorów dodaję pomidory podsuszone na słońcu – ich intensywny kwaskowaty i pełny smak pasuje tu doskonale. Jestem zwolenniczką trzymania zawsze pod ręką słoika pomidorów.

Kiedy liczy się czas, można też poczynić odstępstwo i wrzucić małe grzanki (dobrej jakości kupne grzanki do zupy będą w sam raz), zamiast gotować ziemniaki i czekać, aż ostygną.

Gdybyśmy szukali jednego jedynego przepisu, w którym można wykorzystać wyłącznie składniki znalezione w spiżarni, to musi być właśnie ten.

2 jajka
100 g mrożonej zielonej fasolki szparagowej
200 g podsuszanych pomidorów w oliwie
100 g czarnych oliwek bez pestek, pokrojonych na plasterki
225 g doskonałej jakości tuńczyka w sosie własnym ze słoika albo z puszki
250 g sałaty lodowej, podartej na kawałki
4 łyżeczki oliwy z pierwszego tłoczenia
sok z 1/2 cytryny
1/2 łyżeczki morskiej soli w kryształkach albo szczypta zwykłej soli
1/2 łyżeczki cukru
40 g małych grzanek
4-6 filecików anchois (opcjonalnie)
mała garść świeżych liści bazylii

1. Włóż jajka do garnka z zimną wodą, doprowadź do wrzenia i gotuj przez 7 minut. Po trzech minutach gotowania dodaj mrożoną fasolkę.

2. Odlej wodę z fasolki i jajek; polewaj jajka zimną wodą z kranu, a fasolkę tylko przepłucz, żeby jajka przestały się gotować, a fasolka szybciej przestygła.

3. Przełóż pomidory razem z oliwą do miski, dodaj pokrojone oliwki i delikatnie przemieszaj.

4. Rozłóż na półmisku sałatę, a na niej pomidory z oliwkami, zachowując w misce aromatyczną oliwę.

5. Odsącz tuńczyka z zalewy i rozłóż mięso podzielone na kawałki na sałacie, a następnie tu i ówdzie rozrzuć fasolkę.

6. Przygotuj dressing z oliwy, która została w misce po pomidorach: dodaj oliwę, sok z cytryny, sól oraz cukier, wymieszaj i polej sałatkę.

7. Obierz i pokrój w ósemki jajka ugotowane prawie na twardo i dodaj do sałatki razem z grzankami, anchois (jeśli używasz) i liśćmi bazylii.

2 porcje na wczesny obiad albo na kolację; innymi słowy – porządne danie główne

Minestrone w minutę

Zrobienie tej zupy to dziecinna igraszka – mówię o tym, bo wymyślił ją mój dziesięcioletni syn Bruno (nazywamy to danie *Brunostrone*) i ciągle powstają jej nowe wersje. Możesz użyć dowolnego rodzaju fasolki albo pomieszać różne gatunki i próbować różnych sosów. Jeśli przemarzłaś (i jeśli dzieci nie będą jadły), proponuję, żebyś wybrała możliwie najbardziej pikantny sos pomidorowy.

Tak przy okazji, skoro mowa o zupach, podam Ci przepis na jeszcze jedną, którą można po południu podać dzieciom i która jest równie lubiana *chez moi*. Mówimy na nią *risi e bisi*, bo to uproszczona wersja weneckiej zupy à la risotto, w której skład wchodzi ryż i groszek. Oto przepis: zalej 1 litrem warzywnego bulionu 125 g mrożonego groszku, 300 g ryżu do risotto i 25 g startego na wiórki albo pokruszonego sera. Doprowadź do wrzenia i gotuj na małym ogniu pod przykryciem przez 20 minut. Pod koniec, przyznaję się bez bicia, dodaję jeszcze 2 słoiczki purée z groszku cukrowego dla małych dzieci (2 x 113 g) i nakładam do miseczek z dodatkiem sera, jeśli ktoś poprosi.

Ta wersja jest jeszcze szybsza.

1 puszka (400 g) dowolnej mieszanej łuskanej fasolki
300 g dowolnego sosu pomidorowego do makaronu
750 ml gorącego bulionu warzywnego
100 g drobnego makaronu do zup (np. króciutkich rurek *ditalini***)**

1 Odsącz fasolkę i wymieszaj w garnku z sosem pomidorowym i bulionem.

2 Doprowadź do wrzenia, wsyp makaron i gotuj tyle czasu, ile zaleca instrukcja.

3 Gdy makaron zmięknie, zdejmij garnek z ognia, postaw na chłodnej powierzchni i odczekaj 5-10 minut, jeśli wytrzymasz. Makaron puchnie w zupie, która robi się jeszcze pyszniejsza.

2-3 porcje

Merguez* z halloumi i pieczoną papryką

Oto powszedni posiłek w Casa Lawson. Zawsze mam w lodówce ser halloumi, a słoiki z pieczoną papryką w szafce. Można też użyć mrożonej opiekanej papryki; nie trzeba jej rozmrażać przed wstawieniem do piekarnika. Bez problemu zastąpisz ją cienko pokrojoną świeżą słodką czerwoną papryką. Do tego przepisu najbardziej pasują mi właśnie kiełbaski merguez, ale chorizo** dłużej wytrzymuje przechowywanie, jeśli masz jakieś wątpliwości. Najlepiej kupuj kiełbaski w opakowaniach próżniowych.

> 8 merguez albo innych pikantnych kiełbasek, ok. 340 g
> 250 g sera halloumi
> 1 słoik 220 g pieczonej papryki
> 1 łyżka oliwy czosnkowej

1 Rozgrzej piekarnik do 220°C. Włóż kiełbaski do płaskiej foremki (krócej się wtedy pieką).

2 Pokrój ser w plastry i ułóż w tej samej foremce wokół kiełbasek.

3 Wyjmij paprykę ze słoika, pokrój na mniejsze kawałki i rozłóż wokół kiełbasek i sera, a następnie polej wszystko oliwą.

4 Zapiekaj 15-20 minut – w tym czasie kiełbaski powinny się zrumienić, a ser miejscami się przypiecze.

4 porcje

---

* Merguez – pikantne jagnięce albo wołowe kiełbaski, specjalność kuchni tunezyjskiej, popularne także we Francji.
** Patrz przypis na str. 153.

Curry Mary

To nieocenione wyjście awaryjne – zawsze mam pod ręką podstawowe składniki tego dania: puszkę mleczka kokosowego i zieloną pastę curry w szafce; rozmaite zielone warzywa w zamrażarce. Oczywiście przydają się też inne drobiazgi, ale te składniki to podstawa. Udka kurczaka kupuję, kiedy są mi potrzebne.

Jeśli wolisz wykorzystać świeże warzywa zamiast mrożonych, powinnaś zwiększyć ilość wody (nie zmieniając ilości bulionu w proszku albo w kostkach) do 500 ml. Gdybyś miała jednak użyć mrożonek – co zaoszczędzi Ci jakieś 99% czasu, a poza tym mrożone warzywa dobrze się przechowuje – łatwiej jest odmierzyć po półtorej filiżanki do cappuccino zielonych warzyw niż je ważyć. Części kurczaka można kupić na tackach, więc wszystko jest naprawdę proste.

Takie danie można przyrządzić, kiedy wczesnym popołudniem nagle okazuje się, że masz tego dnia w perspektywie kolację dla 6 osób.

- 2 łyżki oleju do woka
- 3 łyżki drobno posiekanej dymki
- 3-4 łyżki zielonej tajskiej pasty curry
- 1 kg filetów bez skóry z udek kurczaka, pokrojonych w kawałki ok. 4x2 cm
- 400 ml mleczka kokosowego z puszki
- 250 ml wrzątku
- wystarczająca ilość bulionu w proszku albo w kostkach na 500 ml wody
- 1 łyżka sosu rybnego
- 185 g mrożonego groszku
- 200 g mrożonej soi
- 150 g mrożonej drobnej fasolki
- 3 łyżki kolendry, posiekanej

1 Rozgrzej olej w dużym rondlu, który ma pokrywkę, wrzuć posiekaną dymkę i smaż, mieszając przez minutę-dwie, a następnie dodaj pastę curry.

2 Wrzuć na patelnię kawałki kurczaka i podsmażaj, stale mieszając, na dużym ogniu przez 2 minuty. Wlej mleczko kokosowe i bulion (tzn. wlej wodę i dodaj proszek/kostkę bulionową) oraz sos rybny, a później mrożony groszek i soję.

3 Podgrzewaj na małym ogniu przez 10 minut, dodaj drobną fasolkę i gotuj jeszcze przez 3-5 minut.

4 Podawaj z ryżem albo makaronem, posypane posiekaną kolendrą. Postaw obok talerzyk z cząstkami limonki, żeby każdy mógł sięgnąć i skropić swoją porcję.

6 porcji

ŁAGODNE KLOPSIKI

W tym przepisie używa się wielu składników identycznych z kurczakowym curry mary (na poprzedniej stronie), ale smak potrawy jest zupełnie inny. Kupuję wołowe klopsiki w dziale supermarketu z ekologiczną żywnością, dzięki czemu przygotowanie dania nie sprawia żadnego kłopotu. Nic nie stoi na przeszkodzie, żeby klopsiki najpierw zamrozić, a potem ugotować, jeśli jest taka potrzeba. W tym wypadku wrzucam mięso z zamrażarki od razu do sosu, zamiast je najpierw obsmażać.

Możesz oczywiście sama zrobić klopsiki, ale jeśli wiesz, skąd pochodzi mięso (co jest zawsze bardzo ważne), nie powinnaś sobie dokładać roboty, bo przy kolacji i tak wszyscy będą zadowoleni. To samo z mrożonymi warzywami: dopóki wszystko pływa w łagodnym sosiku, nikt nie będzie zadawał żadnych pytań.

W ten sposób ułatwisz sobie życie; naprawdę, nikt za Ciebie tego nie zrobi.

- 3 łyżki czerwonej pasty curry
- 2 łyżki oleju roślinnego
- 40 małych klopsików, ok. 600 g łącznie
- 1/2 łyżeczki mielonego cynamonu
- 1 łyżeczka mielonego imbiru
- 400 ml mleczka kokosowego z puszki
- 400 g krojonych pomidorów z puszki
- 1 puszka ciecierzycy (410 g), odsączonej
- 350 g mieszanki dyni i słodkich ziemniaków
- 500 ml bulionu z kurczaka w proszku albo kostce
- 2 łyżki miodu
- mały pęczek drobno posiekanej kolendry

1 Na dużej patelni rozgrzej olej z pasty curry; kiedy zacznie skwierczeć, dodaj klopsiki i podsmażaj, obracając w czerwonej oleistej mieszaninie.

2 Oprósz mięso cynamonem oraz imbirem i podsmażaj przez dwie minuty.

3 Wlej na patelnię mleczko kokosowe, dodaj pomidory, ciecierzycę i mrożoną mieszankę warzywną i wymieszaj wszystko z bulionem i miodem.

4 Doprowadź do wrzenia i gotuj na małym ogniu przez 20 minut. Podawaj z ryżem i udekoruj każdą porcję posiekaną kolendrą.

4-6 porcji

Kapusta z kiełbasą

*Choucroute garnie**, o którym wiele lat temu pisałam w książce *How to Eat***, wymagało wielogodzinnego gotowania i sporo zachodu z gęsim tłuszczem – i było bardzo dobre. Poniższy przepis w niczym mu nie ustępuje, chociaż rozumiem, że możesz być zaskoczona, znajdując go w rozdziale o szybkim gotowaniu z półproduktów. To jednak ma sens: kiszoną kapustę można kupić w słoikach, a kiełbasa jest wędzona. Trzymam ją w zamrażarce tylko dlatego, że zamawiam w Internecie już zamrożoną; jeśli kupuję w delikatesach świeżą wędzoną kiełbasę, wkładam ją po prostu do lodówki.

Dolewanie całej butelki wina do kapusty może się wydać ekstrawaganckie, ale naprawdę da się wyczuć różnicę. Tylko nie kupuj byle czego: jakość wina wpływa na smak dania.

Kapusta pysznie smakuje z garnkiem zwykłych gotowanych ziemniaków. To naprawdę żadna robota.

ok. 1 kg kiszonej kapusty, przepłukanej zimną wodą i odsączonej
2 łyżeczki jagód jałowca
3 suszone liście laurowe
8 wędzonych kiełbasek, pokrojonych na mniejsze kawałki
750 ml rieslinga (białe wytrawne wino)
1 łyżeczka ziaren białego pieprzu

1 Rozgrzej piekarnik do 200°C. Rozłóż kiszoną kapustę w małej albo średniej szerokiej formie do pieczenia.

2 Dodaj owoce jałowca, liście laurowe i kiełbaski.

3 Zalej wszystko winem i posyp ziarenkami pieprzu.

4 Zagotuj na kuchence, przykryj folią aluminiową i wstaw do piekarnika na 30 minut. Podawaj z gotowanymi ziemniakami, jeśli chcesz, i koniecznie, z niemiecką musztardą piwną.

6 porcji

---

* *Choucroute Garnie* – francuska nazwa alzackiego przepisu na kapustę z kiełbasą.
** *How to Eat* (czyli: *Jak jeść*) – książka Nigelli o dobrym jedzeniu, wydana w Wielkiej Brytanii w 1998 r.

Ciasto czekoladowe z gruszkami

To połączenie przepisu na gruszki *Piękna Helena** z *Eve's pudding***, należy jednak pamiętać, że deser jest prosty, łatwy, cudowny i każdemu smakuje. Zapewniam Cię, że masz w domu wszystko, co jest potrzebne, żeby go zrobić. W upalne dni, kiedy propozycja pieczenia biszkoptu i gotowania sosu wydaje się nietaktowna, pamiętaj, że gruszki z puszki (albo słoika) i sos czekoladowy – z lodami waniliowymi albo bez – to równie pyszny deser.

Możesz zrobić sos czekoladowy ze strony 51 albo, oczywiście, kupić gotowy, ale przygotowałam pełen zestaw półproduktów, z których można szybko zrobić sos, podgrzewając 170 g niesłodzonego mleka skondensowanego z puszki, ¹/₂ łyżeczki rozpuszczalnego espresso, 150 g golden syrup*** (ewentualnie sztucznego miodu lub masy krówkowej) i 100 g gorzkiej czekolady (o zawartości przynajmniej 70% miazgi czekoladowej).

Sam biszkopt jest dość wilgotny, więc jeśli nie chce Ci się robić sosu oddzielnie, podaj do ciasta lody czekoladowe.

Tak jak przy każdym innym cieście, wskazane jest, żeby składniki miały temperaturę pokojową.

2 puszki gruszek w syropie po 415 g
125 g mąki
25 g kakao w proszku
125 g miałkiego cukru
150 g miękkiego masła
    + trochę do wysmarowania formy

1 łyżeczka proszku do pieczenia
¹/₄ łyżeczki sody oczyszczonej
2 jajka
2 łyżeczki ekstraktu waniliowego

1 Rozgrzej piekarnik do 200°C i natłuść masłem kwadratową foremkę o boku 22 cm.

2 Odsącz gruszki i ułóż je na dnie foremki.

3 Zmieszaj pozostałe składniki w naczyniu malaksera i miksuj, aż powstanie dość rzadkie ciasto.

4 Zalej gruszki ciastem i wstaw do piekarnika na 30 minut.

5 Po upieczeniu odstaw ciasto do ostygnięcia na 5-10 minut i pokrój na porcje – ja dzielę ciasto na 9 kawałków, robiąc dwa cięcia wzdłuż i dwa w poprzek. Podawaj z sosem czekoladowym.

6-8 porcji

---

* *Piękna Helena* – gruszki z sosem czekoladowym.
** *Eve's pudding* – biszkopt z jabłkami.
*** patrz przepis na str. 27

Naleśniki z Nutellą

Niech szczęście nie zna granic. To jest chyba jeden z najpyszniejszych deserów, które zdarzyło mi się zrobić; wystarczyło tylko przeszukać szafki. Zawsze mam na niego ochotę, i to wcale nie jest dobrze, że tak łatwo się go robi, nawet bardzo niedobrze.

Jeśli nie masz likieru Frangelico – wcale nie musisz – zamiast tego słodkiego likieru możesz użyć rumu. Lubię też naleśniki z kremem kasztanowym (ma tak intensywny smak, że wystarczy użyć o wiele mniej) zamiast Nutelli. W tym wypadku zawsze używam rumu, a siekane orzechy laskowe zastępuję okruchami kandyzowanych kasztanów, które same w sobie są pyszne, albo wiórkami czekoladowymi.

8 gotowych kupnych naleśników
400 g Nutelli
75 g miękkiego masła

80 ml + 2 łyżki likieru Frangelico*
35 g siekanych orzechów laskowych
250 ml gęstej tłustej śmietany

1 Rozgrzej piekarnik do 200°C.

2 Rozłóż po kolei naleśniki i posmaruj połowę każdego Nutellą, a następnie przykryj posmarowaną stronę stroną nieposmarowaną. Nałóż po łyżce Nutelli na ćwiartkę każdego złożonego naleśnika i złóż jeszcze raz na pół, na kształt miękkiego, wypełnionego kremem rożka. Układaj naleśniki na blasze natłuszczonej odrobiną masła, tak żeby na siebie zachodziły.

3 Na małym ogniu podgrzej w rondelku masło z likierem Frangelico, aż się roztopi.

4 Zalej naleśniki masłem i posyp większością siekanych orzechów. Zapiekaj przez 10 minut w dobrze rozgrzanym piekarniku.

5 W tym czasie ubij śmietanę z pozostałymi dwiema łyżkami Frangelico, aż będzie napowietrzona i dość gęsta, przełóż ją do miseczki i posyp resztą orzechowych okruchów. Śmietana jest niezbędna do niebiańsko pysznych maślanych naleśników.

6-8 porcji

---

* patrz przypis str. 340.

CLAFOUTIS

Tradycyjne clafoutis z francuskiego regionu Limousin to, *tout court*[*], krem custard zapiekany z wiśniami. Co więcej, wiśnie nie są drylowane, czego bym jednak nie zalecała, mimo że to niewątpliwie spore ułatwienie. Moja wersja deseru jest jeszcze prostsza: biorę drylowane wiśnie ze słoika (muszą być kwaśne, żeby kontrastowały ze słodkim jajecznym ciastem). Wiśnie w słoiku zawsze pokutują gdzieś (zazwyczaj z tyłu) w mojej szafce kuchennej.

Tradycyjny deser z Limousin piecze się powoli, żeby masa była miękka jak we flanie. Ja zapiekam swój krótko i brutalnie w wysokiej temperaturze, tak że przypomina raczej pudding Yorkshire z wiśniami. Opowiedziałam już, co trzymam w spiżarce, ale mam też barek z zapasem trunków, więc do masy dodaję 50 ml kirszu i zmniejszam ilość mleka do 250 ml. Wielbiciele słodkości mogą dosypać 2 łyżki cukru więcej, ale ja tego nie robię.

Jeśli nie masz formy do tarty Tatin[**] (używam swojej w wielu przepisach, również do pieczenia drobiu; jest nie do przecenienia), weź okrągłą foremkę do tart o średnicy 22 cm.

2 łyżeczki oleju roślinnego
75 g mąki
50 g drobnego cukru
4 jajka

300 ml mleka 2%
350 g odsączonych drylowanych wiśni
½ łyżeczki cukru pudru (opcjonalnie)

1 Wlej olej do foremki, w której będziesz piec clafoutis, i wstaw do piekarnika nastawionego na 220°C.

2 W dużej misce połącz mąkę z cukrem i, mieszając ręcznie albo mikserem, dodawaj po jednym jajku; wlej mleko i kirsz, jeśli go używasz.

3 Kiedy piekarnik rozgrzeje się do odpowiedniej temperatury, wymieszaj ciasto z odsączonymi wiśniami, otwórz na chwilkę piekarnik, wyjmij foremkę, wlej do niej ciasto i szybko wstaw z powrotem do piecyka.

4 Piecz przez 30 minut – w tym czasie ciasto zacznie ciemnieć i dramatycznie rosnąć przy brzegach, ale zaraz po wyjęciu z piekarnika opadnie, więc chwila triumfu i zadowolenia szybko minie. No cóż.

5 Odstaw deser na 10 minut, żeby przestygł (20 też może być, a deser jest równie smaczny na zimno) i oprósz cukrem pudrem przed podaniem, jeśli masz ochotę.

6-8 porcji

---

[*] *Tout court* (fr.) – po prostu.
[**] Tarta Tatin jest odwrócona – owoce pokrywa warstwa ciasta. Tradycyjna foremka do tej tarty jest okrągła i miedziana.

Waniliowe jabłka z serduszkami

Robię coś takiego na niespodziewany deser, kiedy nie mam żadnych zapasów i czasu na przemyślenie. Wyjmuję jabłka z miski – pasuje mi gala, ale mogą być i inne – i biorę kilka kromek białego chleba tostowego. I wiesz co? To naprawdę działa. W idealnym świecie powinnam móc polać deser gęstą śmietaną, ale jeśli jej nie ma, nie narzekam.

50-75 g masła	3 serduszka wycięte foremką do ciastek
2 jabłka gala	z 3 kromek białego pieczywa
2 łyżki ekstraktu waniliowego	cukier do oprószenia

1 Roztop masło na dużej patelni, zostawiając łyżkę na później.

2 Pokrój jabłka na cienkie plasterki (nie obieraj ani nie wycinaj gniazd nasiennych; o dziwo, z dwóch jabłek wychodzą mi 22 plasterki, ale nie pytaj jak), połóż na patelni i smaż przez 3 minuty. Dolej ekstrakt waniliowy i smaż jeszcze przez 5 minut, przewracając plasterki na drugą stronę w połowie smażenia.

3 Zdejmij jabłka z patelni na talerz, włóż na patelnię pozostałą łyżkę masła i szybko podsmaż chlebowe serduszka.

4 Ułóż serduszka na talerzu z jabłkami i posyp cukrem. Podawaj ze śmietaną, jeśli masz.

4 porcje

Podziękowanie

Kończąc tę książkę, dochodzę do wniosku, że to prawdziwe szczęście mieć komu dziękować. Jedyną wadą tej sytuacji jest przymus bezzasadnej lakoniczności. Nakrycia stołowe, obrusy, serwetki, sztućce i całe mrowie dodatków widocznych na zdjęciach pochodzi z mojego kredensu, a to dzięki niebezpiecznej skłonności do zakupów na eBay-u. Jednak jestem przy tym winna wdzięczność następującym firmom: Absolute Flowers; Baileys; Cabbages & Roses; Ceramica Blue; The Cloth Shop; The Conran Shop; The Cross; The Dining Room Shop; Divertimenti; Gelateria Valerie; Habitat; Heals; Le Creuset; Liberty; OKA; Petersham Nurseries; Something...; Summerill & Bishop; Thomas Goode.

Nie dałabym rady ugotować moich potraw bez produktów, dostarczanych mi w ilości tak olbrzymiej, że aż komicznej przez firmy Allen's, James Knight, Michanicou Brothers i Panzer's.

Fiona Golfar, serdeczna przyjaciółka i stylistka, zaopatrzyła mnie w potrzebne meble, a Rose Murray, moja Prawa Ręka, zajęła się tą książką i moim chaotycznym życiem z ogromnym wdziękiem i dużym zapałem; połączenie tych dwóch rzeczy gwarantuje sukces.

Jestem zobowiązana Elinor Klivans i jej wydawcom Chronicle Books, San Francisco, za zgodę na przedrukowanie przepisu na czekoladowe ciasteczka z czekoladą z książki *Big Fat Cookies*.

Jak zawsze pozostaję z całego serca wdzięczna Hettie Potter i Zoe Wales za stworzenie systemu podtrzymującego życie i pomoc przy urodzeniu tego dziecka, a także Caz Hildebrand z jej niemożliwym do przecenienia instynktem, sprytem, inteligencją, niezawodnym okiem i szczodrością. Niezmierna wdzięczność należy się także Francesce i Lisie Grillo, Anzelle Wasserman i Kate Bull – bez ich pracy nie dałabym rady wykonać swojego zadania. Mam szczęście do wspaniałych wydawców i pragnę szczególnie podziękować Poppy Hampson, Gail Rebuck, Alison Samuel, Willowi Schwalbe i Leslie Wells (oraz ich zespołowi, między innymi Jan Bowmer i Mary Gibson). Nie opuszcza mnie świadomość, że miałam też wielkie szczęście, spotykając Lis Parsons; na jej zdjęciach moje potrawy wyglądają dokładnie tak, jak sobie wymarzyłam.

Byłoby niedobrze, gdybym zapomniała podziękować mojej pasierbicy Phoebe i moim dzieciom, Mimi i Bruno, bez których to wszystko nie miałoby sensu.

Edowi Victorowi, mojemu agentowi i przyjacielowi, przesyłam wyrazy wielkiej miłości: to dla Ciebie.

Charles: dziękuję, dziękuję, dziękuję.

INDEKS

Indeks

ajerkoniak
  Krem ajerkoniakowy 344
  Pudding z kremem ajerkoniakowym 344

awokado
  Bruschetta z awokado 90
  Ekspresowe crostini z humusem
    z awokado i zielonego groszku 201
  Koktajl z raków na awokado 58
  Łososiowe eskalopki z rukwią, słodkim
    groszkiem i awokado 9
  Roquamole 243
  Sałatka krabowa z awokado i japońskim
    dressingiem 33

barwena
  Czarny makaron z barweną 294

beza
  Eton Mess 46
  Spacerkiem na Mont Blanc 340

boczek
  Zapiekanka z kurczakiem, grzybami
    i boczkiem 175

borówki amerykańskie
  Galette z nektarynką i borówkami
    amerykańskimi 156
  Sałatka owocowa 89
  Syrop do placków 93

brokuły
  Krem brokułowy z serem Stilton 330

brownie
  Brownie bez mąki z gorącym sosem
    czekoladowym 51

bruschetta
  Śniadaniowa bruschetta 90
  Bruschetta pomidorowa 90
  Bruschetta z awokado 90

brzoskwinie
  Brzoskwinie w muskacie 307
  Korzenne brzoskwinie 337

burgery
  Wyścigowy hamburger z szybkimi
    ziemniaczkami 145

chleb
  Chleb od niechcenia 131
  Francuskie tosty pomarańczowe 188

chili
  Ekspresowe chili 236
  Kotlety jagnięce z chili i czarnymi
    oliwkami 299
  Oliwa chili 353
  Omlet z chili 104
  Spaghetti z krewetkami i chili 293

chorizo
  Ekspresowe chili 236

chowder
  Chowder kukurydziany z nachos 235
  Chowder z azjatyckimi aromatami 164

curry
  Curry Mary 366
  Czerwone curry z krewetkami i mango 15
  Mouclade 67

cytrusy
    Lemoniada z chmurką na słoneczny dzień 278
    Sałatka owocowa 350

czekolada
    Absolutnie czekoladowe ciasteczka 190
    Błyskawiczny mus czekoladowy 159
    Błyszczące deserki czekoladowe 221
    Brownie bez mąki z gorącym sosem czekoladowym 51
    Budino di cioccolato 311
    Ciasteczka czekoladowe 312
    Clafoutis 377
    Czekoladowe croissanty 98
    Czekoladowe krówki z pistacjami 338
    Deser czekoladowo-fistaszkowo--krówkowy 160
    Meksykańska gorąca czekolada 251
    Miętowa pianka z białej czekolady 159
    Naleśniki z Nutellą 374
    Sos czekoladowy 51

desery
    Bananowe toffinki 262
    Budino di cioccolato 311
    Buñuelos 248
    Ciasteczka czekoladowo-miętowe 54
    Chrupiące kwadraciki marshmallow 347
    Czekoladowe ciasteczka 312
    Czekoladowe croissanty 98
    Eton Mess 46
    Francuskie tosty pączkowe 188
    Francusko-angielskie ciastka z masełkiem burbonowym 343
    Galette z nektarynką i borówkami amerykańskimi 156
    Hokus pokus 281
    Irish Cream Tiramisu 135
    Jeżyny w galaretce z muskatu 225
    Jeżyny pod kruszonką 52
    Kremowy deser karaibski 49
    Lody Margarita 247
    Lody z sosem rabarbarowym 24
    Odwrócony placek ananasowy 82
    Owocowy miszmasz pod kruszonką 183
    Pudding karmelowy z francuskich rogalików 23
    Pudding z kremem ajerkoniakowym 344
    Sernik czereśniowy 81
    Skrzydlate babeczki 187
    Syllabub amaretto 308
    Tort lodowy 222
    Zapomniany deser 136
    Zawijany pudding 184

dorsz
    Ceviche 239
    Wędzony dorsz z drobną fasolą 4

dressing
    Chrupiąca sałatka z ostro-kwaśnym dressingiem 265
    Dressing limonkowy z wasabi 355
    Dressing z czerwonego wina z anchois 354
    Japoński dressing 33
    Złocisty dressing miodowo--musztardowy 354

dynia
    Dynia piżmowa z pekanami i niebieskim serem pleśniowym 278
    Łagodne klopsiki 369
    Zupa krem z dyni i słodkich ziemniaków 169

endywia, patrz też escarole
    Pappardelle z escarole 288

fasola
- Krwisty stek i purée z białej fasoli 140
- Minestrone w minutę 363
- Meksykańska sałatka z kurczakiem i salsą pomidorowo-fasolową 232-3
- Purée z białej fasoli 140
- Salsa pomidorowo-fasolowa 233
- Steki z tuńczyka z czarną fasolą 284
- Wędzony dorsz z drobną fasolą 4

fondue
- Fondue serowe 70
- Krówkowe fondue z owocami 27

granaty
- Bellini z granatem 316, 318
- Koktajl Ginger Pom 197
- Pierś kaczki z pestkami granatu i miętą 210
- Proste lody z granatów 132

groszek
- Ekspresowe crostini z humusem z zielonego groszku i awokado 201
- Łososiowe eskalopki z rukwią, słodkim groszkiem i awokado 9
- Zupa z pesto i zielonego groszku 254

gruszki
- Gruszki w miodzie z winem Marsala i gorgonzolą 304

grzyby
- Linguine z cytryną, czosnkiem i tymiankowymi pieczarkami 291
- Zapiekanka z ziemniaków i pieczarek 39

halloumi
- Gryzki halloumi 325
- Merguez z halloumi i pieczoną papryką 365

humus
- Ekspresowe crostini z humusem z zielonego groszku i awokado 201
- Humus z awokado i zielonego groszku 201
- Humus z czerwoną papryką 356

indyk
- Filet z indyka z anchois, ogórkiem kiszonym i koperkiem 12
- Krzepiący stir-fry 171
- Tonnato z indyka 34

jabłka
- Martini Zielone Jabłuszko 197
- Różowy sos jabłkowy na ginie 212-13
- Tarte fine aux pommes 217
- Waniliowe jabłka z serduszkami 378

jagnięcina
- Anglo-azjatycka sałatka z jagnięciną 6
- Goleń jagnięca z fasolką 117
- Kotlety jagnięce z chili i czarnymi oliwkami 299
- Szybkie ragù 172
- Tażin z jagnięciny, oliwy i smażonej cebuli 114

jajka
- Flan 244
- Francuski tost pomarańczowy 101
- Francuskie tosty pączkowe 188
- Meksykańska jajecznica 230
- Frittata party! 104
- Hiszpański omlet 273
- Oeufs en cocotte 65
- Omlet z chili 104
- Omlet z serem 104
- Omlet z szynką 104
- Zapiekanka croque-monsieur 106
- Zapomniany pudding 136

Zielone jajka z szynką 103
Zielony omlet 104

jeżyny
Jeżyny w galaretce z muskatu 225
Jeżyny pod kruszonką 52
Zapomniany deser 136

kaczka
Chrupiąca kaczka 112
Pierś kaczki z pestkami granatu
i miętą 210

kiełbasa
Bigos z kiełbasą 370
Kiełbaski koktajlowe 322
Merguez z halloumi i pieczoną
papryką 365
Włoskie kiełbaski z gorącym sosem
pomidorowym i polentą 302

krewetki
Czerwone curry z krewetkami i mango 15
Krewetki z sosem Maryam Zaira 30

kurczak
Krzepiący stir-fry 171
Kurczak i żeberka w syropie
klonowym 110
Kurczak w maślance 274
Kurczak z brandy i boczkiem 36
Meksykańska sałatka z kurczakiem i salsą
pomidorowo-fasolową 232-3
Pieczone kurczęta ze słodkimi
ziemniakami 20
Pollo alla cacciatora 296
Sałata z kurzymi wątróbkami 68
Sznycle z kurczaka z boczkiem i białym
winem 143
Zapiekanka z kurczakiem, grzybami
i boczkiem 175

lody
Lody Margarita 247
Lody z sosem rabarbarowym 24
Proste lody z granatów 132
Tort lodowy 222

łosoś
Garnek owoców morza 329
Gravlax sashimi 125
Łososiowe eskalopki z rukwią, słodkim
groszkiem i awokado 9
Łosoś w mirinie 149
Placuszki ziemniaczane z wędzonym
łososiem 198
Smażony łosoś z makaronem
po singapursku 43
Szwedzki łosoś/łosoś po szwedzku 120-1

majonez
Majonez koperkowy 73
Majonez czosnkowy 16

makaron
Czarny makaron z barweną 294
Linguine z cytryną, czosnkiem
i tymiankowymi pieczarkami 291
Makaron z sezamem i masłem
orzechowym 261
Pappardelle z escarole 288
Sałatka makaronowa z mortadelą 269
Smażony łosoś z makaronem
po singapursku 43
Spaghetti z krewetkami i chili 293
Świąteczne fusilli 326

małże
Mouclade 67

mango
Czerwone curry z krewetkami i mango 15
Mango Split 78

marakuja
Zapomniany deser 136
Trifle imbirowy z marakują 226

miód
Dressing miodowo-musztardowy 354

mufinki
Bananowe toffinki 262

naleśniki
Crêpes Suzette 75
Naleśniki z Nutellą 374

napoje
Bellini z granatem 316, 318
Czerwona lemoniada 316, 318
Hot Toddy 351
Koktajl Ginger Pom 197
Koktajl mleczny na start 86
Kula śnieżna 316
Lemoniada z chmurką na słoneczny dzień 278
Martini Zielone Jabłuszko 197
Mexicola 239
Święta w szklance 316, 318

ogórki
Mizeria 122

olej
Olej do woka 353

oliwa
Oliwa chili 353
Oliwa czosnkowa 353

oliwki
Oliwki Martini 319

orzechy
Dynia piżmowa z pekanami i niebieskim serem pleśniowym 278
Paprykowe orzechy pekan w syropie klonowym 319

owoce
Krówkowe fondue z owocami 27
Owocowy miszmasz pod kruszonką 183
Świąteczne owoce w sherry 350
Zimowa sałatka owocowa 89

owoce morza
Czerwone curry z krewetkami i mango 15
Garnek owoców morza 329
Mouclade 67
Sałatka krabowa z awokado i japońskim dressingiem 33
Szybkie kalmary z czosnkowym majonezem 16
Wrapy z tuńczykiem i mięsem kraba 202-3

pasta
Pasta z wędzonego pstrąga 61

pesto
Zupa z pesto i zielonego groszku 254
Zielone jajka z szynką 103

pieczarki
Zapiekanka z ziemniaków i pieczarek 39

pizza
Pizza naan 19

pomidory
Bruschetta pomidorowa 90
Pomidory muśnięte promieniem księżyca 126-7
Salsa pomidorowo-fasolowa 233

Sałatka nicejska 360
Sałatka z pieczonych pomidorów,
  owczego sera i mięty 127
Świąteczne fusilli 326

popcorn
Party popcorn 321

pory
Zapiekane młode pory 213

przegrzebki
Przegrzebki zapiekane w kokilkach
  z muszli 209
Przegrzebki z chorizo 153

ryby
Ceviche 239
Czarny makaron z barweną 294
Garnek owoców morza 329
Gravlax sashimi 125
Labraks w sake z blanszowaną
  zieleniną 34-5
Łososiowe eskalopki z rukwią, słodkim
  groszkiem i awokado 9
Łosoś w mirinie 149
Paluszki z soli z majonezem
  koperkowym 73
Pasta z wędzonego pstrąga 61
Placuszki ziemniaczane z wędzonym
  łososiem 198
Smażony łosoś z makaronem
  po singapursku 43
Steki z tuńczyka z czarną fasolą 150
Szwedzki łosoś/łosoś po szwedzku 120-1

Szybkie kalmary z czosnkowym
  majonezem 16
Tonnato z indyka 334
Wędzony dorsz z drobną fasolą 4
Wrapy z tuńczykiem i mięsem kraba 202-3

sałatki
Anglo-azjatycka sałata z jagnięciną 6
Chrupiąca sałatka z ostro-kwaśnym
  dressingiem 265
Czerwona sałata z figami i szynką
  Serrano 206
Kolorowa sałata z pieczonymi
  przepiórkami 44
Meksykańska sałatka z kurczakiem i salsą
  pomidorowo-fasolową 232-3
Nowoorleańska sałatka coleslaw 277
Sałatka makaronowa z mortadelą 269
Sałatka nicejska 360
Sałatka Szefa 62
Sałatka z soczewicy i orzechów
  włoskich 359
Zimowa sałatka owocowa 89

sarnina
Smażona sarnina z różowym musem
  jabłkowym na ginie 212-13

ser
Dynia piżmowa z pekanami i niebieskim
  serem pleśniowym 278
Fondue serowe 70
Grillowany ser z surówką 180-1
Gruszki w miodzie z winem Marsala
  i gorgonzolą 304
Krem brokułowy z serem Stilton 330
Merguez z halloumi i pieczoną
  papryką 365
Mozzarella z szaloną gremolatą 287

Omlet z serem 104
Quesadille 240
Risotto z cheddarem 176
Roquamole 243
Sałatka z pieczonych pomidorów,
  owczego sera i mięty 127
Sałatka Szefa 62

Zapiekanka croque-monsieur 106
Zapiekanka makaronowa 179
Złote dukaty z koziego sera 358-9

sherry
Świąteczne owoce w sherry 350
Ciecierzyca z rukolą i sherry 155

sosy
Sos kaparowo-musztardowy
  do brokułów 13
Sos Maryam Zaira 30

surówki
Grillowany ser z surówką 180-1
Nowoorleańska sałatka coleslaw 277

syrop klonowy
Kurczak i żeberka w syropie
  klonowym 110
Paprykowe orzechy pekan w syropie
  klonowym 319

szynka
Zielone jajka z szynką 103
Omlet z szynką 104
Czerwona sałata z figami i szynką
  Serrano 206
Sałatka Szefa 62

śniadanie
Gotowy mix na placki domowej roboty 93
Koktajl mleczny na start 86

Mufinki gruszkowo-imbirowe 97
Banana butterscotch muffins 262
Syrop z borówek amerykańskich/jagodowy
  do placków 93
Śniadaniowa bruschetta 90
Śniadaniowe batoniki zbożowe 94

truskawki
Eton Mess 46
Fondue krówkowe z owocami 27
Sałatka owocowa 89
Zapomniany deser 136

tuńczyk
Steki z tuńczyka z czarną fasolą 150
Tonnato z indyka 334
Wrapy z tuńczykiem i mięsem kraba 202-3

wieprzowina
Kotlety wieprzowe z musztardą 11
Kurczak i żeberka w syropie
  klonowym 110
Steki z szynki z natką pietruszki 146
Wyścigowy hamburger z szybkimi
  ziemniaczkami 145

wołowina
Ekspresowe chili 236
Klopsy 270
Krwisty stek i purée z białej fasoli 140
Łagodne klopsiki 369
Rumsztyk z tymiankiem i cytryną 40
Szaszłyki z soczystej wołowiny z dipem
  chrzanowym 205

zapiekanki
Zapiekanka croque-monsieur 106
Zapiekanka makaronowa 179
Zapiekanka z kurczakiem, grzybami
  i boczkiem 175
Zapiekanka z ziemniaków i pieczarek 39

ziemniaki
Szybkie ziemniaczki 145
Hiszpański omlet 273
Pieczone kurczęta ze słodkimi
  ziemniakami 20

Placuszki ziemniaczane z wędzonym
  łososiem 198
Sałatka ziemniaczana na ciepło 122-3
Zapiekanka z ziemniaków i pieczarek 39

zupy
Chowder kukurydziany z nachos 235
Minestrone w minutę 363
Rosołek z makaronem dla
  potrzebujących 167
Zupa krem z dyni i słodkich
  ziemniaków 169
Zupa z pesto i zielonego groszku 254
Krem brokułowy z serem Stilton 330